职业教育双高建设系列教材

动车组电机电器检修

主编 王金花 杨明明

西南交通大学出版社
·成 都·

图书在版编目（CIP）数据

动车组电机电器检修 / 王金花，杨明明主编. —成都：西南交通大学出版社，2023.3
ISBN 978-7-5643-9215-4

Ⅰ. ①动… Ⅱ. ①王… ②杨… Ⅲ. ①动车 – 电机 – 检修②动车 – 电气设备 – 检修 Ⅳ. ①U269

中国国家版本馆 CIP 数据核字（2023）第 048869 号

Dongchezu Dianji Dianqi Jianxiu
动车组电机电器检修

主　编／王金花　杨明明　　责任编辑／何明飞
　　　　　　　　　　　　　　封面设计／吴　兵

西南交通大学出版社出版发行
（四川省成都市金牛区二环路北一段 111 号西南交通大学创新大厦 21 楼　610031）
发行部电话：028-87600564　028-87600533
网址：http://www.xnjdcbs.com
印刷：四川森林印务有限责任公司

成品尺寸　185 mm × 260 mm
印张　15.75　　字数　383 千
版次　2023 年 3 月第 1 版　　印次　2023 年 3 月第 1 次

书号　ISBN 978-7-5643-9215-4
定价　45.00 元

课件咨询电话：028-81435775
图书如有印装质量问题　本社负责退换
版权所有　盗版必究　举报电话：028-87600562

前　言

我国旅客列车的发展历经绿皮车、红皮车、蓝皮车、白皮车（和谐号动车组），客车装备的发展速度已成倍增长。绿皮车（22型）使用J5交流轴驱发电机，整流以后（DC 48 V）通过KP-2 A控制柜为车内电扇、日光灯照明等供电；红皮车（25G）开始配备车内空调，由发电车（KD）通过综合控制柜供电（AC 380 V）；蓝皮车（25T）由机车供电（DC 600 V），综合控制柜控制输入输出；白皮车（和谐号动车组）直接由接触网（AC 25 kV/50 Hz）供电。

本书主要讲述动车组低压控制电器、高压电器、变压器、电机等动车组电机电器结构原理、使用维护、检修作业、故障诊断与应急处理等专业知识。书中收集整理了来自动车组检修生产一线的大量检修技术、职业标准、岗位作业标准、工艺流程、故障处理等第一手资料，并将其撰写成极具特色的记忆口诀。

本书选取的内容遵循学习者认知规律，由易至难，从单一低压电器的认知检修到综合性电器的认知检修，培养学习者从单项检修技能到综合检修技能的形成。遵循学习者职业成长规律，由简单到复杂，在比较中学习，能力螺旋上升，有利于学习者构建自身的知识和能力体系，有利于促进学习者可持续发展能力的形成。本书可作为高等职业院校动车组检修技术专业群学生的教材，兼顾广大社会读者。

本书编写风格通俗生动，配有大量图片，语言简洁形象、脉络清晰、版式新颖、可读性强，配套资源丰富，在智慧职教MOOC学院开设有在线课程。

本书由武汉铁路职业技术学院王金花、杨明明担任主编，武汉铁路职业技术学院曾照平、蔡磊、李一平、曹毅、孟素英、邓命、李冰等多位老师参与编写。

本书在编写过程中参阅了大量的书籍、文献及国家标准，在此对原作者表示诚挚的谢意。

限于编者水平有限，书中难免有疏漏和不足之处，恳请广大读者提出宝贵意见，以便进一步修改和完善。

编　者

2022年10月

课程概述

目 录

第一章 概 论 ··· 1
 第一节 电器的热稳定性 ··· 2
 第二节 电器的动稳定性 ··· 5
 第三节 电 弧 ··· 8
 第四节 电接触 ··· 14
 第五节 传动装置 ··· 22
 习 题 ··· 27

第二章 动车组低压控制电器 ··· 29
 第一节 接触器 ··· 29
 第二节 继电器 ··· 39
 第三节 智能电器 ··· 52
 第四节 传感器 ··· 57
 第六节 低压熔断器 ··· 80
 第七节 主令电器 ··· 83
 第八节 蓄电池 ··· 86
 习 题 ··· 95

第三章 动车组高压电器 ··· 97
 第一节 受电弓 ··· 97
 第二节 主断路器 ··· 106
 第三节 其他高压电器 ··· 110
 习 题 ··· 135

第四章　动车组牵引变压器 ······ 137

第一节　变压器基础知识 ······ 137

第二节　动车组牵引变压器 ······ 148

习　题 ······ 155

第五章　动车组牵引电机 ······ 156

第一节　直流电机基础知识 ······ 156

第二节　交流电机基础知识 ······ 191

第三节　动车组牵引电机 ······ 216

习　题 ······ 242

参考文献 ······ 245

第一章 概 论

第一章数字资源

本章主要介绍电器学四个基础理论知识，掌握电器设计制造、工作原理、工作寿命及报废的科学机理与依据等基础知识，学会判断各类电器的正常及非正常工作状态。

《电工术语 基本术语：GB/T 2900.1—2008》定义：电器（apparatus），器件或多个器件的组合。它能作为实现特定功能的独立单元使用。

电器是一种能根据外界的信号（机械力、电动力和其他物理量）和要求，手动或自动地接通、断开电路，以实现对电路或非电对象的切换、控制、保护、检测、变换和调节的电气元件或设备。电器的控制作用就是手动或自动地接通、断开电路，"通"称为"开"，"断"称为"关"。因此，"开"和"关"是电器最基本、最典型的功能。

电器的分类按工作电压等级分为高压电器和低压电器。高压电器用于交流电压1 200 V、直流电压1 500 V及以上电路中，如高压断路器、高压隔离开关、高压熔断器等。低压电器用于交流50 Hz（或60 Hz）额定电压1 200 V以下、直流额定电压1 500 V及以下的电路中，如接触器、继电器等。电器按动作原理可分为手动电器和自动电器；按工作原理可分为电磁式电器和非电量控制电器；按用途可分为配电电器、控制电器、主令电器、保护电器、执行电器等。配电电器主要用于供、配电系统中，进行电能输送和分配，如刀开关、自动开关、隔离开关、转换开关以及熔断器等，对这类电器的主要技术要求是分断能力强，限流效果好，动稳定及热稳定性能好。控制电器主要用于各种控制电路和控制系统，这类电器有接触器、继电器、转换开关、电磁阀等，对这类电器的主要技术要求是有一定的通断能力，操作频率高，电器和机械寿命要长。主令电器主要用于发送控制指令，如按钮、主令开关、行程开关和万能转换开关等，对这类电器的主要技术要求是操作频率要高，抗冲击，电器和机械寿命长。保护电器主要用于对电路和电气设备进行安全保护，如熔断器、热继电器、安全继电器、电压继电器、电流继电器和避雷器等，对这类电器的主要技术要求是有一定的通断能力，反应灵敏，可靠性高。执行电器主要用于执行某种动作和传动功能，如电磁铁、电磁离合器等。

电器的作用有控制、保护、测量、调节、指示、转换等。控制作用如电梯的上下移动、快慢速自动切换与自动停层等。保护作用指能根据设备的特点，对设备、环境以及人身安全实行自动保护，如电动机的过热保护、电网的短路保护、漏电保护等。测量作用指利用仪表及与之相适应的电器，对设备、电网或其他非电参数进行测量，如电流、电压、功率、转速、温度、压力等。调节作用如电动机速度的调节、柴油机油门的调整、房间温度和湿度的调节、光照度的自动调节等。指示作用指显示检测出的设备运行状况与电气电路工作情况。转换作用如被控装置操作的手动与自动的转换、供电系统的市电与自备电源的切换等。当然，电器的作用远不止这些，随着科学技术的发展，其新功能、新设备会不断出现。

第一节　电器的热稳定性

一、电器的发热与散热

有触点电器是由导电材料、导磁材料和绝缘材料等组成的。

电器在工作时由于有电流通过导体和线圈而产生电阻损耗。这些损耗几乎全部都转变为热能。其中一部分散失到周围介质中，另一部分加热电器本身，使其温度升高。

电器温度升高后，其本身温度与周围环境温度之差，称为温升。

为了确保电器的工作性能和使用寿命，各国电器技术标准都规定了电器各部件的发热温度极限及允许温升。

发热温度极限就是保证电器的机械强度、导电、导磁性以及介质的绝缘性不受危害的极限温度。

允许温升是发热温度极限与最高环境温度的差值。

因为电器的工作环境直接影响电器的散热过程。我国国家标准规定最高环境温度为 +40°C（一般为 35 °C），即允许温升 = 发热温度极限 – 40 °C。

电器工作时，电流通过导电部分将产生电阻损耗。载流导体的功率损耗为：$P = I^2R$，P 为电阻损耗功率（W），I 为通过导体的电流（A），R 为导体电阻（Ω）。当导体中流进交变电流时，考虑集肤和邻近效应时，R 应为交流电阻。

集肤效应，当导体通以交流电流时，导体断面上出现的电流分布不均匀，电流密度由导体中心向表面逐渐增加，大部分电流仅沿导体表层流动的一种物理现象。导体的电阻率越低、磁导率越大、电流的频率越高，其集肤效应越显著。

邻近效应，当高频电流在两导体中彼此反向流动或在一个往复导体中流动时，电流会集中于导体邻近侧流动的一种特殊的物理现象。电流同向：相邻侧感应的反电势大，故电流密度小；电流反向：相邻侧感应的反电势小，故电流密度大。

损耗转变为热能。正常状态时，其中一部分散发到周围介质中去，另一部分使导体的温度升高，形成温升。如果发热时间极短（如短路时的发热），由于来不及散热，可认为损耗功率全部用来加热导体，提高导体的温度。

铁磁体在交变磁通的作用下，会在铁磁零件中产生一定的涡流。这是因为铁的磁导率很高，而磁通变化速度又快，因而产生相应的电动势和涡流损耗。同时，磁通的方向和数值变化使铁磁材料反复磁化，产生磁滞与涡流损耗可以导致铁质零件发热。一般来说，这个损耗不大，但如果制造不当，如材料较差、铁片较厚或片间绝缘不好，则涡流损耗就比较大。

绝缘介质中的介质损耗一般与电场强度及频率有关。电场强度和频率越高则介质损耗也越大。对于电场强度较小的低压电器而言，介质损耗小到实际上可以忽略不计。但在高压电器中，由于电压高，介质中的电场强度大，必须考虑介质损耗。

电器工作时，只要电器温度高于周围介质及接触零件的温度，它便向周围介质散热。所以发热和散热同时存在于电器发热过程中。

当电器产生的热量与散失的热量相平衡时，电器的温升维持不变，这时称电器处于热稳定状态。此时的温升称为稳定温升。若温升随着时间而变化，则称为不稳定发热状态。

电器的散热以传导、对流与辐射三种基本方式进行。

热传导现象的实质是通过具有一定内部能量的物质基本质点间的直接相互作用，使能量从一个质点传递到另一相邻质点。热传导的方向是由较热部分向较冷部分传递，或由发热体向与它接触的物体传播。热传导是固体传热的主要方式，它也可在气体和液体中进行。

对流是通过流体（液体与气体）的运动而传递热量。热量的转移和流体本身的转移结合在一起。根据流体流动的原因，对流分为自然对流和强迫对流。动车组的电机、电器等因受安装空间的限制，较多采用强迫对流（强迫风冷却或强迫油循环冷却），可加强散热，缩小体积来解决此类问题。

热辐射是发热体的热量以电磁波形式传播能量的过程。热辐射可穿越真空和气体而传播，但不能透过固体和液体物质。

电器在使用过程中，由于工作任务的要求不同，其工作时间的长短也不同。例如，供电系统中的一些开关，只要不出现故障和必要的检修，它就一直处于工作状态，而动车组上控制空气压缩机的电器则处于一种断续工作状况。由于工作时间长短不同，故电器的发热及冷却状况也不同。

电气设备在运行中有两种工作状态。正常工作状态，指运行参数都不超过额定值，电气设备能够长期而经济地工作的状态。短路时工作状态，当电力系统中发生短路故障时，电气设备要流过很大的短路电流，在短路故障被切除前的短时间内，电气设备要承受短路电流产生的发热和电动力的作用。

电气设备在工作中有三种损耗："铜损"，即电流在导体电阻中的损耗；"铁损"，即在导体周围的金属构件中产生的磁滞和涡流的损耗；"介损"，即绝缘材料在电场作用下产生的损耗。这些损耗都转换为热能，使电气设备的温度升高。

电气设备由正常工作电流引起的发热称为长期发热，由短路电流引起的发热称为短时发热。发热不仅消耗能量，而且导致电气设备的温度升高，从而产生机械强度下降、接触电阻增加、绝缘性能下降等不良影响。

当电气设备通过短路电流时，短路电流所产生的巨大电动力对电气设备具有很大的危害性。① 载流部分可能因为电动力而振动，或者因电动力所产生的应力大于其材料允许应力而变形，甚至使绝缘部件（如绝缘子）或载流部件损坏。② 电气设备的电磁绕组，受到巨大的电动力作用，可能使绕组变形或损坏。③ 巨大的电动力可能使开关电器的触头瞬间解除接触压力，甚至发生斥开现象，导致设备故障。

电器在通过工作电流时，在其工作制下，要经受额定电流发热的考验。若电路发生了短路故障，其短路电流远大于额定电流，在保护电器还未将故障切除前，电器还必须能承受一定时间内短路电流的发热考验。由于短路电流的时间很短，可以认为是绝热过程，即不考虑散热，全部损耗都用来加热电器。

电器的热稳定性是指在一定时间内能承受短路电流（或所规定的等值电流）的热作用而不发生热损坏的能力，如不会因发热而产生不允许的机械变形，触头处不会熔焊等。

二、典型案例

1. 案例概述

某次动车组列车（CRH20**担当）运行后检查发现，牵引电机温度异常，经测量多个电机外壳温度偏高，超过110℃，同时检查发现多个电机出现漏油现象。

2. 电器发热的原因

电器的发热原理各有不同，大致有以下5种。

（1）电阻损耗，如电热毯发热。

（2）磁滞涡流损耗，如电磁炉煮食物的时候，铁锅底部涡流发热；还有电子线圈通电的时候，铁心反复磁化而发热。

（3）介质损耗，如空气开关的绝缘壳体发热，一方面是由于其他的部件传递来的热量，另一方面是由于绝缘壳体在变化的电磁场的作用下产生的热量。

（4）摩擦碰撞损耗，如自动开关触头在闭合和断开的过程中不断摩擦碰撞而产生的热量。

（5）电弧发热，如电焊的时候产生电弧并发出热量。

3. 电器发热的危害

电器发热可以为我们所用，如电热毯、电焊机发热，为我们生活、工作提供方便，但是电器发热也会带来危害。

（1）电器运行速度变慢，如手机发热、计算机发热，会使手机、计算机上网、游戏不流畅。

（2）电器使用寿命降低造成成本增加。有的家用电器只用了两三年就出现故障，就是由于散热不良导致寿命减少。

（3）电器机械部件受热强度降低造成事故。

（4）电器发热无法散发产生火灾。

电器发热，当它的温度超过某一极限值后，其中金属材料的机械强度会明显下降，绝缘材料的绝缘强度会受到破坏。若电器温度过高，会使其使用寿命降低，甚至遭到破坏。

4. 电器的散热

电器在使用时，有的需要发热量大，如电热毯、电茶炉；有时需要尽可能少发热，如手机、冰箱等。电器工作时发热无法阻止，但是可以让电器快速散热以降低电器温度。散热的实质就是物体或物体间的热量的传递

传导、对流和辐射就是物体传递热能的三种方式，电器传热也不例外。这三种热量传递方式各有特点。传导，需要接触，可以在固体、液体、气体中进行。对流只限于流体中，固体中不能进行。辐射是以电磁波形式传播热量，可穿越真空和气体而传播，但不能透过固体和液体物质。

电器工作时，一方面会产生热量，使自身温度高于周围环境温度，另一方面，电器也会通过传导、对流或辐射的方式散发热量。当电器产生的热量与散出的热量平衡时电器的温升

维持不变，这时电器处于热稳定状态，此时的温升称为稳定温升。

5. 案例解析

根据前面所提到的电器发热及散热理论，分析动车组牵引电机热量来源：

（1）牵引电机工作时，定子线圈和转子线圈通过电流，产生电阻损耗，即绕组发热。

（2）牵引电机里面有旋转磁场，机座及其他导磁材料产生磁滞损耗。

（3）牵引电机里面的绝缘材料，在旋转磁场的作用之下反复磁化，存在介质损耗。

（4）牵引电机的滚动轴承，滚珠与轴承的外圈、内圈相互摩擦碰撞，存在摩擦碰撞损耗。

动车组牵引电机的散热方式：

（1）牵引电机工作时温度高于周围空气温度，通过对流向周围空气中散发热量。

（2）牵引电机与安装座等低温物体接触，通过传导的方式散发部分热量。

牵引电机有强迫式冷却风机，强迫对流冷却，这是动车组牵引电机的主要散热方式。

动车组牵引电机温升异常原因分析：动车组牵引电机的降温主要取决于冷却风机的强迫对流，温升异常是牵引电机主要冷却方式作用不良造成的。

动车组牵引电机漏油分拆：动车组牵引电机轴承充有润滑油脂，正常情况下，呈糨糊状，高温时油脂稀释从电机端盖缝隙中溢出。

牵引电机散热不良，导致温度升高，超过一定极限数值时会使轴承漏油造成润滑不良、电机绝缘材料绝缘性能下降、轴承等部件机械强度降低，可能产生更严重的后果，因此必须立即排除故障。

第二节　电器的动稳定性

一、概　述

载流导体处在磁场中会受到力的作用，载流导体间相互也会受到力的作用，这种力称为电动力（见图 1-1 和图 1-2）。对于这种现象，有可利用的一面，如电动机就是利用这一原理将电能转换为机械能。也有危害的一面，如对大容量输配电设备来说，在短路情况下电动力可达很大数值，对配电装置的性能和结构影响极大。在电器中，载流导体间、线圈匝间、动静触头间、电弧与铁磁体间等都有电动力的作用。在正常电流下电动力不致使电器损坏，但动、静触头间的电动斥力过大会使接触压力减小，接触电阻增大造成触头的熔化或熔焊，影响触头的正常工作。有时在强大短路电流所形成的电动力下，使电器发生误动作或使导体机械变形，甚至损坏。利用电动力的作用改善和提高电器性能的例子也是很多的，例如接触器的磁吹灭弧（见图 1-3）、快速自动开关的速断机构等。

电动力的方向判断可用左手定则或磁通管侧压力原理来进行。左手定则为伸平左手，磁通穿过左手掌，四个手指为电流方向，大拇指就是指向电动力方向，如图 1-4 所示。磁通管侧压力原理（米特开维奇定则）：把磁力线看成为磁通管，磁通管密度高的一侧具有推动导体向密度低的一侧运动的力,这个方向即为电动力的方向。

电动力方向判断的两种方法其结果是一样的,可根据具体情况采用某一种。在结构及产生磁场因素复杂的情况下用磁通管侧压力原理来判定电动力方向较为方便。

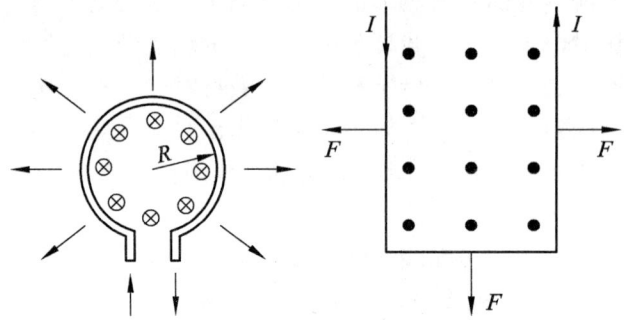

图 1-1 环型导体和 U 形导体所受电动力

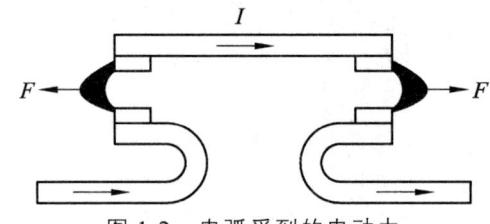

图 1-2 电弧受到的电动力

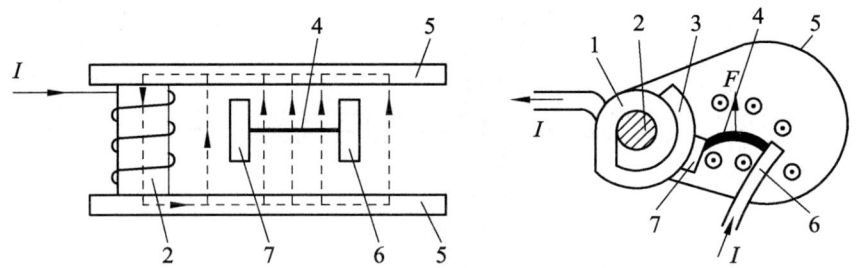

1—磁吹线圈;2—磁吹铁心;3—导弧角;4—电弧;5—铁夹板;6—动触头;7—静触头。

图 1-3 利用电动力的磁吹原理

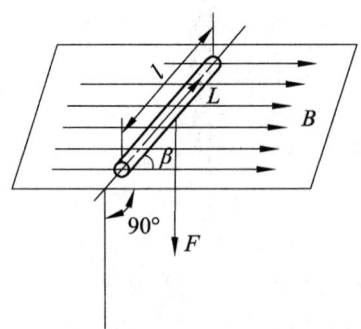

图 1-4 载流导体在磁场中受到电动力

当长为 L 并通有电流 I 的导体垂直置于磁感应强度为 B 的均匀磁场中时,作用在该导体

上的电动力 $F = BIL$。若该导体与磁感应强度 B 的方向成 β 夹角时,则作用在导体上的电动力为 $F = BIL\sin\beta$。

电器的电动稳定性就是指当大电流通过电器时,在其产生的电动力作用下,电器有关部件不产生损坏或永久变形的性能。也可以说电器有关部分在电动力作用下不产生损坏或永久变形所能通过的最大电流的能力。它以可能的最大冲击电流的峰值表示,也可以它与额定电流的比值表示。

触头闭合通过电流时,在触头间有电动力存在。这是因为触头表面不管加工得怎样平整,从微观上看仍然是凹凸不平的,如图 1-5 所示。由于接触面积远小于触头表面积,电流线在接触点处产生收缩,由此而引起触头间的电动斥力。

如图 1-6 所示,闭合的隔离开关动静触头间存在电动斥力,当电流很大时,此电动力可将触头间接触压力减小,甚至引起触头的机械形变或触头拉开造成误动作。触头处在闭合位置能承受短路电流所产生的电动力而不致损坏的能力,称为触头的电动稳定性。

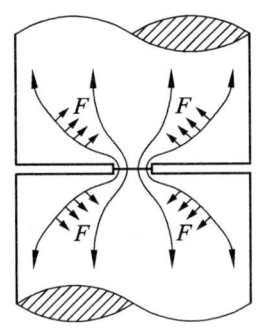
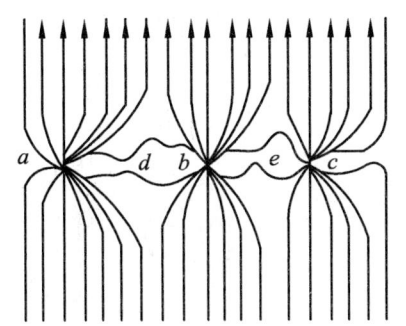
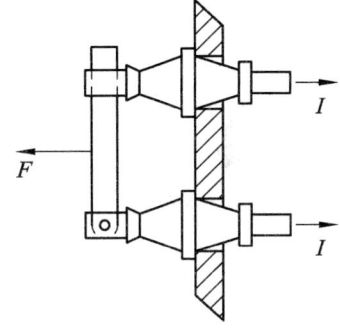

图 1-5　接触的触头间收缩电动力　　　　图 1-6　隔离开关受到的电动力

二、典型案例

所有电器结构中都会有导体,在有电流通过时,导体之间会产生安培力的作用。另外,通电导体在磁场中也会受到磁场力的作用。载流导体在磁场中或者载流导体相互之间产生的安培力,称为电动力。正常情况下电动力比较小,不会对电器产生不良影响。

特殊形式下电动力方向的判断,平行通电直导线之间的电动力方向:当通过的电流方向相同,通电直流导线之间存在相互吸引电动力,当通过的电流方向相反,存在一个相互推斥的电动力。共轴的平行线圈,当两个平行线圈通过的电流方向相同时,产生相互吸引的电动力,当两个平行线圈通过的电流方向相反时,相互排斥的电动力。环形导线或者是半封闭的电路,产生一个通胀趋势的电动斥力。导线截面积收缩减小的地方会产生电流收缩的电动斥力。

日常生活中,电器会出现一些异常现象:闸刀自动跳闸;焊好的导线,无缘无故自动断线;灯泡不停地闪烁;还有一些电器在短路的时候突然爆炸。怎么解释电器产生的这些怪现象呢?

闸刀电路结构是半封闭型,电流增大时,闸刀部件间产生的电动斥力增大而跳闸。焊接的导线自动断开也是因为焊接处截面积减小产生电动斥力而造成脱焊。灯泡闪烁是由于灯泡开关动静触头接触处导电面积减小存在电动斥力造成动静触头接触不良时通时断。

  电器发生异常现象是电动力危害的表现，其实电动力也有有利的一面。日常生活中常用到的接线板的插孔一般有两个铜片，这两个铜片通过的电流方向相同，铜片之间产生电动吸力，将插头的金属片夹紧，保证导电可靠。大容量电器经常用电动力原理设计灭弧装置。

第三节　电　弧

一、电弧的现象与特点

  电弧是气体放电的一种形式。

  气体放电分为自持放电与非自持放电两类，电弧属于气体自持放电中的弧光放电。试验证明，当在大气中开断或闭合电压超过 10 V、电流超过 0.5 A 的电路时，在触头间隙（或称为弧隙）中会产生一团温度极高、亮度极强并能导电的气体，称为电弧。由于电弧的高温及强光，它可以广泛应用于焊接、熔炼、化学合成、强光源及空间技术等方面。对于有触点电器而言，由于电弧主要产生于触头断开电路时，高温会烧损触头及绝缘，严重情况下甚至引起相间短路、电器爆炸、酿成火灾，危及人员及设备的安全。所以从电器的角度来研究电弧，目的是了解它的基本规律，找出相应的办法，让电弧在电器中尽快熄灭。

  当触头开断，在触头间隙中有电弧燃烧时，电路仍然导通。这说明此时触头间隙的气体由绝缘状态变成了导电状态。气体呈导电状态的原因是原来的中性气体分解为电子和离子，即气体被游离，此过程称为气体的游离过程。气体游离出来的电子和离子在电场作用下各朝对应的极运动，便形成电流，从而造成触头虽然已开断，但电路却并未被切断。当电弧熄灭之后电路就不再导通了。这说明此时触头间隙的气体恢复了介质强度，又呈现绝缘状态，即气体已经消除游离而恢复为中性。那么，气体是怎么游离和消游离的呢？

  金属材料表面在某些情况下能发射出自由电子，这种现象叫作表面发射。自由电子的产生是由于金属内的电子得到能量，克服内部的吸引力而逸出金属。从物质原子的结构而言，是由原子核与若干电子构成的。如果外界加到电子上的能量足够大，能使电子克服原子核的吸引力作用而成为自由电子，这种现象称为游离。

  触头开断电路时，产生电弧的原因主要有：阴极热发射电子；阴极冷发射电子；碰撞游离和热游离等。

  阴极热发射电子：触头开断过程中，触头间的接触面积逐渐减小，接触处的电阻越来越大，电流密度也逐渐增大，触头表面的温度剧增，金属内由于热运动急剧活跃的自由电子就克服内部的吸力而从阴极表面发射出来，这种主要是由于热作用所引起的发射称为热发射。温度越低、逸出的功越大时，热发射的电流密度越小。

  阴极冷发射电子：在触头刚刚分开发生热发射的同时，由于触头之间的距离很短，线路电压在这很小的间隙内形成很高的电场，此电场将电子从阴极表面拉出，形成强电场发射。

在强电场发射中，并不需要热功的参与，所以强电场发射也称为冷发射。当金属的温度越低、阴极表面电场越小时，电子发射的数量就越少。

通常阴极电子的发射，同时包含了热发射和冷发射的过程，只是不同的材料热发射和冷发射的程度各不相同。

碰撞游离：由于冷热两种发射的作用，大量电子从阴极表面进入弧隙。它们在电场的作用下，获得动能而加速，随着触头的分开不断地撞击气体的原子或分子（中性粒子），当此粒子具有的动能大于中性粒子的游离能时，该中性粒子则分解为带电荷的自由电子和正离子，这一现象叫作碰撞游离（或称为电场游离）。碰撞游离后出现的自由电子在电场作用下又可同其他中性粒子发生新的撞击和游离，使得自由电子和正离子数累进增加。弧隙中的中性气体就变为导电的自由电子与正离子。在电场作用下，它们向阴极、阳极运动，电弧形成，电路并未断开。若电子撞击中性粒子不足以使其立即游离，但经多次撞击，中性粒子所获得能量也使其发生了游离，这种过程称为累积游离。在带电粒子中，由于电子体积和质量小，自由行程长，容易加速而获得能量，故其游离作用比正、负离子大得多。

热游离：随着电弧的形成，在电弧燃烧时，弧隙中气体温度很高，气体中的中性原子或分子由于热运动而发生互相撞击，其结果也造成游离，这就是热游离。热游离实质上也是碰撞游离，只不过发生碰撞的原因是高温引起而不是电场引起的。所以温度越低，热游离越弱；相反温度越高，热游离越强。

中性粒子热游离的程度与温度的高低、气压的大小、物质的游离能大小有关。在高温状况下，金属材料容易发生气化，金属蒸气的游离能比气体小得多。当气体中混有金属蒸气时，游离程度更加迅速。

由此可见，电弧的产生，第一是由于热的作用，发生热发射和热游离；第二是由于电场的作用，发生冷发射和碰撞游离，在气隙间出现大量电子流，使气体由绝缘体变成导体。应注意的是，在整个过程中几种物理作用并不是截然分开的，而是交叉进行或同时存在的。电弧燃烧期间，起主要作用的是热游离。因而，使电弧迅速冷却是熄灭电弧的主要方法。

从能量的角度来说，电弧燃烧时要从电源不断向电弧内部输入能量，而这个能量又不断转变为电弧的热量通过传导、对流及辐射三种方式散失。

当电弧稳定燃烧时，它处在热动平衡状态，此时不可能有电子和离子的积累。这说明电弧中气体游离现象的同时还存在一个相反的过程，即消游离。消游离就是正、负带电粒子中和而变成中性粒子的过程。消游离的方式分为两类：复合和扩散。

带异性电荷的粒子相遇后相互作用中和而变成中性粒子称为复合。① 表面复合：带正、负电荷的粒子附在金属或绝缘材料表面上，相互吸引而中和电荷，变成中性粒子。② 空间复合：带正、负电荷的粒子在放电间隙中相互吸引而中和电荷，变成中性粒子。自由电子与正离子相遇，相互吸引而中和电荷而变成中性粒子，称为直接复合。由于自由电子的运动速度比正离子大得多，所以直接复合的概率很小。往往自由电子黏合在中性粒子上，再与正离子相遇而复合，中和电荷形成两个中性粒子。这种过程称间接复合。因为正、负离子的运动速度相当，发生间接复合的概率大，约为直接复合的上千倍。自由电子黏合在中性粒子上形成负离子的强弱与气体的种类和纯净度有关。氟原子及其化合物 SF_6 分子与自由电子的黏合作用很强，所以称为负电性气体。SF_6 的复合能力很强，是比较理想的消游离绝缘介质，现已应用在高压断路器中。

显而易见，带电粒子运动速度是直接影响复合作用大小的重要因素。降低温度、减小电场强度可使粒子运动速度减小，易于复合；带电粒子浓度增大时，复合机会增多，复合作用也可以加强，在电弧电流不变的条件下，设法缩小电弧直径，则粒子浓度可增大；此外，加入大量的新鲜气体分子，也可增强复合作用。

复合过程总是伴随着能量的释放。释放出来的能量成为加热电极、绝缘物及气体的热源，同时也向四周散发。

带电粒子从电弧区转移到周围介质中去的现象称为扩散。电弧是一个电子和离子高度密集的空间，同时它的温度很高。它和气体分子一样，有均匀分布在容积中的倾向，这样电子便从弧隙中向四周扩散，扩散出来的电子（或离子）因冷却互相结合而成为中性分子，这种过程的进行不在电弧的内部，而在电弧的表面进行。

扩散的方向一般从高温、高浓度区向低温、低浓度区。扩散使电弧中的带电粒子减少。扩散出来的带电粒子因冷却很容易相互结合，中和电荷而形成中性粒子。扩散速度与电弧内外浓度差、温度差成正比。电弧直径越小，弧区中带电粒子浓度越大；电弧与周围介质温差越大，扩散速度均越大。因此，加速电弧的冷却是提高扩散作用的有效方法。

综上所述，电弧中存在着游离和消游离两方面的作用。当游离作用占优势时电弧就会产生和扩大；当消游离作用占优势时，电弧就趋于熄灭；当游离作用和消游离作用处于均衡状态时，则弧隙中保持一定数量的电子流而处于稳定燃烧状态。游离与消游离作用与许多物理因素有关，如电场强度、温度、浓度、气体压力等。那么，我们可以根据这些物理因素的变化影响情况，找出一些切实可行的方法，减小游离，增加消游离，使触头断开电路时产生的电弧尽快地熄灭。

直流电弧是指产生电弧的电路电源为直流。当直流电弧稳定燃烧时，电路仍是导通的，因而电弧中有电弧电流，电弧两端有电弧压降。熄灭直流电弧最常用的方法是拉长电弧，而且拉长的方式也有多种。

交流电弧与直流电弧有所不同，交流电流的瞬时值随时间变化，每周期内有两次过零点。电流经过零点时，弧隙的输入能量等于零，电弧温度下降，电弧自然熄灭。而后随着电压和电流的变化，电弧重新燃烧。因此，交流电弧的燃烧，实际上就是熄弧的点燃、熄灭周而复始的过程。交流电弧电流通过零点时，由于电源停止供给电弧能量，热游离迅速下降，为电弧的最终熄灭创造了最有利的条件，此时只要采取一定的消游离措施，使少量的剩余离子复合，就能防止电弧在下半周重燃，使电弧最终熄灭。因此，交流电弧比直流电弧容易熄灭。利用电弧电流自然过零的特点进行的熄弧称为零点熄弧原理。

交流电弧由于弧电流过零时，电源停止供给能量，电弧自然熄灭。但是交流电弧过零自然熄灭后，还会重新燃烧。所以怎样防止电弧重燃就是研究交流熄弧的重点。为此，我们将研究在电流通过零点时弧隙中存在的物理过程，了解哪些因素能使电弧重新点燃，哪些因素的抑制电弧重燃。从这一观点出发，凡是抑制电弧重新点燃的因素，或是加强不利于电弧重新点燃的因素，都可以促使交流电弧熄灭。那么可以简单地确定交流电弧熄灭条件为：交流电弧电流过零后,如果弧隙介质强度恢复的速度超过了弧隙电压恢复的速度,则电弧熄灭;反之,电弧重燃。

二、熄灭电弧的方法

通过前面的一系列理论分析,可以找出加速电弧熄灭的很多方法,如拉长电弧、降低温度、将长弧变为短弧、将电弧放置于特殊介质中、增大电弧周围气体介质的压力等。为了减少电弧对触头的烧损和限制电弧扩展的空间,通常要将这些方法加以综合应用,为此而采用的装置称为灭弧装置。一个灭弧装置可以采用某一种方法进行熄弧。但在大多数情况下,则是综合采用几种方法,以增加灭弧效果。例如,拉长和冷却电弧往往是一起运用的。

1. 拉长电弧

电弧可以沿其轴向(纵向)拉长,也可以沿垂直于电弧轴向(横向)拉长。① 机械力拉长:电弧沿轴向拉长的情况是很多的,电器触头分断过程实际上就是将电弧不断地拉长。刀开关中闸刀的拉开也拉长电弧,电焊过程中将焊钳提高可使电弧拉长并熄灭。② 回路电动力拉长:载流导体之间会产生电动力,如果把电弧看作为一根软导体,那么受到电动力就会发生变形,即拉长。如图1-7(a)所示,在一对桥式双断点结构形式的触头断开时,电弧受回路电动力F的作用被横向拉长,横向拉长时电弧与周围介质发生相对运动而加强了冷却,这样就加速了电弧的熄灭。有时为了使磁场集中,在触头上添加磁性片6,以增大吹弧力,如图1-7(b)所示。因利用回路本身灭弧的电动力不够大,电弧拉长和运动的速度都较小,所以这种方法一般仅用于小容量的电器中。

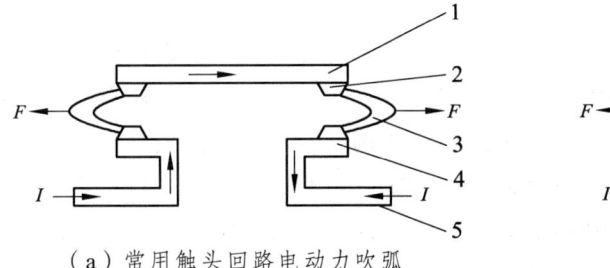
(a)常用触头回路电动力吹弧
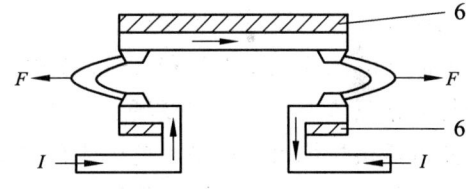
(b)增磁型触头回路电动力吹弧

1—触头桥;2—动触头;3—电弧;4—静触头;5—静触头座;6—磁性片。

图1-7 触头回路电动力吹弧

开断大电流时,为了有较大的电动力而专门设置了一个产生磁场的吹弧线圈,这种利用磁场力使电弧运动而熄灭的方法称为磁吹灭弧。由于这个磁场力比较大,其拉长电弧的效果也较好,如图1-8所示。

磁吹线圈4是接在引出线和静触头6之间,通过绝缘套与磁吹铁心绝缘,导弧角2和静触头6固装在一起。磁吹线圈4中的磁吹铁心1两端各装有一片导磁夹板5,磁夹板5同时夹于灭弧室两侧,用来加强弧区磁场。设在灭弧室中的动静触头就处在磁板之间。

当触头分开有电弧燃烧时,磁吹线圈和电弧本身均在电弧周围产生磁场。由图1-8可见，在弧柱下方一侧，磁吹线圈的磁通和电弧的磁通是叠加的，而在弧柱上方一侧，两磁通是削弱的，因此就产生磁吹力。电弧在磁吹力的作用下发生运动，电弧被拉长，电弧的根部离开静触头而移到导弧角2上，进一步拉长了电弧，使电弧迅速熄灭。导弧角2是根据回路电动力原理设置的，用来引导电弧尽快按一定方向离开触头，以保护触头接触面免受电弧的烧伤。

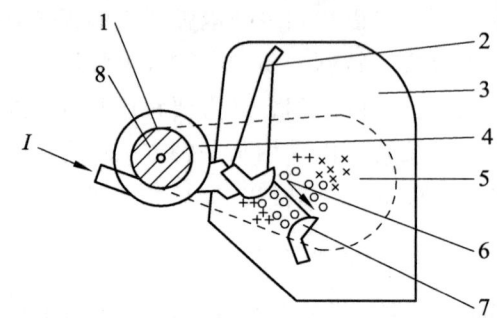

1—磁吹铁心；2—导弧角；3—灭弧罩；4—磁吹线圈；
5—铁夹板；6—静触头；7—动触头；8—绝缘套。
图 1-8 磁吹灭弧装置

由于磁吹线圈与电路的连接方式不同而形成串激线圈和并激线圈之分。

上面介绍的这种磁吹线圈和触头相串联的激磁方法称为串激法。它的优点是，电流流向改变但磁吹力方向不变，即磁吹方向不随电流极性的改变而改变。具有这种磁吹的电器称为"无极性电器"。同时因为是串激，通过磁吹线圈的电流与弧电流相同，因此弧电流越大则灭弧效力就越强；反之弧电流小时，灭弧效力就弱。因此串激法适用于切断大电流的电器中。

在熄灭直流电弧时，外加磁场除了串激法外，还有并激法和他激法。它们的工作原理相同。并激法的磁吹线圈不是和负载回路串联，而是直接跨接在电源上。它的优点是，可产生一个与回路电流无关的恒定磁场。这样，在一定的恒定磁场下，不论开断大电流或小电流，都可使电弧很快熄灭。但是由此产生的缺点是使电器的接线带有极性，即当触头上电流反向时，必须同时改变并激线圈的极性，否则磁吹力就会反向，所以使用中不太方便。所谓他激法，就是用永久磁铁来代替并激法的磁吹线圈，它的磁吹特性和并激法相似，不同点是无须线圈和电源，因而结构更趋简单。

2. 灭弧罩

灭弧罩是让电弧与固体介质相接触，降低电弧温度，从而加速电弧熄灭的常用装置，如图1-9所示。其结构形式有多样，但其基本构成单元为"缝"（灭弧罩壁与壁之间构成的间隙称作"缝"）。根据缝的数量可分为单缝和多缝。根据缝的宽度与电弧直径之比可分为窄缝与宽缝。缝的宽度小于电弧直径的称为窄缝；反之，称为宽缝。根据缝的轴线与电弧轴线间的相对位置关系可分为纵缝与横缝。缝的轴线和电弧轴线平行的称为纵缝，两者垂直的称为横缝。

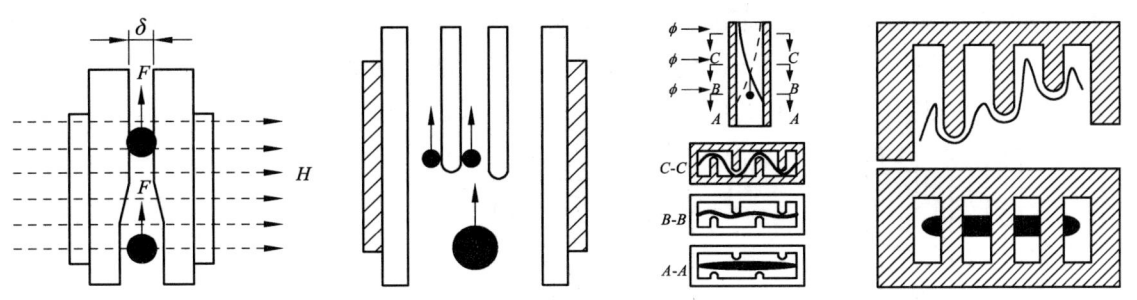

（a）纵向窄缝式灭弧罩　（b）纵向宽缝式灭弧罩　（c）纵向曲缝式灭弧罩　（d）横向绝缘栅片式灭弧罩

图 1-9　灭弧罩

3. 油冷灭弧装置

油冷灭弧是将电弧置于液体介质（一般为变压器油）中，电弧将油气化、分解而形成油气。油气中主要成分是氢，在油中以气泡的形式包围电弧。氢气具有很高的导热系数，这就使电弧的热量容易散发。另外，由于存在温度差，所以气泡产生运动，又进一步加强了对电弧的冷却。若再要提高其灭弧效果，可在油箱中加设一定机构，使电弧定向发生运动，这就是油吹灭弧。由于电弧在油中灭弧能力比大气中拉长电弧大得多，所以这种方法一般用于高压电器中，如油开关。

4. 气吹灭弧装置

气吹灭弧是利用压缩空气来熄灭电弧的。压缩空气作用于电弧，可以很好地冷却电弧、提高电弧区的压力、很快带走残余的游离气体，所以有较高的灭弧性能。按照气流吹弧的方向，它可以分为横吹和纵吹两类。横吹灭弧装置的绝缘件结构复杂，电流小时横吹过强会引起很高的过电压，已被淘汰。图 1-10 所示为纵吹（径向吹）的一种形式。压缩空气沿电弧径向吹入，然后通过动触头的喷口、内孔向大气排出，电弧的弧根能很快被吹离触头表面，因而触头接触表面不易烧损。因为压缩空气的压力与电弧本身无关，所以使用气吹灭弧时要注意熄灭小电流电弧时容易引起过电压。由于气吹灭弧的灭弧能力较强，故一般运用在高压电器中，如韶山系列机车的空气断路器（主断路器）。

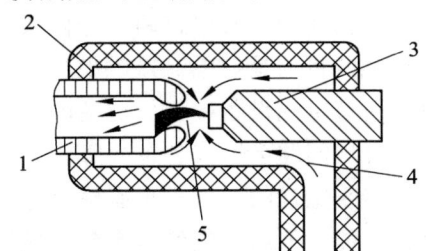

1—动触头；2—灭弧室瓷罩；3—静触头；4—压缩空气；5—电弧。

图 1-10　气吹灭弧装置

5. 横向金属栅片灭弧

横向金属栅片又称为去离子栅，它利用的是短弧灭弧原理。用磁性材料的金属片置于电弧中，将电弧分成若干短弧，利用交流电弧的近阴极效应和直流电弧的近极压降来达到熄灭电弧的目的（见图 1-11）。栅片的材料一般采用铁，铁栅片在使用时一般外表面要镀上一层铜，以增大传热能力和防止铁片生锈。横向金属栅片灭弧装置主要用于交流电器。

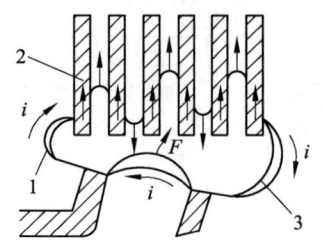 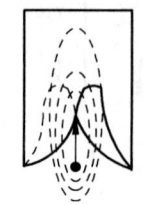 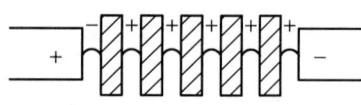

（a）电弧在横向金属栅中状况　　（b）横向金属栅对电弧的作用　　（c）横向金属栅灭弧原理

1—入栅片前的电弧；2—金属栅；3—入栅片后的电弧

图 1-11　横向金属栅层灭弧

6. 真空灭弧装置

真空灭弧是使触头电弧的产生和熄灭在真空中进行，依据零点熄弧原理，熄弧介质为真空。在真空中气体很稀薄，电子的自由行程远大于触头间的距离。当真空度为 10^{-5} mmHg（1.33×10^{-4} Pa）时，电子的自由行程达 43 m。自由电子在弧隙中做定向运动时几乎不会和气体分子或原子相碰撞，不会产生碰撞游离。所以将触头置于真空中断开时产生的电弧则是由于阴极发射电子和产生的金属蒸气被电离而形成的。当电弧电流接近零时，阴极发射的电子和金属蒸气减少，弧隙中残留的金属蒸气和等离子体向周围真空迅速扩散。这样，弧隙可以在数微秒之内由导电状态恢复到真空间隙的绝缘水平。因此，在真空中触头有很高的介质恢复速度、绝缘能力和分断电流的能力。

第四节　电接触

电器的导电回路是由若干元件构成的，其中，两个零件通过机械连接方式互相接触而实现导电的现象称为电接触。电接触的目的是导电。接触中出现的有关物理的、化学的、电的现象称为电接触现象。电接触是所有电气设备中不可避免的一种普遍现象。在开关电器和接插件中是很重要的部分。接触部分出问题会造成各种故障，有时后果会很严重。

电路的通断和转换是通过电器来实现的，触头是有触点电器完成其职能的执行机构。触头工作的优劣直接影响到电器的性能，但由于它经常受到机械撞击、发热及电弧等的有害作用，极易损坏，所以它也是有触点电器的一个薄弱环节。

一、接触电阻

图 1-12（a）所示为一段完整的导体，通以电流 I，用电压表测量出其 AB 长度上的电压

降为 U，则 AB 段导体的电阻为 $R = \dfrac{U}{I}$。

如果将此导体截断，仍通以原来的电流，测得 AB 两点之间的电压降为 U_C [见图 1-12(b)]，U_C 比 U 大得多，AB 点之间的电阻为 $R_C = \dfrac{U_C}{I}$。R_C 除含有该段导体材料的电阻 R 外，还有附加电阻 R_j，即 $R_C = R + R_j$。

附加电阻为收缩电阻与表面膜电阻之和，是由于接触层之间直接产生的电阻，故称附加电阻 R_j 为接触电阻。动静触头接触时同样也存在接触电阻。

1. 收缩电阻

接触处的表面无论经过多么细致的加工处理，从微观角度分析，其表面总是凹凸不平的，不是整个面积接触，而是只有若干小的突起部分相接触，如图 1-13 所示，实际接触面积比视在接触面积小得多。当电流通过实际接触面积时，电流只从接触点上通过，在这些接触点附近，迫使电流线发生收缩。由于有效接触面积（即实际接触面积）小于视在接触面积，由此产生的附加电阻称为收缩电阻 R_s。

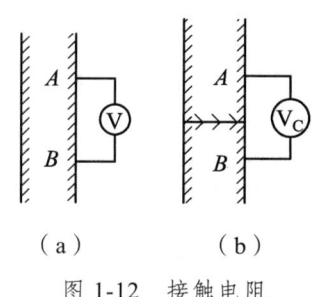

图 1-12 接触电阻

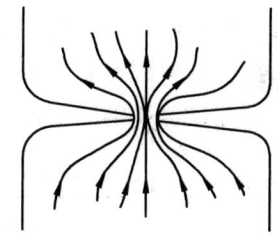

图 1-13 电流线收缩

2. 表面膜电阻

由于种种原因，在触头的接触表面上覆盖着一层导电性很差的薄膜，如金属的氧化物、硫化物等，也可能是落在接触表面上的灰尘、污物或夹在接触面间的油膜、水膜等，由此而形成的附加电阻，称为表面膜电阻 R_b。表面膜电阻的大小除和膜的种类有关外，还与薄膜的厚度有关，膜越厚，电阻越大。

接触电阻与触头材料、触头压力、接触面形式、表面和清洁状况等有关。

二、影响接触电阻的因素

影响接触电阻的因素有接触压力、触头材料、触头温度、触头表面情况、接触形式及化学腐蚀等。

1. 接触压力的影响

接触压力对接触电阻的影响最大，当接触压力很小时，接触压力微小的变化都会使接触电阻值产生很大的波动。触头接触电阻与接触压力近似双曲线关系，即接触电阻值在一定的压力范围内是随外施压力 F 的增大而减小的，如图 1-14 所示。在压力作用下，两表面接触处产生弹性变形，压力增大，变形增加，有效接触面积也增加，收缩电阻减小。当压力达到一定值后，收缩电阻几乎不变，因为材料的弹性变形是有一定限度的，接触面积的增加也是有限的，接触电阻不可能完全消除。增大接触压力，可将氧化膜压碎，使膜电阻减小，但压力增大到一定程度后，膜电阻稳定在一个较小的数值。

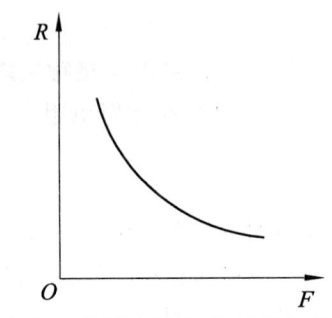

图 1-14　接触电阻与接触压力的关系

2．触头材料的影响

触头材料对接触电阻的影响主要取决于触头材料的电阻系数、材料的抗压强度、材料的化学性能等。触头材料的电阻系数越低，接触电阻就越小。表 1-1 列出了电器中常用材料的电阻系数与铜的比较值（铜的电阻系数为 1）。

表 1-1　常用材料电阻系数与铜的比较

触头材料及其覆盖层	ρ_k 比较值	触头材料及其覆盖层	ρ_k 比较值
铜	1	钢	35
镀锡的铜	0.7	碳	1 000
搪锡的铜	2.0	黄铜-黄铜	4.0
镀银的铜	0.3	铜-黄铜	2.2
银	0.2	铜-铝	1.3
铝	2.5	铜-钢	7.0

银的电阻系数小于铜，但银比铜价格贵，所以常采用铜镀银或镶银的办法，以减小接触电阻。

材料的抗压强度越小，在同样接触压力下得到的实际接触面积就越大，接触电阻就越小。采用抗压强度小的材料可以使接触电阻降低，但由于触头本身需要一定的机械强度，因此常在接触连接处，用较软的金属覆盖在硬金属上，以获得较好的性能，例如铜触头搪锡等。

材料越易氧化，就越容易在表面形成氧化膜，如不设法清除，接触电阻就会显著增大。例如，铝在常温下几秒钟内就会氧化，其氧化膜导电性很差，故铝一般只用作固定连接，而且常采用表面覆盖银、锡等方法以减小接触电阻。小容量触头常采用点接触的双断点桥式触头，其结构难以实现研磨过程来消除氧化膜，所以触头材料采用银或银基合金。因为银被氧化后的导电能力和纯银相差不多，所以银或镀银的触头工作很稳定。

3. 触头温度的影响

触头的接触电阻与它本身的金属电阻一样，也受温度的影响，随着触头温度的升高，接触电阻增加。接触处温度升高后，材料硬度有所降低，使有效接触面积增大，以致在温度增加时，接触电阻的增加比金属材料电阻的增加要小一些，但是温度升高会加剧氧化，温度对接触电阻的影响比较大。

图 1-15 所示为接触电阻与温度的关系表示在接触压力不变的情况下，接触电阻 R_j 与触头温度 θ 的关系曲线。曲线 1 的接触压力比曲线 2 的接触压力小，故接触电阻大。接触电阻随温度的升高而增加。当温度达到 B 点时，θ 为 250～400 ℃，材料软化，实际接触面积增大，接触电阻有迅速减小的趋势。这时，触头材料的机械强度突减，触头遭到破坏，这是不允许的。这种情况可能发生在触头通过较长时间短路电流的故障状态。

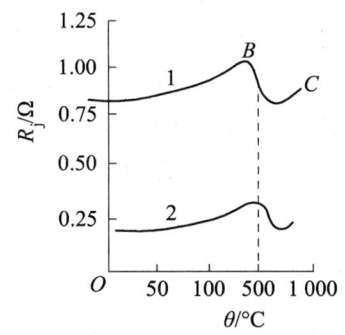

图 1-15 接触电阻与温度的关系

当材料的强度稳定下来后，接触电阻又随温度的增高而增大。当温度达到 C 点时，材料熔化，接触处就会熔焊在一起，触头难以分离，电器不能正常工作。因此，触头的温升不允许超过允许值。

4. 触头表面情况的影响

1）触头表面加工方法的影响

表面粗糙度对接触电阻有一定的影响。接触表面可以粗加工，也可以精加工。至于采用哪种方式加工更好，要根据负荷大小、接触形式和用途而定。对于大、中电流的触头表面，不要求精加工，最好用锉刀加工，接触面达 $R_a \leqslant 6.3 \sim 1.6\ \mu m$ 即可，重要的是平整。两个平整而较粗糙的平面接触在一起，接触点数目较多且稳定，并能有效地清除氧化膜。相反，精加工的表面，当装配稍有歪斜时，接触点的数目显著减少。

对于某些小功率电器，触头电流小到毫安以下，为了保证 R_j 小而稳定，要求触头表面粗糙度越低越好。粗糙度低的触头不易受污染，也不易生成膜电阻。为了达到这样低的粗糙度，往往采用机械、电或化学抛光等工艺。

2）触头表面氧化膜的影响

暴露在空气中的接触面（除铂和金外）都将产生氧化作用。空气中的铜触头在室温下（20～30 ℃）即开始氧化，但其氧化膜很薄，在触头彼此压紧的过程中就会被破坏，故对接触电阻影响不大。当温度高于 70 ℃ 时，铜触头氧化加剧，氧化铜的导电性能很差，使膜电阻急剧增加，因此铜触头的允许温升都是很低的。银被氧化后的导电率与纯银差不多，所以银或镀银的触头工作很稳定。为了减小接触面的氧化，可以将触头表面搪锡或镀银，以获得较稳定的接触电阻。

3）触头表面清洁状况的影响

当触头的压力较小时，触头表面的清洁度对接触电阻影响较大，随着压力的增加，这种影响逐渐减小。

4）触头表面的电化学腐蚀

采用不同的金属作触头对时，由于两金属接触处有电位差，当湿度大时，在触头对的接触处会发生电解作用，引起触头的电化学腐蚀，使接触电阻增加。

常用金属材料的电化顺序是金（Au）、铂（P_t）、银（A_g）、铜（Cu）、氢（H）、锡（Sn）、镍（Ni）、镉（Cd）、铁（Fe）、铬（Cr）、锌（Zn）、铝（Al）。规定氢的电化电位为 0，在它后面的金属具有不同的负电位（如 Al 的电化电位为 -1.34V），在它前面的金属具有不同的正电位（如 A_g 的电化电位为 $+0.8\text{V}$）。选取触头对时，应取电化顺序中位置靠近的金属，以减小化学电势。例如，不宜采用铝-铜、钢-铜做触头对。电镀层或涂层也要注意电化顺序。

三、减小接触电阻的方法

当电流通过闭合触头时，如果接触电阻过大，就会产生过大的附加损耗，使触头本身及周围的物体温度升高，加速绝缘材料的老化，使之寿命减少。触头的过度发热还会使触头表面加速氧化，而多数金属（除银外）氧化后产生高阻的氧化膜，使电阻增加，这样形成恶性循环。

为了避免触头超过允许温升，一方面要尽量减小接触电阻；另一方面应具有足够的触头散热面积。根据接触电阻的形成原因，减小接触电阻一般可采用下列方法。

（1）增加接触点数目。选择适当的接触形式，用适当的方法加工接触表面，并在接触处加一定的压力，均可使接触点数目增加。

（2）选择合适的材料。采用本身电阻系数小，且不易氧化或氧化膜电阻较小的材料作为接触导体，或作为接触面的覆盖层。

（3）触头在开闭过程中应具有研磨过程，以擦去氧化膜。

（4）经常对触头清扫，使触头表面无油污、尘埃，保持干燥。

四、热焊与冷焊

触头的熔焊主要发生在触头闭合有载电路的过程中和触头处于闭合状态时。在触头闭合过程中，触头的机械振动使触头间断续产生电弧，在电弧高温的作用下，使触头表面的金属熔化。当触头最终闭合时，这些熔化金属可能凝结而引起熔接，使动、静触头熔焊在一起不能打开。在触头处于闭合状态时，若通过过大的电流，会使触头接触处温度升高，如果达到了熔化温度，两触头接触处的材料便熔化并结合在一起，使接触电阻迅速下降，其损耗和温度都下降，熔化的金属可能凝结而引起熔接。这种由热效应而引起的触头熔接，称为触头的"熔焊"。

还有一种触头熔接现象，产生于常温状态，通常称为"冷焊"。"冷焊"常常发生在用贵金属材料（如金与金合金等）制成的小型继电器触点中。贵金属表面不易形成氧化膜，纯净的金属接触面在触头压力作用下，由于金属原子间化学亲和力的作用，使两个触头表面结合在一起，产生"冷焊"现象。由"冷焊"产生的触头间黏接力很小，但是在小型高灵敏继电器中，由于使触头分开的力也很小（一般小于 $9.8 \times 10^{-2} \mathrm{N}$），不能把冷焊黏接在一起的触点弹开，常常出现触头粘住不释放的现象。

五、触头的磨损

触头在多次接通和断开有载电路后，其接触表面将逐渐产生磨耗和损坏，这种现象称为触头的磨损。触头磨损达到一定程度后，其工作性能便不能保证，此时，触头的寿命即告终结。继电器和接触器的电寿命主要取决于触头的寿命。

触头磨损包括机械磨损、化学磨损和电磨损。机械磨损是在触头闭合和打开时研磨和机械碰撞所造成的，使触头接触面产生压皱、裂痕或塑性变形和磨损。化学磨损是由于周围介质中的腐蚀性气体或蒸气对触头材料侵蚀，使触头表面形成非导电性薄膜，致使接触电阻变大，且不稳定，甚至完全破坏了触头的导电性能。这种非导电性薄膜在触头相互碰撞及触头压力作用下，逐渐剥落，形成金属材料的损耗。机械磨损和化学磨损一般很小，约占全部磨损的10%。

触头在分断与闭合电路过程中，在触头间隙中产生金属液桥、电弧和火花放电等各种现象，引起触头材料的金属转移、喷溅和气化，使触头材料损耗和变形，这种现象称为触头的电磨损。电磨损直接影响电器的寿命。触头的电磨损形式主要有两种，即液桥的金属转移和电弧的烧损。

触头开断时，在从触头完全闭合到触头刚开始分离的时间内，先是触头的接触压力和接触点数目逐渐减小，接触电阻越来越大，使接触点的电流密度急剧增加，由此产生的热量促使接触处的金属熔化，形成金属液体滴。触头继续断开时，金属液体滴被拉长，形成液态金属桥，简称为液桥。由于温度沿液桥的长度分布不对称，且其最大值发生在靠近阳极的地方，使金属熔液由阳极转移到阴极。液桥的金属转移作用，经过很多次的操作后，触头的阳极因金属损耗形成凹坑，阴极因金属增多而形成针刺，凸出于接触表面。在弱电流电器（如继电器）中，液桥对触头的电磨损有着重要的影响。

触头的磨损主要是电磨损。电磨损主要发生在触头的闭合和开断过程中，尤其以触头开断过程中产生的电磨损为主。在触头闭合电流时产生的电磨损，主要是由于触头碰撞引起的振动所产生的；在触头开断电流时所产生的电磨损，主要是由高温电弧造成的。

电弧对触头的腐蚀十分严重，电弧磨损要比液桥引起的金属转移高出 5~10 倍。当负荷电流超过 20 A，甚至达到几百或上千安时，电弧的温度极高，触头间距离又较大，一般都有电动力吹弧，再加上强烈的金属蒸气热浪冲击，往往把液态金属从触头表面吹出，向四周飞溅。这种磨损与小功率电弧的磨损是不同的，金属蒸气再度沉积于触头接触表面上的概率已大大减小，使触头阴、阳极都遭到严重磨损，由于阳极温度高于阴极，所以阳极磨损更为严重。

六、触头材料

触头材料关系到触头工作的可靠性，尤其是对触头磨损影响很大。触头材料分为三大类，即纯金属、合金和金属陶冶材料。

1. 纯金属材料

（1）银：银是高质量的触头材料，具有高的导电和导热性能。银在常温下不易氧化，其氧化膜能导电，在高温下易分解还原成金属银。银的硫化物电阻率很高，在高温时也能进行分解。因此，银触头能自动清除氧化物，接触电阻低且稳定，使用温度较高。银的缺点是熔点低，硬度小，不耐磨。由于银的价格高，一般仅用于继电器和小功率接触器的触头或用于接触零件的电镀覆盖层。

（2）铜：铜是广泛使用的触头材料，其导电和导热性能仅次于银。铜的硬度较大、熔点较高、易加工、价格较低。铜的缺点是易氧化，其氧化膜的导电性很差，当长时间处于较高的环境温度下，氧化膜不断加厚，使接触电阻成倍增长，甚至会使电流通路中断。因此，铜不适用于非频繁操作电器的触头材料，对于频繁操作的接触器，电流大于 150 A 时，氧化膜在电弧高温作用下分解，可采用铜触头，并做成单断点指式触头，在触头分、合过程中有研磨过程，以清除氧化铜薄膜。

（3）铂：铂是贵金属，化学性能稳定，在空气中既不生成氧化物，也不生成硫化物，接触电阻非常稳定，有很高的生弧极限，不易生弧，工艺性好。铂的缺点是导电和导热性能差、硬度低、价格昂贵。因此，不采用纯铂作为触头材料，一般用铂的合金作小功率继电器的触头。

（4）钨：钨的熔点高、硬度大、耐电弧，钨触头在工作过程中几乎不会产生熔焊。但是，钨的导电性能较差、接触电阻大、易氧化，特别是与塑料等有机化合物蒸气作用（如在封闭塑料外壳内的钨触头），生成透明的绝缘表面膜，而且此膜不易清除，加工困难。因此，除少数特殊场合（如火花放电间隙的电极）外，一般不采用纯钨做触头材料，而与其他高导电材料制成陶冶材料。

2. 合金材料

由于纯金属本身性能的差异，将它们以不同的成分相配合，构成金属合金或金属陶冶材料，使触头的工作性能得以改进。

常用的合金材料有银铜、银钨、钯铜、钯铱等。

（1）银铜合金：适当提高银铜合金的含铜量，可提高其硬度和耐磨性能。但是，含铜量不宜过高，否则，它会和铜一样易于氧化，接触电阻不稳定。银铜合金熔点低，一般不用作触头材料，主要用作焊接触头的银焊料。

（2）银钨和钯铜：银钨和钯铜都有较高的硬度，比较耐磨，抗熔焊。有时用于小功率电器及精密仪器仪表中。

（3）钯铱合金：钯铱合金使用较广泛，铱有效地提高了合金的硬度、强度及抗腐蚀能力。

3. 金属陶冶材料

金属陶冶材料是由两种或两种以上彼此不相熔合的金属组成的机械混合物，其中一种金属有很高的导电性（如银、铜等），作为材料中的填料，称为导电相，另一种金属有很高的熔点和硬度（如钨、镍、钼、氧化镉等），在电弧的高温作用下不易变形和熔化，称为耐熔相，这类金属在触头材料中起着骨架的作用。这样，就保持了两种材料的优点，克服了各自的缺点，是比较理想的触头材料。

常用的金属陶冶材料有银-氧化镉、银-氧化铜、银-钨、银-石墨等。

（1）银-氧化镉：导电性能和导热性能好，抗熔焊，耐电磨损，接触电阻低且稳定，特别是在高温电弧的作用下，氧化镉分解为氧气和镉蒸气，能驱使电弧支点迅速移动，有利于吹灭电弧，故称银-氧化镉触头具有一定的自灭弧能力。此外，它的可塑性好，且易于加工，是一种较为理想的触头材料，广泛应用于大、中容量的电器中。

（2）银-氧化铜：与银-氧化镉相比，其耐磨损、抗熔焊性能好，无毒，在高温下触头硬度更大，使用寿命长，价格便宜。试验结果表明，银-氧化铜触头比银-氧化镉触头在接触处具有更低且稳定的接触电压降，导电性能更好，发热情况较轻，温升较低。因此，近年来银-氧化铜材料得到了广泛的应用。

（3）银-钨：具有银的良好的导电性，又具有钨的高熔点、高硬度、耐电弧腐蚀、抗熔焊、金属转移小等特性，常用作电器的弧触头材料。随着含钨量的增加，其耐电弧腐蚀性能和抗熔焊性能也逐渐提高，但其导电性能下降。银-钨的缺点是接触电阻不稳定，随着开闭次数的增加，接触电阻增大，其原因为分断过程中，触头表面产生三氧化钨、钨酸银等电阻率高的薄膜。

（4）银-石墨：导电性好、接触电阻低、抗熔焊、耐弧能力强，在短路电流作用下也不会熔焊，其缺点是电磨损大。

上述金属陶冶材料是利用粉末冶金法、化学沉淀法（也称为沉淀法）及内氧化法等制成的。

七、典型案例

2008年10月，郑西客专试运营期间，3台CRH2A型动车组牵引变流器风机被烧损，经多次检查风机无果后，拆开电路接触器，发现接触器静触头处粘有蟑螂尸体（见图1-16）。蟑螂尸体夹在接触器动静触头之间，引起该相动静触头之间接触不良，接触电阻显著增加。接触器闭合时造成风机三相电不平衡，导致烧损。

接触器检修口诀：接触靠压力，温度控制好，闲时勤擦拭，油灰污物消，材质要选对，电能损耗少。

图 1-16　蟑螂尸体夹在接触器动静触头之间

第五节　传动装置

电器的传动装置是有触点电器用来驱使电器运动部分（触头、接点）按一定要求进行动作的机构。在动车组电器上主要采用的是电磁传动装置和电空传动装置，其次还采用了手动、机械式传动装置。电磁传动装置就是通过电磁铁把电磁能转换成机械能来驱动电器动作的机构，主要用于小型电器。在动车组控制电器中装有大量的电磁式接触器、电磁式继电器、自动开关等，都是以电磁铁作为传动机构的。

电空传动装置，是以电磁阀控制的压缩空气作为动力，驱使电器运动部件动作的机构，它广泛用于触头开闭高电压、大电流的场合。

一、电磁传动装置

电磁传动装置是一种通过电磁铁把电磁能转换成机械能来驱使电器触头动作的机构。电磁传动装置的实质是电磁铁，它的形式有很多，如螺管式、直动式、E 形、U 形等，但它们的基本组成和工作原理却是相同的。电磁铁主要由吸引线圈和磁系统两部分组成。磁系统一般由铁心、磁轭和衔铁三部分组成。衔铁又称为动铁心，铁心和磁轭又称为静铁心。下面以直流接触器和继电器常用的拍合式电磁铁为例，说明其工作原理和各组成部分的用途。

如图 1-17 所示为一个直流拍合式电磁铁的结构，它由线圈 3、极靴 2、铁心 4、磁轭 5 和衔铁 1 等组成。线圈 3 套装在铁心 4 上，极靴 2 与衔铁 1 之间的空气隙称为工作气隙，磁轭 5 与衔铁 1 之间的气隙称为棱角气隙。极靴用来增大气隙磁导，并可以压住线圈。非磁性垫片 6 用来减少剩磁通，以防线圈断电后衔铁被剩磁吸力吸住而不能释放。由于非磁性材料的磁导率和空气的磁导率很接近，故可认为是一个空气隙，称为非工作气隙。

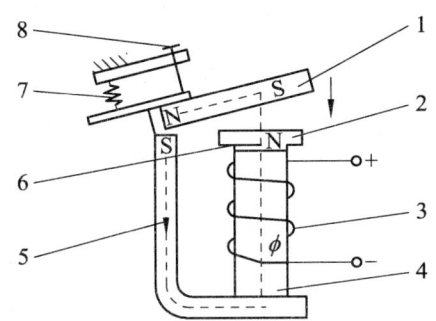

1—衔铁；2—极靴；3—线圈；4—铁心；5—磁轭；
6—非磁性垫片；7—反力弹簧；8—调节螺钉。
图 1-17 电磁铁的工作原理

电磁铁的工作原理是：在线圈未通电时，衔铁在反力弹簧的作用下，处于打开位置，衔铁与极靴之间保持一个较大的气隙。当线圈接通电源后，在磁系统和工作气隙所构成的回路中产生磁通Φ，其流向用右手螺线管法则确定（如图 1-17 中虚线所示）。根据磁力线流入端为 S 极，流出端为 N 极的规定，在工作气隙两端的极靴和衔铁相对的端面上产生异性磁极。由于异性磁极相吸，于是在铁心和衔铁间产生电磁吸力。当电磁吸力产生的转矩大于反力弹簧反作用力产生的转矩时，衔铁被吸向铁心，直到与极靴接触为止，并带动触头动作。这个过程称为衔铁的吸合过程，衔铁与极靴接触的位置称为衔铁闭合位置。此时，衔铁与极靴之间仍有一个很小的气隙。当线圈中的电流减小或中断时，铁心中的磁通变小，吸力也随之减小，如果吸力小于反力弹簧的反力（归算后），衔铁在反力弹簧的作用下返回至打开位置，并带动触头处于另一工作位置。这个过程称为衔铁释放过程。

只要控制电磁铁吸引线圈电流（或电压）就能通过触头来控制其他电器。当线圈失电时，触头若是打开的，称为常开触头（也称为动合触头）；触头若是闭合的，则称为常闭触头（也称为动断触头）。

电磁铁的用途很广，如在接触器中，利用电磁铁带动触头运动，只要控制电磁铁线圈电流的通断，就能使电磁铁完成某一工作任务，实现自动控制及远距离操纵的目的。在许多继电器中利用电磁铁作为感受元件，反映出电路中电压、电流、功率等参数的变化，对电路及电气设备进行保护和控制。

二、电磁铁（电磁传动装置）的分类

电磁铁的结构型式很多，图 1-18 所示是几种常见电磁铁的结构形式。
（1）按吸引线圈通电电流的性质，可分为直流电磁铁和交流电磁铁。

直流电磁铁线圈通的是直流电流，当电流达到稳定值后，可以认为匝数 N、电流 I 均不变，故其为恒磁势（IN）系统，磁通不随时间而变化，在铁心中没有涡流和磁滞损耗，铁心可用整块钢或工程纯铁制造。为了便于制造，铁心和极靴一般做成圆形，线圈也做成圆形，形状细高，与铁心配合较紧密。

交流电磁铁的吸引线圈通的是交流电流，可以认为匝数 N 和磁通有效值 Φ 不变，故其为恒磁链（$\psi = \Phi N$）系统。但总磁通 Φ 交变，在铁心中有涡流和磁滞损耗，铁心不能再用整块钢铁制造，一般是用硅钢片叠制而成。为了便于制造，把铁心制成方形的，线圈往往也制成方形，且为"矮胖型"，线圈与铁心间的间隙较大，以利于线圈散热。

（2）按吸引线圈与电路的连接方式，可分为并联电磁铁和串联电磁铁。

并联电磁铁的线圈与电源并联，输入电量是电压，其线圈称为并联线圈或电压线圈。其阻抗要求大，电流小，故线圈匝数多且线径细，这种电磁铁应用较为广泛。

串联电磁铁的线圈与负载串联，反应的是电流量，其线圈称为串联线圈或电流线圈。其阻抗要求小，故其匝数少且导线粗，应用较少。

（3）按衔铁的运动方式，可分为直动式和转动式电磁铁两大类。图 1-18（a）、（f）所示为转动式，其余均为直动式。

（4）按磁系统的结构形状，可分为 U 形、E 形和螺管型。图 1-18（a）、（g）为 U 形，图 1-18（b）、（c）为螺管型，图 1-18（d）、（e）、（f）均为 E 形。

此外，还可以按电磁铁的动作速度分为快速电磁铁、一般速度和延时动作电磁铁。

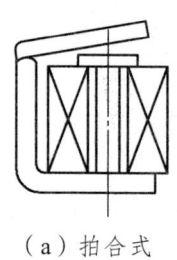　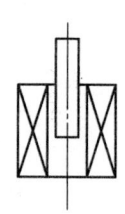　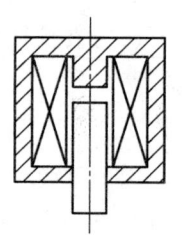　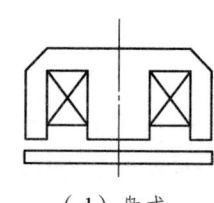

（a）拍合式　　　　（b）螺管式　　　　（c）装甲螺管式　　　　（d）盘式

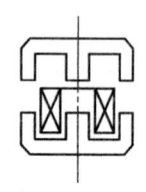　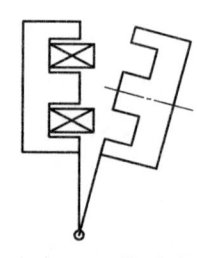　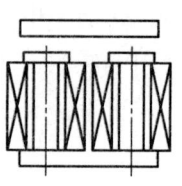

（e）双 E 直动式　　　（f）双 E 转动式　　　（g）单 U 直动式

图 1-18　常见电磁铁的结构形式

三、电空传动装置

电磁传动装置的电磁吸力随气隙的增加而下降,在需要长行程、大传动力的场合,用电磁传动装置就不适宜了。而电空传动装置却能将较大的力传递较远,动车组上有现成的压缩空气气源,在动车组上采用了许多电空传动的电气设备。此外,与电磁传动装置相比,采用电空传动时,有色金属的消耗及动作时的控制电源功率都可大为减少。

电空传动装置是一种以电磁阀(电空阀)控制的压缩空气作为动力,驱使触头按规定动作的执行机构。它主要由电空阀和压缩空气驱动装置组成。

1. 电空阀

电空阀是借电磁吸力来控制压缩空气管路的导通或关断,从而达到远距离控制气动器械的目的。电空阀按工作原理分,有开式和闭式两种,从结构来说都由电磁机构和气阀两部分组成,工作原理也类似。

闭式电空阀如图 1-19 所示,当线圈有电时,衔铁吸合,阀杆动作,使上阀门关闭,下阀门打开,关断了传动气缸和大气的通路,打开了气源和传动气缸的通路,压缩空气从气源经电空阀进入传动气缸,推动气动器械动作。当线圈失电时,衔铁在反力弹簧作用下打开,带动阀杆上移,使下阀门关闭,上阀门打开,关断了气源和传动气缸的通路,打开了传动气缸与大气的通路,传动气缸的压缩空气经电空阀排向大气,气动器械恢复原状。

开式电空阀如图 1-20 所示,线圈失电时,气源和传动气缸接通,大气和传动气缸关闭。

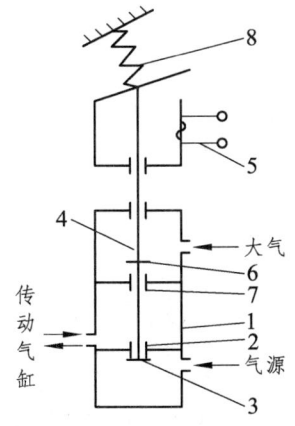

1—阀体;2—下阀门;3,6—阀块;4—阀杆;
5—电磁铁;7—上阀门;8—反力弹簧。

图 1-19 闭式电空阀原理结构

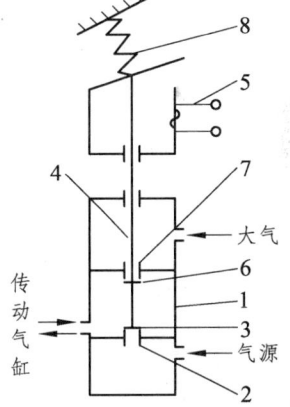

1—阀体;2—下阀门;3,6—阀块;4—阀杆;
5—电磁铁;7—上阀门;8—反力弹簧。

图 1-20 开式电空阀原理结构

2. 压缩空气驱动装置

压缩空气驱动装置有气缸式传动和薄膜式传动两种。

气缸传动装置有单活塞和双活塞气缸传动装置。

单活塞气缸传动装置，如图 1-21（a）所示，当电空阀有电时，其控制的压缩空气进入传动气缸，推动活塞，压缩弹簧，使活塞杆右移，带动触头闭合。当电空阀失电时，其控制的气源被关断，在弹簧的作用下，推动活塞，带动活塞杆左移，使触头打开。通常活塞由皮碗或耐油橡胶制成，活塞上涂有机油，以减少摩擦力并具有良好的密封性能。该种传动方式的优点是工作行程可以选择，以满足开距和超程的要求。缺点是摩擦力较大，动作较慢。

双活塞气缸传动装置，如图 1-21（b）所示，当气孔 7 开通气源，气孔 8 通向大气时，压缩空气驱动活塞右移。当气孔 8 开通气源，气孔 7 通向大气时，活塞则反向转动。其特点是所控制的行程受一定限制，且对被控制的触头不具有压力的传递，所以应用较少。

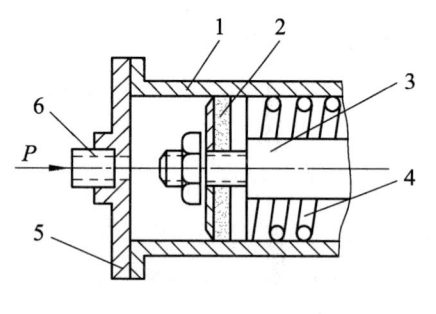 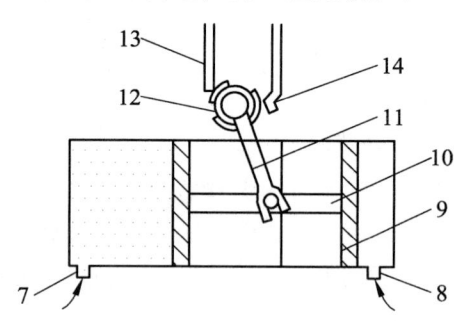

（a）单活塞气缸传动装置　　　　　　（b）双活塞压缩空气驱动装置示意图

1—气缸；2，9—活塞；3，10—活塞杆；4—弹簧；5—气缸盖；6—进气孔；
7，8—气孔；9，11—曲柄；12—转鼓；13—静触头；14—动触头。

图 1-21　气缸式传动装置

薄膜传动装置，如图 1-22 所示，当气孔进入压缩空气时，压迫薄膜，克服弹簧张力，使活塞杆右移，带动触头动作。反之，则触头在弹簧的作用下打开。其特点是动作灵活，摩擦力和磨损较小，加工制作及维修方便。但活塞杆行程小，在低温条件下，薄膜易开裂，须经常更换。

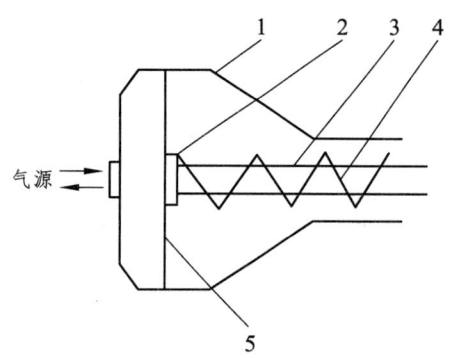 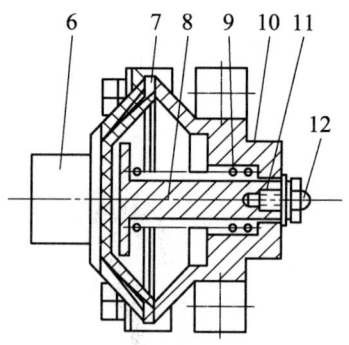

1—阀体；2，3—活塞杆；4—开断弹簧；5—橡胶薄膜；6—气缸盖；7—弹性薄膜；
8，9—复原弹簧；10—气缸座；11—衬套；12—杆头。

图 1-22　薄膜传动装置

习 题

一、填空题

1. 电器的散热以_____、_____与_____三种基本方式进行。
2. 电弧属于_____的一种形式。
3. 表面发射指_____的现象，它包括_____、_____、_____和_____。
4. 空间游离的方式有_____、_____和_____，它们可能同时存在。
5. 触头接触面形式分为_____、_____和_____三种。
6. 触头的参数主要有触头的_____、_____、_____、_____、触头初压力和_____等。
7. 接触电阻包括____电阻和____电阻。
8. 影响接触电阻的因素有_____、_____、_____、触头表面情况、_____及_____等。
9. 触头磨损包括_____、_____和_____。
10. 电磁铁主要由_____和_____两部分组成。
11. 磁系统一般由____、____和____三部分组成。
12. 电空阀按工作原理分，有____和____两种，但从结构来说都由_____和____两部分组成。

二、选择题

1. 一束带电粒子沿水平方向飞过小磁针上方，如图 1-23 所示。若带电粒子飞过小磁针上方向的瞬间，小磁针 N 极向纸面内偏转，这带电粒子可能是（　　）。

   A. 向右飞行的正离子束
   B. 向左飞行的正离子束
   C. 向右飞行的负离子束
   D. 向左飞行的负离子束

（粒子束）

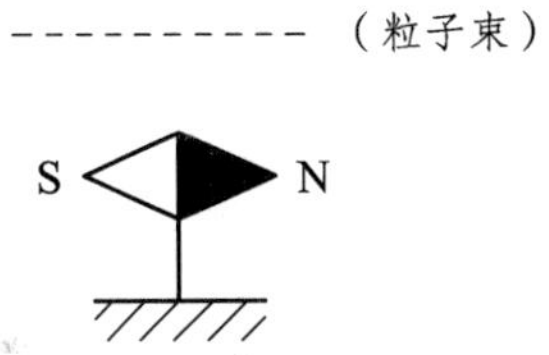

图 1-23

2. 如图 1-24 所示，在水平桌面上放一条形磁铁，在磁铁的右上方固定一根通电直导线，则磁铁对桌面的作用力的情况是（　　）。

   A. 磁铁对桌面有向右的摩擦力和大于重力的压力
   B. 磁铁对桌面有向左的摩擦力和小于重力的压力
   C. 磁铁对桌面只有大于重力的压力
   D. 磁铁对桌面只有小于重力的压力

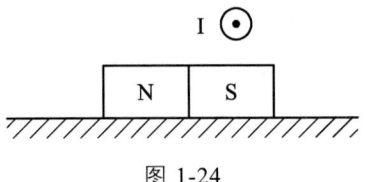

图 1-24

三、简答题

1. 什么是集肤效应?什么是邻近效应?
2. 什么是电器的温升?
3. 什么是电动力?

4. 什么是电器热稳定性及热稳定电流？
5. 什么是电器动稳定性及动稳定电流？
6. 国家标准规定按耐热性将绝缘材料分为哪几个等级？最高允许温度各为多少？
7. 提高导体载流量的常用措施有哪些？
8. 磁体的磁极周围的磁场跟电流周围的磁场,本质上是否相同？为什么？
9. 什么是气体放电和近阴极效应？
10. 电弧熄灭的方法有哪些？
11. 写出常用金属材料的电化顺序。
12. 减小接触电阻的方法有哪些？
13. 触头的电磨损指的是什么？
14. 简述极靴和分磁环的作用。
15. 请画出闭式电空阀、开式电空阀的原理结构简图。

第二章 动车组低压控制电器

第一节 接触器

第二章数字资源

一、概 述

1. 接触器的基本特点

接触器在工业控制中应用非常广泛。它是用来接通或切断带有负载的主电路或大容量控制电路的自动切换电器。与其他开关电器相比,其有如下特点是:① 动作次数频繁,每小时开闭次数可达 150~1 500 次;② 能通、断较大电流。一般情况只开断正常电流,而不能开断短路或故障电流;③ 可以实现一定距离的控制。

2. 接触器的组成

接触器的结构种类很多,但对于任何一种接触器来说,一般均由以下几部分组成。

1) 传动装置

传动装置包括驱使触头闭合的装置和开断触头的弹簧机构以及缓冲装置,用来可靠地驱使触头按规定要求动作,完成接触器本身的职能。

2) 触头装置

触头装置由主触头和联锁触头两部分组成。

主触头由动、静主触头和触头弹簧支持件等组成。它是接触器的执行部分,用于直接实现电路的通、断。主触头接通和分断的是主电路,额定电流比较大,通常为数安到数百安,甚至可能高达数千安。

联锁触头(又称为辅助触头),通常由两对以上常开联锁触头和两对以上常闭联锁触头组成,用于控制其他电器、信号或电气联锁等。它接通和分断的是控制电路,额定电流只有 5~10 A。

常开联锁触头指的是接触器的吸引线圈失电时处于断开状态的触头;与此相反,常闭联锁触头指的是接触器吸引线圈失电时处于闭合状态的触头。

联锁触头与主触头是联动的,在接触顺序上要求主触头闭合前常开联锁触头应提前闭合,常闭联锁触头应滞后分断;主触头分断时常开联锁触头应同时或提前分断,常闭联锁触头应同时或稍滞后闭合。

联锁触头与灭弧系统通常在产品上要分开安装,以防电弧弧焰的危害。

3) 灭弧装置

灭弧装置一般与主触头配合使用,主要用于熄灭触头开断电路时产生的电弧,减少电弧对触头的破坏作用，保证触头可靠地工作。根据电流的性质、灭弧方法和原理，可以制成各种灭弧装置。

4）支架和固定装置

支架和固定装置属于非工作部分，用于合理地安装和布置电器各部件，使接触器构成一个整体。支架和固定装置应有足够的机械强度，并能对内部部件起到保护作用，保证接触器达到一定的使用寿命。

3. 接触器的分类

接触器的用途很广，种类繁多，一般有以下几种分类方法。

1）按传动方式分

按传动方式分，主要有电磁接触器和电空接触器。电磁接触器采用电磁传动装置，电空接触器采用电空传动装置。电磁接触器一般应用于辅助电路中，电空接触器应用于主电路中。

2）按通断电流的种类分

按通断电流的种类分，有交流接触器和直流接触器。这里指的是主触头通、断电流的种类，它与传动方式无关，如主触头通、断的是交流电，则不管它是采用的是直流电磁机构传动、交流电磁机构传动还是电空传动，都称为交流接触器。

3）按主触头所处的介质分

按主触头所处的介质分，可分为空气式接触器、真空式接触器和油浸式接触器。空气式接触器的主触头敞在大气中，采用的是一般的、常用的灭弧装置。而真空式接触器的主触头密封在真空装置中，它利用的是真空灭弧原理，具有很高的切换能力。

4）按接触器同一传动机构所传动的主触头数目分

按接触器同一传动机构所传动的主触头数目分，可分为单极接触器和多极接触器。单极接触器只有一对主触头，多极接触器有两对以上的主触头，它们分别用于控制单相和多相电路。

4. 接触器的基本参数

（1）额定电压。

（2）额定电流。

（3）切换能力：又称为开闭能力、通断能力，是指接触器的主触头在规定条件下能可靠地接通和分断的电流值。在此电流值下接通和分断负载时，不应发生熔焊、飞弧和过分磨损等现象。保证接触器能在较坏的条件下可靠地工作。接触器的主触头虽然不要求开断短路电流，但它还是有可能在大于额定电流的情况下接通或切断负载电路的，此时触头可能引起严重烧损，甚至发生熔焊等故障。因此，必须规定接触器在一定的条件下接通和切断高于额定电流和电压的具体指标，也就是说必须规定它的切换能力。

（4）动作值和释放值：指接触器的动作电压（或电流、气压等）和释放电压（或电流、气压等）。

（5）操作频率：指接触器在每小时内允许操作的次数。

（6）机械寿命和电气寿命：机械寿命指的是接触器在无负载操作下无零部件机械损坏的极限动作次数。电气寿命指的是接触器在规定的操作条件下无零部件电气损坏的极限动作次数。

（7）动作时间和释放时间：动作时间（又称为闭合时间）是指从电磁铁吸引线圈通电瞬时起到衔铁完全吸合所需要的时间。释放时间（又称为开断时间）是指从电磁铁吸引线圈断电瞬时起到衔铁完全打开所需要的时间。为了对有关电路能准确可靠地进行控制，对接触器的动作时间也有一定的要求，如直流接触器的闭合时间一般为 0.04~0.11 s，开断时间为 0.07~0.12 s，交流接触器的闭合时间一般为 0.05~0.1 s，而开断时间为 0.1~0.4 s。

二、电磁式接触器

电磁接触器采用的是电磁传动装置，通常又分为直流、交流、交直流三种类型。

1. 直流接触器

直流接触器主要用于远距离接通和分断直流电路以及频繁地启动、停止、反转和反接制动直流电动机，也用于频繁地接通和断开起重电磁铁、电磁阀、离合器的电磁线圈等。直流接触器有立体布置和平面布置两种结构，有的产品是在交流接触器的基础上派生的。因此，直流接触器的结构和工作原理与交流接触器的基本相同，主要由电磁机构、触点系统和灭弧装置三大部分组成。

直流接触器电磁机构由铁心、线圈和衔铁等组成，多采用绕棱角转动的拍合式结构。由于线圈中通的是直流电，正常工作时，铁心中不会产生涡流，铁心不发热，没有铁损耗，因此铁心可用整块铸铁或铸钢制成。直流接触器线圈匝数较多，为了使线圈散热良好，通常将线圈绕制成长而薄的圆筒状。由于铁心中磁通恒定，因此铁心极面上也不需要短路环。为了保证衔铁可靠地释放，常需在铁心与衔铁之间垫有非磁性垫片，以减小剩磁的影响。250 A 以上的直流接触器往往采用串联双绕组线圈，如图 2-1 所示，线圈 1 为启动线圈，线圈 2 为保持线圈，接触器的一个常闭触点与保持线圈并联。在电路刚接通瞬间，线圈 2 被常闭触点短路，可使线圈 1 获得较大的电流和吸力。当接触器动作后，常闭触点断开，线圈 1 和线圈 2 串联通电，由于电压不变，因此电流较小，但仍可保持衔铁吸合，达到省电和延长电磁线圈使用寿命的目的。

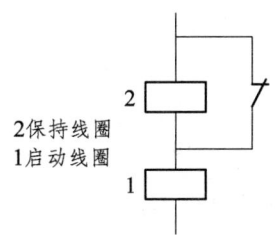

1—启动线圈；2—保持线圈。

图 2-1 直流接触器双绕组线圈接线

直流接触器的触点系统，有主触点和辅助触点。主触点一般做成单极或双极，由于触点接通或断开的电流较大，所以采用滚动接触的指形触点。辅助触点的通断电流较小，常采用点接触的双断点桥式触点。

直流接触器的灭弧装置，由于直流电弧不像交流电弧有自然过零点，直流接触器的主触点在分断较大电流（直流电路）时，灭弧更困难，往往会产生强烈的电弧，容易烧伤触点和延时断电。为了迅速灭弧，直流接触器一般采用磁吹式灭弧装置，并装有隔板及陶土灭弧罩。

常用的直流接触器有CZ0、CZ18等系列。接触器的文字与图形符号如图2-2所示。

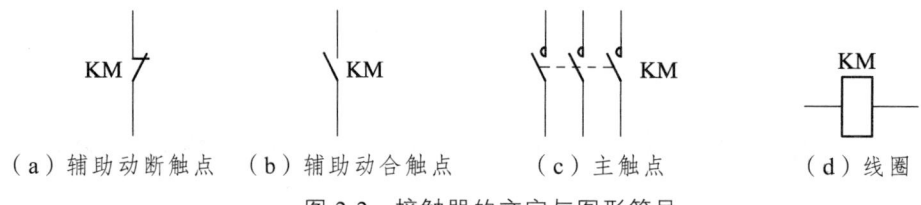

（a）辅助动断触点　（b）辅助动合触点　（c）主触点　（d）线圈

图2-2　接触器的文字与图形符号

2．交流接触器

交流接触器广泛用作电力的开断和控制电路，利用主触点开闭电路，辅助触点执行控制指令。主触点一般只有常开触点，辅助触点常有两对具有常开和常闭功能的触点，小型的接触器也经常作为中间继电器配合主电路使用。交流接触器由银钨合金制成，具有良好的导电性和耐高温烧蚀性。

交流接触器主要由4部分组成：① 电磁系统，包括吸引线圈、动铁心和静铁心；② 触头系统，包括三副主触头和两个常开、两个常闭辅助触头，它和动铁心是连在一起互相联动的；③ 灭弧装置，一般容量较大的交流接触器都设有灭弧装置，以便迅速切断电弧，避免烧坏主触头；④ 绝缘外壳及附件，各种弹簧、传动机构、短路环、接线柱等。

交流接触器工作原理是：当线圈通电时，静铁心产生电磁吸力，将动铁心吸合，由于触头系统是与动铁心联动的，因此动铁心带动三条动触片同时运行，触点闭合，从而接通电源。当线圈断电时，吸力消失，动铁心联动部分依靠弹簧的反作用力而分离，使主触头断开，切断电源。

三、电空接触器

电空接触器（见图2-3）一般由触头装置、灭弧装置、传动装置组成。当电空阀线圈得电时，其控制的压缩空气进入传动气缸，推动活塞，压缩开断弹簧而向上运动，使动静触头闭合。当电空阀线圈失电时，其控制的压缩空气排向大气，在开断弹簧的作用下，推动活塞带动活塞杆和动触头下移，动静触头打开，同时灭弧。在主触头动作的同时，联锁触头也相应动作。

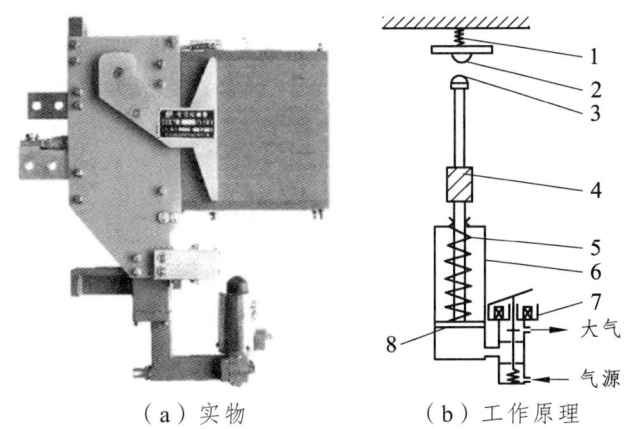

（a）实物　　　　　（b）工作原理

1—缓冲弹簧；2—静主触头；3—动主触头；4—绝缘块及活塞杆；
5—开断弹簧；6—缸体；7—电空阀；8—活塞。

图 2-3　电空接触器实物及其工作原理

四、真空接触器

真空接触器利用真空灭弧室灭弧，用以频繁接通和切断正常工作电流，通常用于远距离接通和断开中、低压频繁启停的 6 kV、380 V（660 V、1 140 V）交流电动机。真空接触器熄弧能力强，耐压性能好，操作频率较高，寿命长，无电弧外喷，体积小、质量轻、维修周期较长。真空接触器的真空灭弧室制造时工艺要求很高，如果工艺不良，灭弧室的真空容易下降。触头材料材质不好，在分断电流时会出现"截流过电压"现象，即在分断电流时，由于真空灭弧室的熄弧能力很强，电弧电流不是自然过零时切断，而是从电流的某一值突然降到零，由此而出现高的过电压。截流电压会危及电气设备的安全运行。

真空接触器主要由真空灭弧室和操作机构组成，如图 2-4 所示。真空灭弧室具有通过正常工作电流和频繁切断工作电流时可靠灭弧两个作用。但不能切断过负荷电流和短路电流。操作机构是由带铁心的吸持线圈和衔铁构成。线圈通电，吸引衔铁，接触器闭合；线圈失电，接触器断开。吸持线圈一般有直流和交流两种形式。

 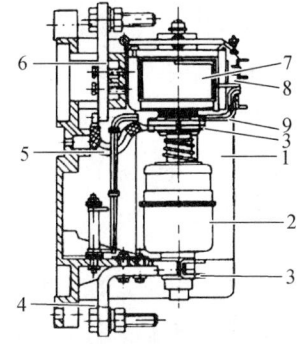

（a）实物　　　　　（b）工作原理

1—机座；2—真空开关管；3—连接卡圈；4—下连续板；5—软连接；6—上连续板；
7—磁驱动机构；8—辅助开关；9—联轴节。

图 2-4　真空接触器实物及其工作原理

真空灭弧室的外壳用玻璃或陶瓷绝缘材料制成，内部的真空度通常在 0.01Pa 以上。由于壳内的空气少，触头开距可以做得很小，电弧也较容易被熄灭。触头材料一般用铜、锑、铽等合金制成。灭弧室内屏蔽罩的作用是，当分断电流时，凝结触头间隙中扩散出来的金属蒸汽气，有助于熄弧，还可以防止金属蒸气溅落到绝缘外壳上降低其绝缘强度。动触头与外壳下端用波纹管连接，动触头可以上下运动又不会漏气。

真空接触器通常由绝缘隔电框架、金属底座、传动拐臂、电磁系统、辅助开关和真空开关管等部件组成。当电磁线圈通过控制电压时，衔铁带动拐臂转动，使真空开关管内主触头接通，电磁线圈断电后，由于分闸弹簧作用，使主触头分断。真空开关管由上封盖、下封盖、金属波纹管和陶瓷管等组成，真空开关管内封装一对动静触头，触头材料采用耐磨且低截流值的 Cu-W-Wc，这样在满足开断性能的条件下，减小开断过程中由于截流引起的过电压，提高了真空开关管的使用电寿命。当金属波纹管轴向运动时带动动触头做分合闸动作。电磁系统考虑实际吸力特性和反力特性良好配合，以及发挥接触器运行时噪声低、节电的优点，采用滞留双线圈由起动和维持两绕组组成，通过辅助开关切换，为了便于交流电源操作，接触器带有桥式整流装置。机械锁扣，当闭合线圈通电时，接触器吸合，机械锁扣锁住；当脱扣线圈通电时，机械锁扣脱扣，接触器释放。

真空接触器是否有故障，可以根据其能否准确无误地合闸、分闸并可靠地保持在合闸、分闸位置来判断。主回路方面的故障，可以从接触器例行的检修和维护中发现并排除。其常见故障原因分析如下：

不能储能：不能储能是真空接触器较常见的故障之一，特别是棘轮、棘爪驱动的储能机构，故障概率较高。储能机构要完成储能动作，主要取决于储能电动机、驱动机构、定位件。

无合闸动作：发生无合闸动作故障，主要与合闸电磁铁是否吸合、储能是否到位、定位件动作是否正常有关。

空合：有合闸动作但合不上闸称之为空合。在分析此类故障时，首先应从合闸保持（锁扣）入手分析，然后再分析是否与储能部分有关。

不分闸：在此需强调指出，接触器发生拒动、空合等情况时，在分析检修接触器主体之前，要充分判断原因是否在控制及二次元件如辅助开关、端子排等方面，然后再进行接触器的分析诊断。

五、接触器的维护

接触器在使用时应经常或定期地检查其运行情况，并进行必要的合理维护，以延长其使用寿命，保证其安全可靠地运行。维护、检修时应首先断开电源，再按照如下步骤进行操作。

1. 外观检查

用压缩空气清除接触器各部件的灰尘，铁心极面上的灰尘也可以用毛刷清除。若有油污，可先用棉布蘸少量乙醇溶液擦拭，然后再用干布擦净，并仔细观察接触器外观是否完整无损，注意拧紧所有紧固件。

2. 灭弧室维护

取下灭弧罩，用毛刷清除罩内落物及金属颗粒，如发现有破裂或严重烧损及零部件（如灭弧栅片）变形、松脱或位置变化等现象而不易修复时，应及时更换新灭弧室。重新安装时，应装回原位，不能随意更换到另一极上，以免影响其灭弧效力。

3. 触头的维护

定期检查触头的温升是否超过标准（主触头温升 75 °C），银或银基粉末冶金制成的触头表面有烧毛发黑的现象是正常的，不会影响其实际工作能力，一般不必清理。如触头接触处有金属颗粒或毛刺，可以用细锉轻轻锉平，但不能用砂纸或砂布擦拭。对于具有铜触头的转动式接触器，若长时间没使用或连续工作 8 h 以上，在使用前应先开闭 1~2 次，以便除去触头的氧化膜。触头如有开焊、裂缝或磨损到原厚度 1/3 的情况时，则应更换新触头。

4. 吸引线圈的维护

观察线圈外表层有无过热变色，定期检查线圈温升是否超过所规定的值（一般规定，当环境温度为 40 °C，A 级绝缘的线圈用温度计测得的表面温升不得超过 60 °C），引线与导线是否有松动，开焊或将断的情况，线圈骨架有无碎裂、磨损或固定不正常现象。此外，还应注意缓冲件是否完整。

5. 铁心的维护

观察铁心极端面有无变形、松开现象。可用棉纱蘸少量汽油擦拭极面上的污垢。注意交流电磁铁的分磁环有无断裂，中柱气隙是否保持在 0.1~0.3 mm（如发现过小可略锉去一些）；观察直流电磁铁铁心的非磁性垫片是否磨损或脱落，缓冲件是否完整，位置是否正确。

6. 接触器转轴的维护

经常注意接触器的转轴转动是否灵活，在转轴与轴承处可注入少量润滑油，以保持转动灵活。

六、接触器的常见故障及处理

接触器在使用过程中的常见故障主要发生在电磁接触器上，其故障现象、可能原因及处理方法见表 2-1。

表 2-1 接触器常见故障

序号	故障现象	产生原因	处理方法
1	接触器开合不灵	机械可动部分被卡住	排除相应障碍即可
		摩擦力过大	
		气隙中有阻塞	
		磁极表面积尘太厚	
		电空接触器漏风或风压不足	
2	通电后不能完全闭合	电源电压低于线圈额定电压	调整电源电压或更换线圈
		触头弹簧与反力弹簧压力过大	调整或更换弹簧
		触头超程过大	调整触头超程
3	接触器关合过猛或线圈过热冒烟	电源电压过高	调整电源电压或更换线圈
4	断电后不释放	反作用力太小	调节或更换反力弹簧
		剩磁过大	对直流接触器应加厚或更换新非磁性垫片,对交流接触器应将去磁气隙处的极面锉去一部分或更换新磁系统
		触头熔焊	撬开已熔焊的触头,或酌情更换新触头
		铁心极面有油污或尘埃黏着	清理磁极表面
5	铁心噪声过大或发生振动	电源电压过低	调节电源电压
		铁心极面有脏污或锈层,或因过度磨损而不平	清理极面,必要时可刮削修整或更换铁心
		分磁环断裂	焊接或更换分磁环
		磁系统歪斜或机械上卡住而使铁心吸不平	排除机械卡住故障更正工作位置
		反作用力过大	调节或更换弹簧
6	线圈过热或烧损	电源电压过高或过低	调整电源电压或更换线圈
		线圈的通电持续率与实际情况不符	更换通电持续率相符的线圈
		交流线圈操作频率过高	降低操作频率或更换线圈
		交流电磁铁可动部分卡阻,铁心极面不平或去磁气隙过大	排除卡阻现象,清除极面或调整铁心
		线圈匝间短路	更换线圈
		空气潮湿,含有腐蚀性气体或环境温度过高	用特殊设计的线圈
		交流电磁铁采用直流双线圈控制时,因常闭联锁触头熔焊而使起动线圈长期通电	更换联锁触头,排除致使该触头熔焊的故障

续表

序号	故障现象	产生原因	处理方法
7	接触器不闭合或正常情况下突然断开	线圈引出线断裂	焊好后可靠绝缘
		线圈内部断线	更换线圈
8	触头严重发热或熔焊	操作频率过高或负载电流过大	更换接触器
		触头表面高低不平，生锈，积有尘埃或铜触头严重氧化	清理接触面
		超程过小或行程过大	调整参数或更换触头
		接触压力不足	调整或更换弹簧
		闭合过程中振动过于剧烈	调整触头参数或更换接触器
		触头分断能力不足	调换合适的接触器
		触头表面有金属颗粒凸起或异物	清理触头表面
		电源电压过低或机械上卡阻而使触头停滞不前或反复跳动	调高电源电压，排除机械卡阻故障，保证接触器可靠吸合

七、接触器的检修

接触器在闭合过程、闭合状态或断开过程中，都不可避免地会产生机械磨损或疲劳裂损，触头系统产生电磨损，线圈及绝缘件出现过热、老化现象。如不及时检查修理，就会影响其工作的可靠性。因此，对接触器进行预防性的检查、修理，及时更换超过限度的零部件，是十分必要的。

1. 触头检修

触头的工作状态决定了接触器的性能和可靠性，接触器触头的检修，是有触点电器在检修时的一个关键问题。

触头开距：规定开距尺寸是为了在断开电流时，保证触头间的电弧能迅速熄灭，并在开断状态下有一定的绝缘距离，不致因过电压而击穿。触头开距的大小和开断电流容量、电压等级及灭弧方法有关。检修时，可在触头处于完全打开状态时，用卡尺测量触头的开距。触头的开距由接触器的结构决定的，有的可进行微量的调整。

触头超程：超程可以产生比初压力大的终压力，保证在触头磨耗后仍能可靠地接触。在触头压缩弹簧良好的情况下，检查触头的超程就是检查触头由开始闭合到闭合终了时触头弹簧的压缩量，或者说是衔铁在此期间所走的距离。检修时，若触头片厚度小于规定值，则应当更换。

触头初压力：接触器保持适当的初压力，可以减少闭合时由于触头撞击而产生的弹跳，从而防止因触头弹跳而引起拉弧、熔焊的危险。触头的初压力可以认为是动触头弹簧的预压缩力，因此，在动触头弹簧自由长度不变，又无疲劳、断裂的情况下，只要保证组装时的压缩量，触头的初压力也就能够得到保证。

触头终压力：只有具备一定的终压力，才能减少触头的接触电阻，从而减少触头的发热。

触头终压力的测定方法是当动、静触头处于完全闭合状态时，在动、静触头之间并联一个带电源的指示灯，并在动触头接触线处挂一测力计，保持测力计的拉力方向与触头弹簧轴线方向一致。外施拉力，指示灯熄灭瞬间的拉力值，就是触头的终压力。

触头研距：是指转动式触头的动、静触头从刚刚开始接触到完全闭合所滚动和滑动的距离之和。研距的作用是保护触头正常工作点不受机械碰撞和电弧危害，擦去表面氧化膜，保证良好的电接触。较大型的接触器的动、静触头从初始闭合到终了闭合间应有明显的研磨滚动的过程。触头的研磨滚动过程，可以通过在触头间衬垫复写纸的办法，检查研磨滚动的踪迹。

触头的接触状态：接触器动、静触头的接触面一般为线接触或点接触，检修时应检查其接触面是否清洁，有无金属熔镏，触头表面被电弧烧伤应予整修，必要时还应使用细锉锉修表面。锉修时注意保持触头表面的曲率，锉光后用细布擦净。触头的接触状态还包括动、静触头与触头座间的静接触状态。动、静触头的接触面一般不少于触头面积的80%。灯光法是检查触头接触状态的常用方法，比较简便、直观。除此以外，还根据触头接触电阻可以反映触头接触面的状态这一点，采用专用的测试仪，通过测试接触电阻的大小来判断触头的接触状态，这种方法正在试行推广中。

触头检修时，CZ5系列直流电磁式接触器主触头的开距、超程，可通过调节胶木底板上的垫片来达到。CJ8Z-150Z型交流电磁式接触器的开距、超程，可调节开距调节棒的偏心位置、增减接触组与底座间垫片的厚度来达到；压力调节可配合超程协调进行；无法兼得时，可更换合适的触头弹簧。TCK7系列电空接触器触头片厚度小于1 mm时，应当更换。

接触器触头部分检修后，应使用兆欧表检查各带电部分之间及对地的绝缘状态。安装于主电路中的接触器，必要时还需进行对地介电强度的试验。

2．传动机构检修

接触器的传动机构可分为电磁传动机构和气缸传动机构两种，检修时的要求略有不同。

1）电磁传动机构

（1）按工艺要求顺序解体接触器。

（2）用毛刷、汽油清扫各部污垢，并用白布擦拭干净。

（3）检查吸引线圈，应无过热、变色，骨架应无裂纹，用万用表或电桥测量其电阻值，应符合技术要求，线圈包扎绝缘有局部损伤时，可适当包扎，并涂绝缘漆处理。

（4）检查磁路系统，状态应良好，铁心极面应平整、光洁，E形铁心可用塞尺检查中间极面低于两侧极面的间隙，其值应在0.12～0.3 mm，衔铁运动应灵活，无卡滞现象。

（5）检查线圈、铁心及衔铁弹性减振组件，应完整，减振作用良好。

（6）检查动触头盒安装桥及盒内弹簧，应无过热、变形，转动轴安装牢固。

（7）检查灭弧装置，触头与灭弧罩不得相碰，灭弧罩有裂损和电弧灼伤时应更新。

（8）检查联锁触头装置，触头有严重烧损应更新。

（9）接触器组装后，应测量触头开距、超程及压力。电压为88 V时，接触器动作应灵活可靠，传动机构及触头系统的工作正常。

2）气缸传动机构

气缸传动机构以电空接触器为例。

（1）解体前检查：先取下灭弧罩进行外观检查，然后进行动作性能试验。

（2）解体：按工艺要求顺序解体电空阀、联锁支架、拉杆与活塞穿销，风缸下盖取出皮碗、活塞、弹簧，拆下导弧角、动触头、静触头、灭弧室支板，最后拆下左、右侧板。

（3）检修：先用汽油清洗，再用清洁棉布（禁用棉纱、砂布）擦拭风缸、活塞、弹簧，更换老化、损坏、疲劳及发生放电痕迹部件；清洗、打磨、调整联锁触头，保证其接触良好，无卡滞、裂纹或打不开等现象；主触头检修按触头检修方法进行；清扫、整修灭弧室，灭弧罩有轻微灼伤时，可将碳化的部分或金属层用砂纸清理干净，有局部破损可考虑用环氧树脂粘补，灭弧室内灭弧栅片被电弧烧损需打磨，有严重烧伤应予更换；灭弧线圈包扎绝缘状态良好，匝间距离不小于 0.5 mm，表面绝缘脱落时应予涂漆，严重时应当更换；清洗各绝缘零件表面，有被电弧烧损时应将碳化层清理干净，并涂绝缘漆，编织线缺损大于10%时应当更换。

（4）组装：组装过程是解体过程的逆过程，组装时气缸内注入适量的蓖麻油，各联锁片与联锁触头接触组件滚子之间相对偏移应不大于 1 mm，动、静触头与座的齿纹啮合应良好，各螺栓紧固。

（5）试验：接通电源、风源，做性能动作试验，手控动作 10～20 次，检查风缸及其传动部件的运动状态，并测量活塞行程在 22～24 mm，触头接触偏差不大于 2 mm，接触线长度不小于 80%，触头滚动距离不小于 8 mm，触头开距、超程、初压力及终压力必须符合规定的技术要求；用肥皂液在最大风压下做泄漏试验，以肥皂泡沫 5 s 不破为合格；相互绝缘的带电部分之间及对地做 5 750 V 工频耐压 1 min 试验，应无击穿、闪络现象。

第二节　继电器

一、概　述

继电器是一种用某一输入量来控制执行机构的电器，用于控制电路。继电器具有控制、保护或转换信号的作用。

1. 继电器的共性

任何一种继电器，不论它的动作原理、结构形式、使用场合如何千差万别，都是根据外界输入的一定信号来控制电路中电流的"通"与"断"的，这就是继电器的共性。这种共性说明，任何一种继电器为了完成它的特定使命，一般都应由测量机构、比较机构和执行机构等部分组成，其原理组成如图 2-5 所示。

对于大部分继电器来说，输入量可以是电量，如电压、电流、阻抗、功率等，也可以是非电量，如压力、速度、温度等。输入量可以是一个量，也可以是两个或多个量。

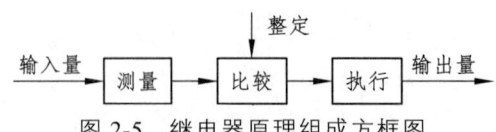

图 2-5　继电器原理组成方框图

测量机构是反应继电器输入量的装置，用于接收输入量，并将其转换成继电器工作所必需的物理量。比如，电磁型继电器的测量机构是线圈和铁心构成的磁系统，用来测量输入电量的大小，并在衔铁上将电量的大小转换成相应的电磁吸力。

比较机构的作用是将输入量（或转换量）与其预设的整定值进行比较，根据比较结果决定执行机构是否动作，如电磁继电器的反力弹簧等。当电磁力大于反力时，衔铁吸合，接点动作；当电磁力小于反力时，衔铁不吸合，接点不动作，没有输出。一般可以在比较环节上调整（整定）继电器的动作值。

执行机构是反应继电器输出的装置，它作用于被继电器控制的相关电路中，以得到必需的输出量。执行机构根据比较的结果决定是否动作：有触点电器中触点的分、合动作，无触点电器中晶体管的饱和、截止两种状态，都能实现对电路的"通""断"控制。

输出量是根据比较结果来决定有无的。不管输入是何物理量，输出量往往是电量。

需要说明的是，对于有触点的继电器来说，也可按前面电器基本理论所述，由触头装置和传动装置（一般没有灭弧装置）组成。

2. 继电器的分类

继电器的用途很广，种类繁多，对不同类型的继电器要求不同，有时对同一类型的继电器，也需要从不同的方面去说明它的特性，因此，继电器有很多种分类方法。

（1）按用途分，有控制继电器和保护继电器。

（2）按输入物理量的性质分，有电磁式继电器（反应电量的继电器）、机械式继电器（反应非电量的继电器）。

（3）按执行机构的种类分，可分为有触点继电器和无触点继电器。

（4）按输入电流性质来分，有直流继电器和交流继电器。

（5）按作用分，有电流继电器、电压继电器、时间继电器、中间继电器、压力继电器等。

3. 继电器的特点

在动车组上，继电器一般不直接控制主电路或辅助电路，而是通过接触器或主、辅电路中的其他电器对主电路及辅助电路进行控制的。同接触器相比较，继电器具有以下特点：

（1）继电器触头容量小，采用点接触形式，没有灭弧装置，体积和质量也比较小。

（2）继电器的灵敏度要求极高，输入、输出量应易于调节。

（3）继电器能反应多种信号（如各种电量、速度、压力等），其用途很广，外形多样化。

（4）继电器不能用来开断主电路及大容量的控制电路。

4. 继电器的动作原理和继电器特性

继电器的输入量与输出量之间有一特定的关系，这就是继电器最基本的输入-输出特性，也称为继电特性。

图 2-6 所示为具有常开接点继电器的继电特性，输入量用 X 来表示，输出量用 Y 表示。当输入量 X 从零增加时，在 $X < X_{dz}$ 的过程中，衔铁不吸合，常开接点保持打开，继电器不动作，输出量 $Y = 0$；当输入量达到 $X = X_{dz}$ 时，继电器立即动作，衔铁吸合，常开接点闭合，输出量由 0 跃变，即达到了 $Y = Y_1$，继续增加 X 到 X_e（额定输入量），继电器保持该状态不变，输出仍为 Y_1（常开接点继续闭合）。当输入量 X 从 X_e 减少时，在 $X > X_{fh}$ 过程中，继电器仍然保持该状态不变，常开接点继续闭合，输出还是 Y_1。只有当输入量减少到 $X = X_{fh}$ 时，输入量产生的吸力不足以吸合衔铁，衔铁释放，常开触头打开，继电器返回，输出量 Y 由 Y_1 跃变到 0，继续减少输入量 X 到零，输出均保持在 Y 为零状态。

可见，继电特性由连续输入、跃变输出的折线组成，只要某装置有该输入-输出特性就能称为继电器。图 2-6 中 X_{dz} 称为继电器的动作值，X_{fh} 称为继电器的返回值。

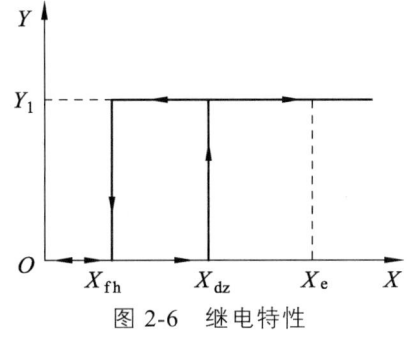

图 2-6　继电特性

5. 继电器的基本参数

（1）额定参数，指输入量的额定值及触点的额定电压、额定电流等。

（2）动作值，使继电器吸合动作所需要的最小物理量的数值，如电流继电器的动作电流，电压继电器的动作电压，风压继电器的动作风压等。动作值有时也称为整定值。

（3）返回值，使接点打开所需要的最大物理量的数值。需要注意的是衔铁的释放值不一定是继电器的返回值（如常闭接点来说）。

（4）返回系数，指继电器输入量的返回值 X_{fh} 与动作值 X_{dz} 之比，用 K_{fh} 表示，即：

$$K_{fh} = \frac{X_{fh}}{X_{dz}}$$

返回系数是继电器的重要参数之一，对继电器来说一般 $K_{fh} < 1$。K_{fh} 越接近于 1，继电器动作越灵敏，但抗干扰能力就差，所以返回系数也不完全是越高越好，对控制继电器来说，返回系数要求不高，对保护继电器要求有较高的返回系数。

（5）动作值的调整，继电器的动作值（或返回值）的调整，也称为继电器参数的整定。对电磁继电器的整定，可通过改变反力弹簧和工作气隙来实现。对电子继电器来说，可改变比较环节的电位器的阻值等来实现。

6. 继电器在电路中的表示方法

继电器和接触器的符号表示方法，在电路图中一般都有说明，同一电器的输入（如线圈）

和输出(如接点)往往不画在一起,但代号是相同的,以表示控制和被控制的关系。不同车型的代号编制方法是不同的。另外国产车和进口车的常开、常闭接点的表示方法一般也相反。国产动车组的电器接点表示方法为"上开下闭,左开右闭"。

二、电磁继电器

电磁继电器的测量机构是电磁铁,执行机构是触头。它具有工作可靠,结构简单,易于制造等优点,所以在动车组上得到了广泛的应用。

电磁式继电器可分为电压继电器、电流继电器、中间继电器、时间继电器和信号继电器等。按照电流种类的不同,电磁继电器还可以分为直流电磁继电器和交流电磁继电器。

1. 电流继电器

电流继电器(见图2-7)是根据电流信号工作的,根据线圈电流的大小来决定触点动作。电流继电器的线圈的匝数少而线径粗,使用时其线圈与负载串联。按线圈电流的种类,电流继电器可分为交流电流继电器和直流电流继电器;按动作电流的大小又可分为过电流继电器和欠电流继电器。对于过电流继电器,工作时负载电流流过线圈,一般选取线圈额定电流(整定电流)等于最大负载电流。当负载电流不超过整定值时,衔铁不产生吸合动作。当负载电流高出整定电流时衔铁产生吸合动作,所以称为过电流继电器。过电流继电器在电路中起过流保护作用特别是对于冲击性过流具有很好的保护效果。对于欠电流继电器,当线圈电流达到或大于动作电流值时,衔铁吸合动作。当线圈电流低于动作电流值时衔铁立即释放,所以称为欠电流继电器。正常工作时,由于负载电流大于线圈动作电流,衔铁处于吸合状态。当电路的负载电流降至线圈释放电流值以下时,衔铁释放。欠电流继电器在电路中起欠电流保护作用。在交流电路中需要欠电流保护的情况比较少见,而在某些直流电路中,欠电流会产生严重的不良后果,如运行中的直流他励电机的励磁电流,因此有直流欠电流继电器。

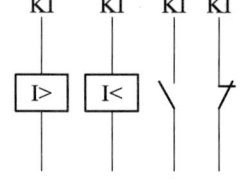

(a)实物　　　　　　　(b)图形符号

图2-7 电流继电器实物及图形符号

2. 电压继电器

电压继电器(见图2-8)是根据电压信号工作的,根据线圈电压的大小来决定触点动作。电压继电器的线圈的匝数多而线径细,使用时其线圈与负载并联。电压继电器按线圈电压的种类可分为交流电压继电器和直流电压继电器;按动作电压的大小又可分为过电压继电器和欠电压继电器。对于过电压继电器,当线圈电压为额定值时,衔铁不产生吸合动作。只有当线圈电压高出额定电压某一值时衔铁才产生吸合动作,所以称为过电压继电器。交流过电压继电器在电路中起过压保护作用。而直流电路中一般不会出现波动较大的过电压现象。对于欠电压继电器，当线圈电压达到或大于线圈额定值时，衔铁吸合动作。当线圈电压低于线圈额定电压时衔铁立即释放，所以称为欠电压继电器。欠电压继电器有交流欠电压继电器和直流欠电压继电器之分，在电路中起欠压保护作用。

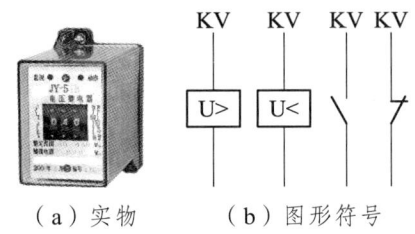

（a）实物　　（b）图形符号

图 2-8　电压继电器实物图及图形符号

3. 中间继电器

中间继电器（见图 2-9）是用来转换和传递控制信号的元件，其输入信号是线圈的通电断电信号，输出信号为触点的动作。中间继电器本质上是电压继电器，但还具有触头多（多至 6 对或更多）、触头能承受的电流较大（额定电流 5~10 A）、动作灵敏（动作时间小于 0.05 s）等特点。中间继电器的主要技术参数有额定电压、额定电流、触点对数以及线圈电压种类和规格等，选用时要注意线圈的电压种类和规格应和控制电路相一致。

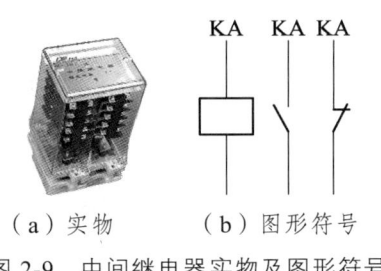

（a）实物　　（b）图形符号

图 2-9　中间继电器实物及图形符号

4. 热继电器

热继电器（见图 2-10）是用于防止线路或电气设备长时间过载的低压保护电器，特别适用于电动机的过载保护，电动机在实际运行中，常会遇到过载情况，只要过载不严重、时间短，绕组不超过允许的温升，这种过载是允许的。如果过载情况严重、时间长，则会加速电动机绝缘的老化，缩短电动机的使用年限，甚至烧毁电动机，因此，常用热继电器对电动机进行过载保护。有的热继电器还可以作为电动机的断相保护及短路保护。

热继电器中的关键零件是热元件，热元件是由两种热膨胀系数不同的金属片铆接在一起而制成的，称作双金属片（铁镍合金）。受热后，两片金属都要膨胀，一片膨胀得快，另一片膨胀得慢，出现弯曲变形，形成一个弧线，外弧是膨胀得快的金属片，内弧则是膨胀得慢的金属片。电流是有热效应的，电流直接流过双金属片，使之发热，叫直热式；电流通过的导体靠近双金属片，当电流使导体发热后，烘烤着双金属片，使它受热，这种方式叫间热式，使用时，把热元件串接于电动机的主电路中，而常闭触点串接于电动机的控制电路中，当电动机正常运行时，热元件产生的热量虽能使双金属片弯曲，但还不足以使热继电器的触点动作，当电动机过载时，双金属片弯曲位移增大，推动导板使常闭触点断开，从而切断电动机控制电路以起保护作用。热继电器动作后一般不能自动复位，要等双金属片冷却后按下复位按钮复位。

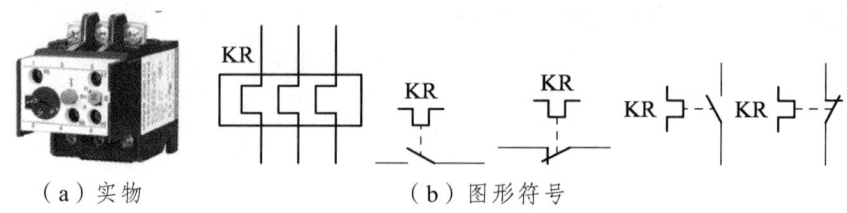

(a) 实物　　　　　　　　(b) 图形符号

图 2-10　热继电器实物及图形符号

5. 时间继电器

时间继电器（见图 2-11）是一种从得到输入信号（线圈的通电或断电）开始，经过一个预先设定的时延后才输出信号（触点的闭合或断开）的继电器。根据延时方式的不同，可分为通电延时继电器和断电延时继电器。通电延时继电器接受输入信号后，延迟一定的时间输出信号才发生变化。而当输入信号消失后，输出信号后瞬时复位。断电延时继电器接受输入信号后，瞬时产生输出信号。而当输入信号消失后，延迟一定的时间输出信号才复位。

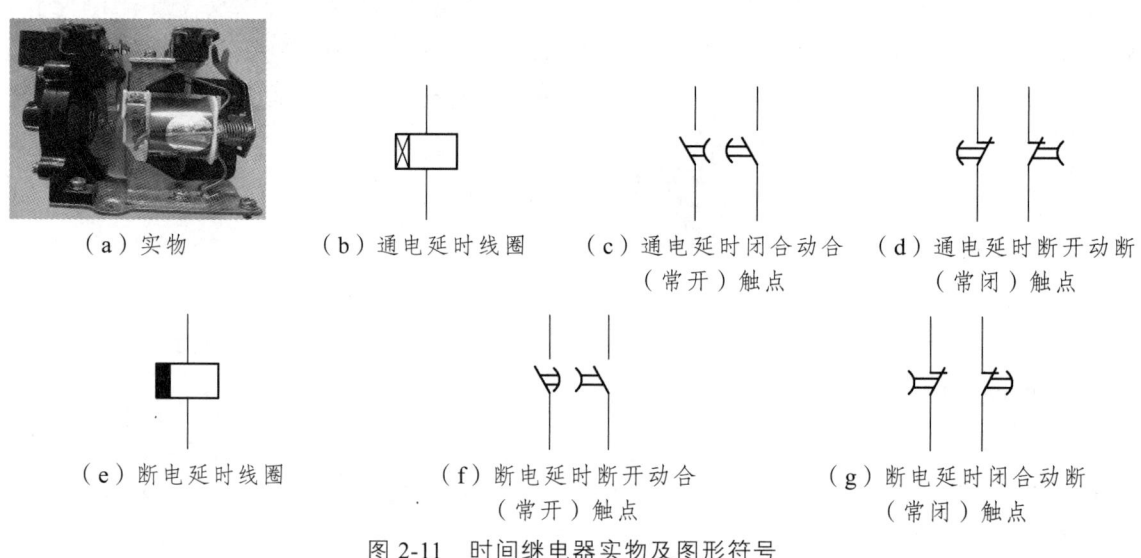

(a) 实物　　　(b) 通电延时线圈　　(c) 通电延时闭合动合　　(d) 通电延时断开动断
　　　　　　　　　　　　　　　　　（常开）触点　　　　　　（常闭）触点

(e) 断电延时线圈　　　(f) 断电延时断开动合　　(g) 断电延时闭合动断
　　　　　　　　　　　　（常开）触点　　　　　　（常闭）触点

图 2-11　时间继电器实物及图形符号

三、机械继电器

在动车组上使用的机械式继电器有风道（风速）继电器、风压继电器、油流继电器等。

1. 风速继电器

风速继电器安装在通风系统的风道里，用来反映通风系统的工作状态是否正常，以确保通风系统有足够的风量，保护发热设备。它主要由测量、比较、执行三个环节组成。

测量环节由风叶组成，用以感测风速。比较环节由扭簧和反力弹簧等组成，以决定继电器是否有输出（动作）。执行环节由微动开关来担任。

当通风系统的工作正常时，风量足够，风叶在风压力作用下转动，传动块随着转动，并通过扭簧拨动传动板，使其克服反力弹簧的作用而向下运动，滚轮受压后带动弹性传动件移动，触动微动开关按钮，使其常开联锁触头速动闭合，接通相应的控制电路正常工作。

当通风系统发生故障时，风量很小或为零，风叶在扭簧和反力弹簧的作用下恢复到原位，使继电器返回，微动开关释放，其常开触头打开，从而切断相应的控制电路。

继电器的动作整定风速值靠调节反力弹簧来整定。反力弹簧的反力通过改变弹簧挂钩的上下位置来调节。

2. 风道继电器

风道继电器安装在通风系统风道中，用来反映通风系统的工作状态，保护发热设备，一般用于监视牵引电机通风设备的工作情况。风道继电器包括测量环节、比较环节、执行环节。测量机构是膜片；比较机构为反力弹簧；执行机构是一对常开联锁触头。整个继电器封装在铸铝合金壳体内。

3. 风压继电器

风压继电器主要由传动装置和联锁触头组成（测量、比较和执行三部分）。

当制动缸压力低于 150 kPa 时，在反力弹簧的作用下，空气压力不足以推动橡胶薄膜及活塞向上移动，行程开关的常闭联锁触头处于闭合状态，该继电器接通有关电路。

当制动缸压力达到 150 kPa 及以上时，橡胶薄膜在空气压力的作用下，克服反力弹簧的作用力推动活塞上移，并通过支架组装带动行程开关动作，其常闭触头切断相关电路。

当制动缸压力下降到释放值 100 kPa 时，橡胶薄膜在反力弹簧的作用下复位，行程开关的常闭联锁触头恢复闭合状态。

当主断路器储风缸压力超过 450 kPa 时，该压力继电器动作，触头闭合，接通主断路器合闸电路，主断路器方能合闸。如果无此保护，主断路器就有可能在过低气压下动作，不能可靠合闸，烧坏主断路器合闸线圈，或者在过低气压下合闸后不能保证可靠分闸的危险，甚至更大的故障。主断路器分闸电路也受此风压继电器控制，以确保主断路器能可靠动作，保证动车组出现故障时能可靠分闸，切断动车组总电源，防止故障范围扩大。

4. 油流继电器

油流继电器是动车组牵引变压器的附件，设置在牵引主变压器的循环油管内，用来监视变压器循环系统的工作情况，当油流停止或不正常时，发出警告信号。油流继电器由叶片、扭簧和接线柱组成。其测量机构由绕球轴承转动的叶片和扭簧组成，执行机构为由叶片和接线柱组成的常闭联锁触头承担。

当油流正常循环时，油流推动叶片克服扭簧的扭力而转动，使常闭联锁触头断开，司机台上无电信号显示；当油流停滞时，叶片在扭簧作用下返回，电信号电路接通，司机台上显示相应的电信号，表示油流不正常。油流继电器管体上标有油流方向箭头，分左、右两方向，不能装错。

5. 速度继电器

速度继电器（见图 2-12）的转子轴与电动机轴相连接，定子空套在转子上。当电动机转动时，速度继电器的转子（永久磁铁）随之转动，在空间产生旋转磁场，切割定子绕组，而在其中感应出电流。此电流又在旋转磁场作用下产生转矩，使定子随转子转动方向而旋转一定的角度。此时，与定子装在一起的摆锤推动触点动作，使动断触点断开，动合触点闭合。当电动机转速低于某一值时，定子产生的转矩减小，动触点复位。

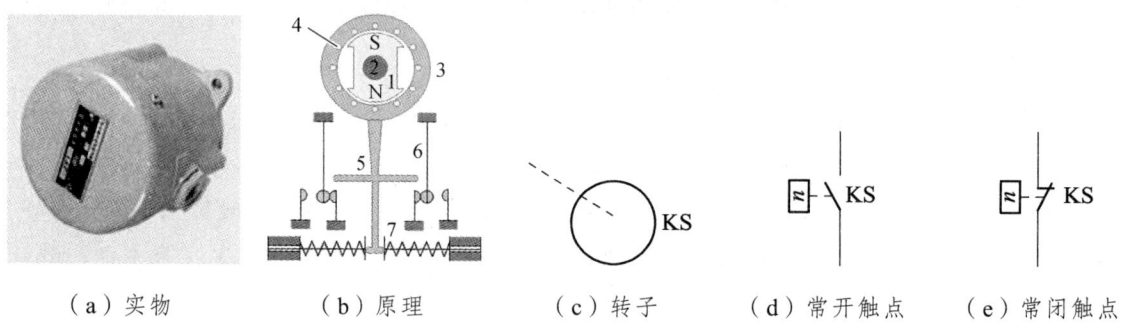

（a）实物　　（b）原理　　（c）转子　　（d）常开触点　　（e）常闭触点

1—转子；2—电动机轴；3—定子；4—笼型绕组；5—定子柄；6—动触头；7—反力弹簧

图 2-12　速度继电器实物、原理及图形符号

6. 干簧继电器

干簧继电器（见图 2-13）主要由干式舌簧片与励磁线圈组成。干式舌簧片（触点）是密封的，由铁镍合金做成，舌片的接触部分通常镀有贵重金属（如金、铑、钯等），接触良好，具有优良的导电性能。触点密封在充有氮气等惰性气体的玻璃管中，因而有效地防止了尘埃的污染，减少了触点的腐蚀，提高了工作可靠性

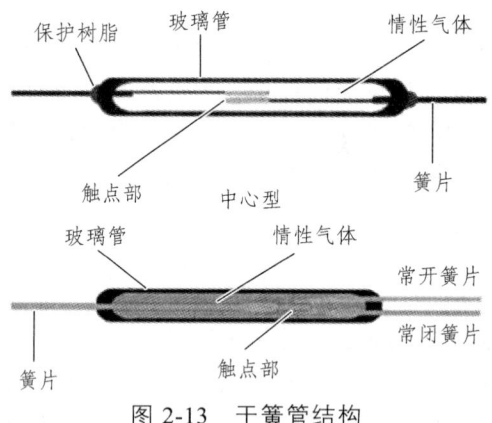

图 2-13　干簧管结构

在无磁场作用时，玻璃管中的两个簧片是分开的。当有磁性物质靠近玻璃管时，在磁场磁力线的作用下，管内的两个簧片被磁化而互相吸引接触，使两个引脚所接的电路连通。外磁力消失后，两个簧片由于本身的弹性而分开，线路也就断开了。在实际运应用中，通常使用永久磁铁控制这两根金属片的接通与否，所以又被称为"磁控管"。

四、固态继电器

固态继电器（见图 2-14）简称为 SSR，是一种无触点通断电子开关，因为可以实现电磁继电器的功能，故称为"固态继电器"；又因其"断开"和"闭合"均为无触点、无火花，因而又称其为"无触点开关"。固态继电器从外观上看，是一种两个接线端为输入端，另两个接线端为输出端的四端器件；固态继电器从内部电路的组成来看，是在其输入端与输出端之间采用隔离器件来实现输入输出的电隔离的一种控制电器。

（a）实物　　　　　　　　　　（b）图形符号

图 2-14　固态继电器实物及图形符号

由于固态继电器是由固体元件组成的无触点开关元件，各电子元件履行各自功能而又无机械运动状态、输入和输出相互隔离的一种继电器。所以固态继电器与电磁继电器相比，它具有体积小、重量轻、工作可靠、寿命长，对外界干扰小、能与逻辑电路兼容、抗干扰能力强、开关速度快、使用方便等一系列优点。因此，固态继电器作为"继电器"类电子产品的更新换代品种已被广泛地应用于自动控制系统中。

按负载电源类型分类，固态继电器可分为交流型固态继电器（AC-SSR）和直流型固态继电器（DC-SSR）两种。AC-SSR 以双向可控硅作为开关元件，而 DC-SSR 一般以功率晶体管作为开关元件，分别用来接通或关断交流或直流负载电源。以安装形式来分类，固态继电器可分为装配式固态继电器、焊接式固态继电器和插座式固态继电器。装配式 SSR 可装配在电路板上，焊接式 SSR 可直接焊装在印刷电路板上。按开关型式可分为常开型和常闭型。按隔离形式可分为混合型、变压器隔离型和光电隔离型。其中，以光电隔离型应用最多。

固态继电器的输入端的驱动电流约在 100 mA 左右，最小工作电压为 3 V。直流固态继电器可通过功率晶体管（交流固态继电器通过双向晶闸管）再驱动负载。固态继电器的负载能力（最大负载电流）随温度升高而降低，使用时注意散热或降低电流使用。限制其开通瞬间的浪涌电流值（一般为负载电流的 7 倍），以防止损坏固态继电器。固态继电器 SSR 的内部电子元件均具有一定的漏电流，其值通常在 5～10 mA。其输出回路不能实现电气隔离，这一点在使用中应特别注意。

五、接近开关

接近开关（见图 2-15）又称为无触点行程开关。当某种物体与感应头接近到一定距离时就发出动作信号，不像机械行程开关需要施加机械力，而是通过其感应头与被测物体间介质能量的变化来获取信号。接近开关用于高速记数、测速、液面控制，检测金属体的存在、零件尺寸以及无触点按钮等，其定位精度、操作频率、使用寿命和对恶劣环境的适应能力非常强，文字符号为 SQ。

接近开关按工作原理可以分为高频振荡型、电容型、霍尔型等几种类型。高频振荡型接近开关是以金属感应为原理，主要由高频振荡器、集成电路或晶体管放大电路和输出电路三部分组成，其基本工作原理是，振荡器的线圈在开关的作用表面产生了一个交变磁场，当被检测金属体接近此作用表面时，在被检测金属体中将产生涡流，由于涡流的去磁作用使感应头的等效参数发生变化，由此改变振荡回路的谐振阻抗和谐振频率，使振荡停止。振荡器的振荡和停振这两个信号，经整形放大后转换成开关信号输出。

电容型接近开关主要有电容式振荡器及电子电路组成。电容位于传感器表面，当物体接近时，因改变了其耦合电容值，而产生振荡和停振使输出信号发生跳变。

霍耳型接近开关由霍耳元件组成，将磁信号转换为电信号输出，内部的磁敏元件仅对垂直于传感器端面磁场敏感，当磁极 S 正对接近开关时，接近开关的输出产生正跳变，输出为高电平。若磁极 N 正对接近开关，输出产生负跳变，输出为低电平。

接近开关的工作电压有交流和直流两种，输出形式有两线、三线和四线三种；输出类型有 NPN、PNP 和推挽型三种；外形有方形、圆形、槽形和分离形等多种。接近开关的主要参数有动作行程、工作电压、动作频率、响应时间、输出形式以及触点容量等。

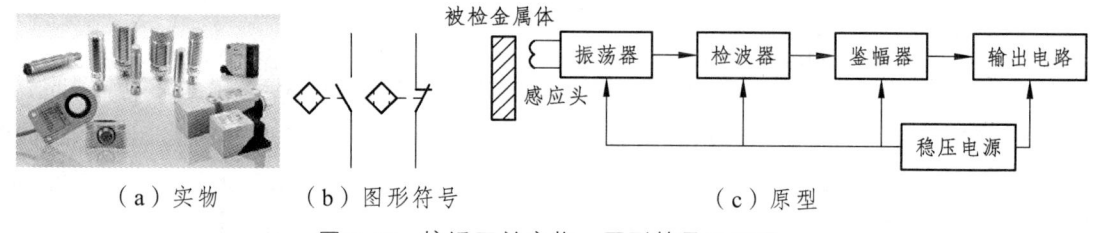

（a）实物　　（b）图形符号　　（c）原型

图 2-15　接近开关实物、图形符号及原理

六、光电开关

光电开关（见图 2-16）是光电接近开关的简称，利用被检测物对光束的遮挡或反射，由同步回路接通电路，从而检测物体的有无。物体不限于金属，所有能反射光线（或者对光线有遮挡作用）的物体均可以被检测。光电开关将输入电流在发射器上转换为光信号射出，接收器再根据接收到的光线的强弱或有无对目标物体进行探测。安防系统中常见的光电开关是烟雾报警器，工业中经常用它来计数机械臂的运动次数。光电开关是利用光电感应原理实现开关动作的电器元件，是接近开关的又一种形式，具有体积小、功能多、寿命长、精度高、

响应速度快、检测距离远以及抗电磁干扰能力强等优点。还可非接触、无损伤地检测和控制各种固体、液体、透明体、黑体、柔软体和烟雾等物质的状态和动作。目前，光电开关已被用作物位检测、液位检测、产品计数、尺寸判别、速度检测、定长控制、孔洞识别、信号延时、自动门控、色标检出以及安全防护等诸多领域。光电开关按检测方式可分为对射式、反射式和镜面反射式三种类型。

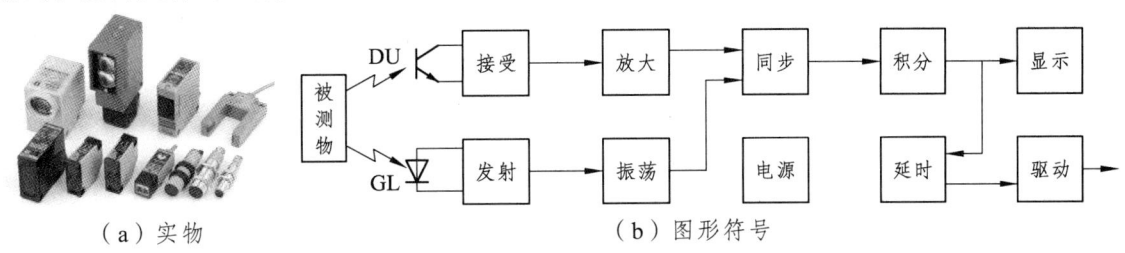

图 2-16　光电开关实物及原理

七、电子时间继电器

1. 晶体管时间继电器

晶体管时间继电器（见图 2-17）除执行继电器外，均由电子元件组成，无机械运动部件，具有延时范围宽、控制功率小、体积小、经久耐用的优点，正日益得到广泛的应用。晶体管时间继电器分为通电延时型、断电延时型和带瞬动触点的通电延时型。它们均是利用电容对电压变化的阻尼作用作为延时的基础，即时间继电器工作时首先通过电阻对电容充电，待电容上电压值达到预定值时，驱动电路使执行继电器接通实现延时输出，同时自锁并放掉电容上的电荷，为下次工作做好准备。

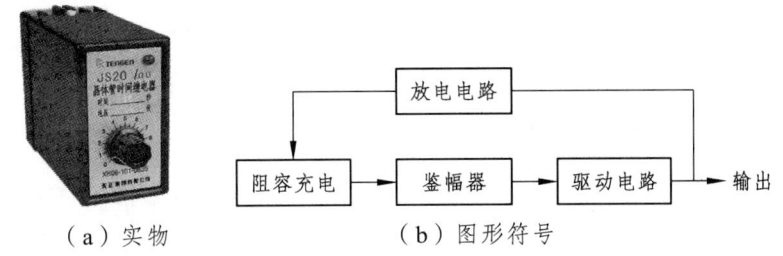

图 2-17　晶体管时间继电器实物及原理

2. 数字时间继电器

与晶体管时间继电器相比，数字时间继电器（见图 2-18）的延时范围可成倍增加，定时精度可提高两个数量级以上，控制功率和体积更小，适用于各种需要精确延时的场合以及各种自动化控制电路中。这类时间继电器功能特别强，有通电延时、断电延时、定时吸合、循环延时4种延时形式，十几种延时范围以及数字显示，这是晶体管时间继电器所无法比拟的。

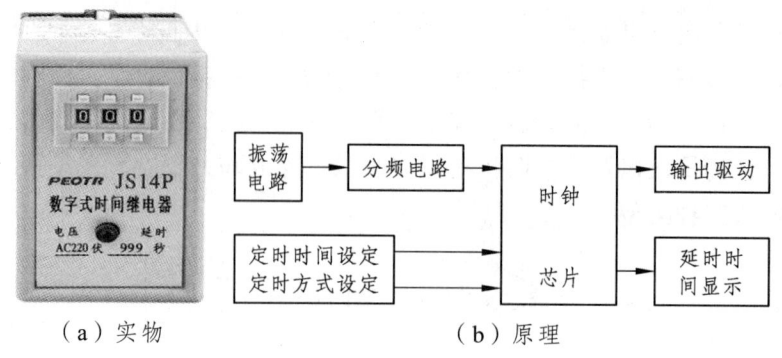

（a）实物　　　　　　　　　　（b）原理

图 2-18　数字式时间继电器实物及原理

八、继电器的选用

继电器是现代工业生产中不可缺少的自动化组件，广泛应用于工业、农业、国防和交通运输等各个部门。了解各继电器的性能、参数和使用条件、正确地选择和使用继电器，是确保继电器及其被控制或保护对象可靠工作、正常运行的重要环节。

选用继电器的一般方法如下：

（1）根据被控制或保护对象（可以是电量或非电量）的具体要求，确定采用的继电器的种类，并设计其继电—接点电路。

（2）确定控制和被控制电路的基本参数，如控制电路（继电器线圈电路）的线圈数量，电流种类，继电器动作、释放和工作状态的电流、电压或功率值以及它们的变化范围；被控制电路（继电-接点电路）的常开和常闭接点的数量，电路中的电流种类（直流或交流）及其大小，负载的电阻和电感量（即 R 和 L 值）等。

（3）根据控制和被控制电路对继电器的要求，在考虑使用寿命、工作制、使用条件、继电器各主要技术参数及重量和尺寸的基础上，从产品目录中选择合适的继电器。

九、继电器的常见故障及处理

继电器在使用过程中，由于各种原因，如产品质量不高、使用不当、维修不好等，常常发生各种各样的故障。

1. 触头故障

（1）由于触头的机械咬合（触头上形成的针状凸起与凹坑相互咬住）、熔焊或冷焊而产生无法断开的现象。

（2）由于接触电阻变大和不稳定使电路无法正常接通的现象。

（3）由于负载过大，或触头容量过小，或负载性质变化等引起触头无法分、合电路的故障。

（4）由于电压过高，或触头开距变小而出现触头间隙重新击穿的故障。

（5）由于电源频率过高，或触头间隙电容过大而产生无法准确开断电路的故障。

（6）由于各种环境条件不满足要求而造成触头工作的失误。

（7）由于没有采用熄弧装置或措施，或参数选用不当而造成触头磨损，或产生不必要的干扰。

2. 线圈故障

（1）由于环境温度的变化（超过技术条件规定值）导致线圈温升超过允许值而引起线圈绝缘的损坏；由于潮湿而引起绝缘水平的严重降低；由于腐蚀而引起内部断线或匝间短路。

（2）由于线圈电压超过110%额定电压而导致线圈损坏。

（3）在使用维修时，可能由于工具的碰伤而使线圈绝缘损坏，或引起线折断。

（4）由于线圈电压接错，如额定电压为110 V的线圈接到220 V的电源电压上，或将交流电压线圈接到同样等级的直流电压上而使线圈烧坏。

（5）交流线圈可能由于线圈电压超过110%额定电压，或操作频率过高，或当电压低于85%额定电压时因衔铁吸合不上而烧坏。

（6）当交流线圈接上电压时，可能由于传动机构不灵或卡死等原因，使衔铁不能闭合而使线圈烧坏。

3. 磁路故障

（1）棱角和转轴的磨损，导致衔铁转动不灵或卡死的故障。

（2）在有些直流继电器中，由于机械磨损，或非磁性垫片损坏，使衔铁闭合后的最小气隙变小，剩磁过大，导致衔铁不能释放的故障。

（3）交流继电器铁心上分磁环断裂，或衔铁和铁心极面生锈或进入杂质时，将引起衔铁振动，产生噪声。

（4）交流继电器E形铁心中，由于两侧铁心的磨损而使中柱的气隙消失时，将产生衔铁粘住不放的故障。

4. 其 他

如各种零件产生变形或松动，机械损坏，镀层裂开或剥落，各带电部分与外壳间的绝缘不够，反力弹簧因疲劳而失去弹性，各种整定值调整不当，产品已达额定寿命等。

继电器产生故障的原因很多，除了要求生产厂确保产品的质量以外，正确使用和认真维修也是减少故障、保证可靠工作的重要环节。

十、继电器的维修

继电器是动车组控制电路和监测保护系统的主要配件。动车组运行时，当主电路和辅助电路中的电机、电器或连接线路出现故障时，可通过相应监测保护系统的继电器，将故障转化为电信号，一方面反馈到主断路器的分闸线圈，使主断路器跳闸，切断动车组总电源，对动车组进行保护；另一方面反馈到信号装置（包括机械信号和电信号），使其显示不同的故障状态，指示动车组机械师及时而正确地处理故障。可见，继电器虽然不直接控制主电路和辅助电路，但在动车组上的作用却是极其重要的。

尽管继电器型号不同，检修方法也有区别，但是在检修时都应按以下共同的要求进行。

（1）继电器活动部分的动作应灵活、可靠，外罩及壳体应无损坏或缺少零件等情况。

（2）继电器线圈引出端子及外部连接线必须牢固、可靠，电磁继电器吸引线圈的阻值必须符合有关的技术规定。

（3）有指示件的继电器应检查指示件的自锁和释放作用，保证其正确、可靠。

（4）绝缘状态良好，磨耗件及易损件（包括胶木件、外罩、分磁环、非磁性垫片等）有缺损时应更新，各连接部分的紧固状态应良好。

（5）测量继电器触头厚度、开距、超程及终压力等技术参数，必须符合有关规程和工作文件的要求。

（6）调整继电器动作参数的整定值，并加漆封固定。有特殊要求时，还应测量继电器的返回系数。

继电器的检修工作除一般的清扫、检查外，主要内容是测量继电器的技术参数并调整其动作的整定值，即上面提到的第（5）条和第（6）条。

动车组上装有电磁式继电器、机械式继电器和电子继电器。从继电器的输入、输出特性我们知道，继电器只有当输入量达到其规定的动作参数时才会动作，即电磁式继电器在达到规定的电压、电流值，或机械式继电器达到规定的压力、速度时，继电器才动作，并带动相应的联锁触头接触或分断相应的控制电路，将故障或正常工况准确地显示出来。由此可见，继电器的动作参数是决定继电器准确动作的决定性因素，而调节继电器动作参数的过程，即对继电器的整定过程就显得尤为重要了。所以，在动车组三级修时，最主要的任务之一就是必须对全部继电器重新整定、校检。继电器整定值的调试应由专职人员在专用的试验台上进行。电磁式继电器可借调整反力弹簧、初始气隙及非磁性垫片等措施来调整动作值。调整初始气隙可改变其动作值，调整非磁性垫片可改变其释放值，而调整反力弹簧则动作值和释放值都可改变。各继电器整定完毕后应铅封或漆封，以防错动而影响整定值。必要时，某些继电器在检修后还应做振动试验，触头压力及接触电阻测试。

第三节　智能电器

近年来，电器技术发展迅速，其中一个主流趋势就是向智能化方向发展，出现了各种各样的智能电器，如智能接触器、智能断路器、软启动器等。由于智能电器技术还在不断迅速发展，在此只简要介绍软启动器和智能断路器。

一、软启动器

交流感应电动机以其低成本，高可靠性和少维护等优点在各种工业领域中得到广泛应用。

但是交流感应电动机在直接起动时存在着两个缺点：首先，其启动电流可高达 7 倍额定电流，这对电网冲击比较大，降低了电气控制设备的使用寿命，增加了维护成本。其次，起动转矩是正常转矩的 2 倍以上，这会对负载产生冲击，增加传动部件的磨损和额外的维护。基于以上原因，产生了交流感应电动机降压启动设备。

1. 工作原理

软启动器是一种集电机软起动、软停车、轻载节能和多种保护功能于一体的新颖电机控制装置（见图 2-19）。软启动器采用三相反并联晶闸管作为调压器，将其接入电源和电动机定子之间。这种电路与三相全控桥式整流电路类似。使用软启动器启动电动机时，晶闸管的输出电压逐渐增加，电动机逐渐加速，直到晶闸管全导通，电动机工作在额定电压的机械特性上，实现平滑启动，降低启动电流，避免启动过流跳闸。待电机达到额定转数时，启动过程结束，软启动器自动用旁路接触器取代已完成任务的晶闸管，为电动机正常运转提供额定电压，以降低晶闸管的热损耗，延长软启动器的使用寿命，提高其工作效率，又使电网避免了谐波污染。软启动器同时还提供软停车功能，软停车与软启动过程相反，电压逐渐降低，转数逐渐下降到零，避免自由停车引起的转矩冲击。

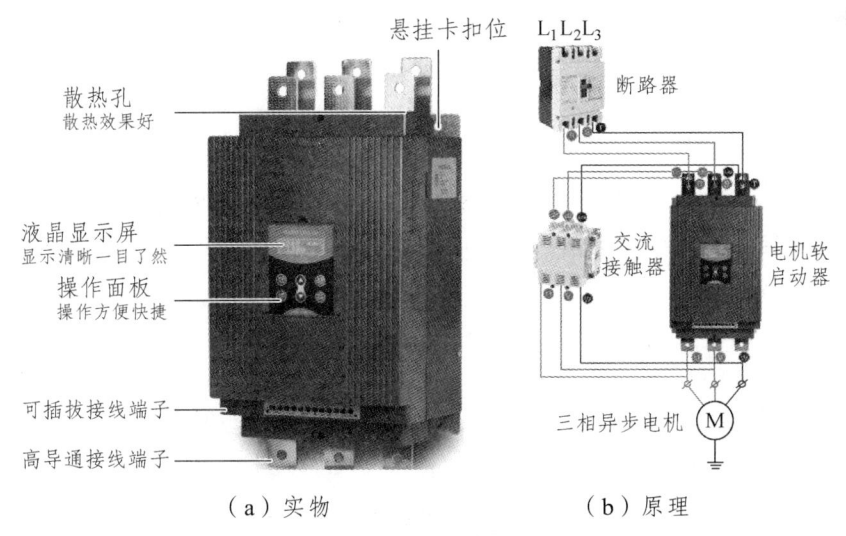

图 2-19 软启动器实物及原理

2. 功能特点

软启动器起动时电压沿斜坡上升，升至全压的时间可设定在 0.5~60 s。软启动器在软停车时，其可调节的斜坡时间在 0.5~240 s。使用软启动器可解决水泵电机启动与停止时管道内的水压波动问题。其启动电流可降至 $3.5~4I_e$，可解决启动风机时传动皮带打滑及轴承应力过大的问题；可减少压缩机、离心机、搅动机等设备在启动时对齿轮箱及传动皮带的应力，可解决输送带启动或停止过程中由于颠簸而造成的产品倒跌及损坏的问题，可减少启动时皮带打滑引起的皮带磨损及对齿轮箱的应力。软启动器的内部电子式过载继电器提供更高的保护性能。它一直保持对间歇运行时电机温度的检查，并对超出设定电流极限提供过载保护。

（1）过载保护功能：软启动器引进了电流控制环，随时跟踪检测电机电流的变化状况。通过增加过载电流的设定和反时限控制模式，实现了过载保护功能，使电机过载时，关断晶闸管并发出报警信号。

（2）缺相保护功能：工作时，软启动器随时检测三相线电流的变化，一旦发生断流，即可做出缺相保护反应。

（3）过热保护功能：通过软启动器内部热继电器检测晶闸管散热器的温度，一旦散热器温度超过允许值后自动关断晶闸管，并发出报警信号。

（4）测量回路参数功能：电动机工作时，软启动器内的检测器一直监视着电动机运行状态，并将监测到的参数送给CPU进行处理，CPU将监测参数进行分析、存储、显示。因此，电动机软启动器还具有测量回路参数的功能。

（5）其他功能：通过电子电路的组合，可在系统中实现多种联锁保护。

软启动设备的功率部分由3对正反并联的晶闸管组成，由电子控制线路调节加到晶闸管上的触发脉冲的角度，以此来控制加到电动机上的电压，使加到电动机上的电压按某一规律慢慢达到全电压。通过适当地设置控制参数，使电动机的转矩和电流与负载要求得到更好的匹配。软启动器还有软制动、节电和各种保护功能。

3. 低压软启动器常见故障

（1）软启动器上电后不显示故障原因可能是：① 检查控制电源是否接入。② 检查显示屏连接线是否插紧。③ 检查控制板有没有问题。④ 显示屏本身问题。

（2）启动报缺相故障，软启动器故障灯亮，电机没反应。出现故障的原因可能是：① 采用带电启动方式时，操作顺序有误（正确操作顺序应为先送主电源，后送控制电源）。② 电源缺相或者三相电未上，软启动器保护动作（检查电源）。③ 软启动器的输出端未接负载（输出端接上负载后软启动器才能正常工作）。④ 控制板有问题更换控制板。

（3）启动完毕，旁路接触器不吸合现象。故障原因可能是：① 在启动过程中，保护装置因整定偏小出现误动作（将保护装置重新整定即可）。② 在调试时，软启动器的参数设置不合理（主要针对的是55 kW以下的软启动器，对软启动器的参数重新设置）。③ 控制线路接触不良（检查控制线路）。④ 接触器有问题不能正常吸合。⑤ 控制板问题。

（4）在启动过程中，偶尔有出现跳空气开关的现象。故障原因可能是：① 空气开关长延时的整定值过小或者是空气开关选型和电机不配（空气开关的参数适量放大或者空气开关重新选型）。② 软启动器的起始电压参数设置过高或者启动时间过长（根据负载情况将起始电压适当调小或者起动时间适当缩短）。③ 在启动过程中因电网电压波动比较大，易引起软启动器发出错误指令，出现提前旁路现象（建议用户不要同时启动大功率的电机）。④ 满负载启动（启动时尽量减轻负载）。⑤ 软启动额定电流设置有问题。

（5）软启动器出现显示屏无显示或者是出现乱码，软启动器不工作。故障原因可能是：

① 软启动器在使用过程中因外部元件所产生的振动使软启动器内部连线振松（打开软启动器的面盖将显示屏连线重新插紧即可）。② 软启动器控制板故障，更换控制板。③ 显示屏故障更换显示屏。④ 显示屏连接线损坏，更换连接线。

（6）软启动器在起动时报故障，软启动器不工作，电机没有反应。故障原因可能是：① 电机缺相（检查电机和外围电路）。② 软启动器内主元件可控硅短路（检查电机以及电网电压是否有异常，和厂家联系更换可控硅）。③ 滤波板击穿短路（更换滤波板即可）。④ 控制板问题，更换控制板。

（7）软启动器在启动负载时，出现启动超时现象。软启动器停止工作，电机自由停车。故障原因可能是：①参数设置不合理（重新整定参数，起始电压适当升高，时间适当加长）。②满负载启动（启动时应尽量减轻负载）。③ 机械故障。④ 控制板问题，更换控制板。

（8）在启动过程中，出现电流不稳定，电流过大。故障原因可能是：① 电流表指示不准确或者与互感器不匹配（更换新的电流表）。② 电网电压不稳定，波动比较大，引起软启动器误动作（更换控制板）。③ 软启动器参数设置不合理（重新整定参数）。

（9）软启动器出现重复启动。故障原因可能是：① 在启动过程中外围保护元件动作，接触器不能吸合，导致软启动器出现重复启动（检查外围元件和线路）。② 中间继电器出现有问题不能正常吸合。③ 控制板问题，更换控制板。

（10）软启动器短路。故障原因可能是：① 检查电机连线和电机是否损坏。② 过电流将软启动器击穿（检查软启动器功率是否与电机的功率相匹配，电机是否是带载启动）。③ 软启动器的散热风扇损坏（更换风扇）。④ 频繁启动，高温将可控硅损坏（控制启动次数）。⑤ 滤波板损坏（更换损坏元件）。

（11）软启动器在启动时报过流。故障原因可能是：① 机械方面，检查负载或电机的机械部件是否正常。② 电机方面，检查电机是否有短路。③ 软启方面，检查软启的电流参数是否正确，检查软启动器功率是否正确。

（12）软启动器不旁路，运行灯已亮。故障原因可能是：① 用万用表的电压挡测量控制板的旁路输出触点。在启动时，旁路输出触点有 220 V 或 380 V。启动完成以后这一点电压变成 0。如果有以上变化则说明故障在外接电路。②旁路中间继电器不工作。③ 交流接触线圈电压等级不对。④ 交流接触器损坏。⑤ 外部接线松动。⑥ 控制板有问题。

（13）软启动器启动超时。故障原因可能是：① 检查参数是否设置正确。② 查看屏幕上的变流有没有明显的变化。如果电流一直在一个固定值，说明为电流采样有问题。这一部分有两种情况：一是电流互感器到控制板的线或是水泥电阻在运输过程中断掉了；二是控制板有问题。

（14）软启动器三相不平衡。故障原因可能是：① 检查输入三相电源是否异常。② 电机负载端异常。③ 软启动器可控硅被击穿短路。④ 控制板有问题。

（15）软启动器刚启动时，直接跳掉停机。故障原因可能是：① 负载过重，要求空载启动或轻载启动。② 适当增加启动电压或突跳时间。③ 将启动过流系数稍微适当调大一点。

二、智能断路器

智能型断路器（见图 2-20）是指具有智能化控制单元的低压断路器。智能型断路器与普通断路器一样，也有基本框架（绝缘外壳）、触头系统和操作机构，所不同的是把普通断路器上的脱扣器换成了具有一定人工智能的控制单元，或称为智能型脱扣器。这种智能型控制单元的核心是具有嵌入式微处理器，其功能不但覆盖了全部脱扣器的保护功能（如短路保护、过流过热保护、漏电保护、缺相保护等），而且还能够测量和显示电路中的各种参数（电流、电压、功率、功率因素等）。各种保护功能的动作参数也可以显示、设定和修改。保护电路动作时的故障参数，可以存储在非易失性存储器中以便查询。还扩充了报警、数据记忆及通信等功能，其性能大大优于传统的断路器产品。

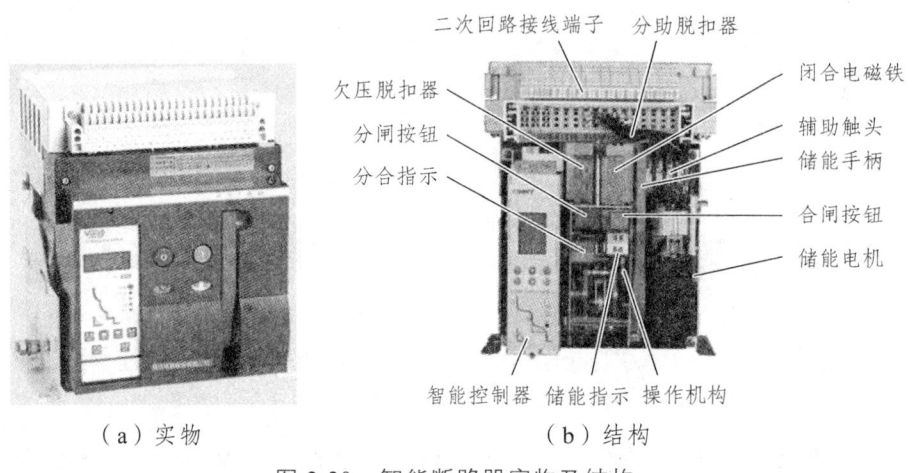

(a) 实物　　　　　　(b) 结构

图 2-20　智能断路器实物及结构

智能型可通信断路器属于第四代低压电器产品。随着集成电路技术的不断提高，微处理器的功能越来越强大，成为第四代低压电器的核心控制技术。专用集成电路如漏电保护、缺相保护专用集成电路、专用运算电路等的采用，不仅能减轻 CPU 的工作负荷，而且能够提高系统的响应速度。另外，断路器要完成上述的保护功能，就要有相应的各种传感器。要求传感器要有较高的精度、较宽的动态范围同时又要求体积小，输出信号还要便于与智能控制电路接口。故新型的智能化、集成化传感器的采用可使智能化电气开关的整体性能提高一个档次。

智能化断路器是以微处理器为核心的机电一体化产品，使用了系统集成化技术。它包括供电部分（常规供电、电池供电、电流互感器自供电）、传感器、控制部分、调整部分以及开关本体。各个部分之间相互关联，又相互影响。如何协调与处理好各个组成部分之间的关系，使其既满足所有的功能，又不超出现有技术条件所允许的范围（体积、功耗、可靠性、电磁兼容性等），就是系统集成化技术的主要内容。智能化断路器的原理是利用微处理器对各路电压和电流信号进行规定的检测，当电压过高或过低时发出缺相脱扣信号。当缺相功能有效时，若三相电流不平衡超过设定值，发出缺相脱扣信号，同时对各相电流进行检测，根据设定的参数实施三段式（瞬动、短延时、长延时）电流热模拟保护。

第四节 传感器

一、概 述

所谓传感器是来自"感觉"一词,传感器技术属于现代高新技术(电五官)。《传感器适用术语》(GB7665—2005)将传感器(Transducer/Sensor)定义为:能感受规定的被测量并按一定规律转换成可用信号输出的器件或装置,通常由敏感元件和转换元件组成。我国往往把"传感器"和"敏感元件"等同使用。敏感元件(Sensing element)直接感受或响应被测量的部分,有时也将敏感元件称为传感器。转换元件(Transduction element)能将敏感元件感受或响应的被测量转换成适于传输或测量的电信号部分。传感器的特征参数是被测量和输出量,被测量就是传感器输入量,是传感器命名和分类的重要依据。输出量含有原始信号,且为便于接收与处理的信号形式。

传感器是自动化系统中不可缺少的元件。它连接被测对象和测试系统,提供系统进行处理和决策所必需的原始信息。显然,一个自动化系统首先要检测到信息才能进行自动控制。如果传感器不能获得信息,或者获得的信息不确切,或者不能把信息精确地转换成电信号,那么,要显示、处理这些信号就会非常困难,甚至没有意义。所以,传感器关系着一个测量系统或自动化系统的成败。

随着电子计算机、生产过程自动化、生物医学、环保、能源、海洋开发、遥感、遥测、宇航等科学技术的发展,从太空到海洋,从各种复杂的工程系统到日常生活的衣食住行,都广泛使用了各种传感器。

由于应用的对象、测量的范围、周围的环境等不同,需用的传感器也不一样,传感器的种类很多。目前,传感器常用的分类方法有以下两种。

1. 按被测物理量划分

(1)位移传感器,用于长度、厚度、应变、振动、偏转角等参数的测量。

(2)速度传感器,用于线速度、振动、流量、动量、转速、角速度、角动量等参数的测量。

(3)加速度传感器,用于线加速度、振动、冲击、质量、应力、角加速度、角振动、角冲击、力矩等参数的测量。

(4)力、压力传感器,用于力、压力、重量、力矩、应力等参数的测量。

2. 按工作原理分

(1)电阻式传感器,利用移动电位器触点改变电阻值或改变电阻丝或片的几何尺寸的原理制成,主要用于位移、力、压力、应变、力矩、气流流速和液体流量等参数的测量。

(2)电感式传感器,利用改变磁路几何尺寸、磁体位置来改变电感和互感的电感量或压磁效应原理制成,主要用于位移、力、压力、振动、加速度等参数的测量。

(3)电容式传感器,利用改变电容的几何尺寸或改变电容介质的性质和含量,从而改变电容量的原理制成,主要用于位移、压力、液体、厚度、含水量等参数的测量。

（4）谐振式传感器，利用改变机械的或电的固有参数来改变谐振频率的原理制成，主要用于测量压力。

（5）电势型传感器，利用热电效应、光电效应、霍尔效应、电磁感应等原理制成，主要用于温度、磁通、电流、电压、速度、光强、热辐射等参数的测量。

（6）电荷式传感器，利用压电效应原理制成，主要用于力、加速度的测量。

（7）光电传感器，利用光电效应和几何光学原理制成，主要用于光强、光通量、位移等参数的测量。

（8）半导体传感器，利用半导体的压阻效应、内光电效应、磁电效应、与气体接触产生性质变化等原理制成，多用于温度、压力、加速度、磁场、有害气体和气体泄漏的测量。

传感器的发展趋势在于发现新现象、开发新材料、采用微细加工技术、集成化、智能化及仿生传感器。

二、电阻式传感器

电阻式传感器是将非电量如力、位移、形变、速度和加速度等的变化，通过电阻元件变换成电阻值的变化，然后再变成电信号。电阻式传感器包括线绕电位器式传感器、金属电阻应变传感器、压阻式传感器。

1. 线绕电位器式传感器

线绕电位器式传感器（见图2-21）是典型的零阶传感器，它由线绕电阻（将电阻丝绕在绝缘的骨架上）和移动电刷组成。通过电刷的移动，改变电阻值的大小，从而得到不同的输出电压。非线绕电位器式传感器电阻值分辨率高，膜式电位器有碳膜和金属膜；导电塑料电位器是塑料粉加导电材料粉；光电电位器是非接触式。

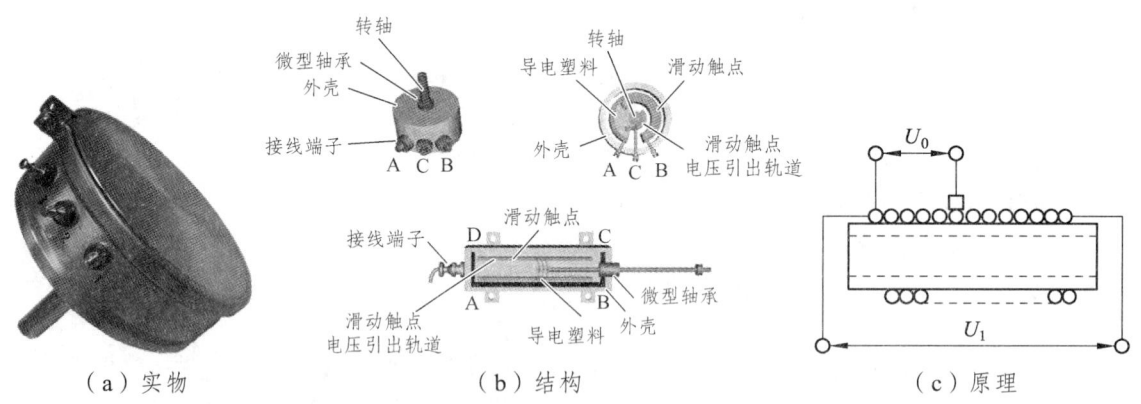

图 2-21 线绕电位器式传感器实物、结构及原理

2. 金属电阻应变传感器

金属电阻应变传感器（见图2-22）是利用应变效应检测力、压力、转矩、位移、加速度等，导体在机械变形时，引起电阻值发生变化，这种现象称为金属电阻应变效应。类型有金

属电阻应变片式（丝式、箔式）、压阻式（半导体应变片）压敏电阻、固态压阻器件（压力敏感元件）等，特点是简便、精度高、体积小、动态响应好，但是电阻值受环境温度影响很大。当有外力作用时，物体在其弹性限度内产生伸缩变位，这种关系用应力和应变来表示，检测出物体的这种应变，就可以知道应力、作用力、位移、加速度和作用于轴上的转矩。

应变传感器的测量电路主要包括直流电桥（惠斯登电桥）、恒流源、电桥放大器。

用应变片制成的传感器应用很广，如力传感器、扭矩传感器、加速度传感器、压力传感器、称重传感器等，量程从几克到几百吨。

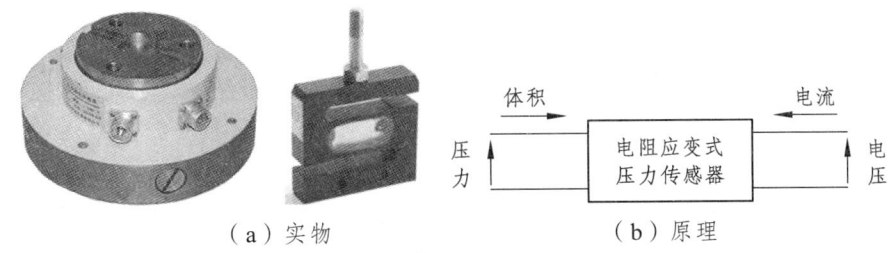

（a）实物　　　　　　　　（b）原理

图 2-22　金属电阻应变传感器实物（扭矩传感器、称重传感器）及原理

3. 压阻式传感器

压阻式传感器（见图 2-23）是在半导体材料的基片上用集成电路工艺制成的扩散电阻直接作为敏感元件而制成的传感器。其优点是灵敏度高、横向效应小、滞后和蠕变小；缺点是温度稳定性差、非线性较大。压阻效应就是沿半导体的某一轴向施加一定的载荷而产生应变时，其电阻率会发生变化的现象。

压阻式压力传感器（固态压力传感器）其结构与应变式压力传感器类似，弹性元件为一块圆形硅膜片，在膜片上利用集成电路的工艺扩散 4 个阻值相等的硅电阻。压阻式加速度传感器其结构与应变式加速度传感器类似，弹性元件为一硅制悬臂梁，在梁的根部利用集成电路的工艺扩散 4 个阻值相等的硅电阻，梁的自由端装有一惯性质量块用来感受加速度。

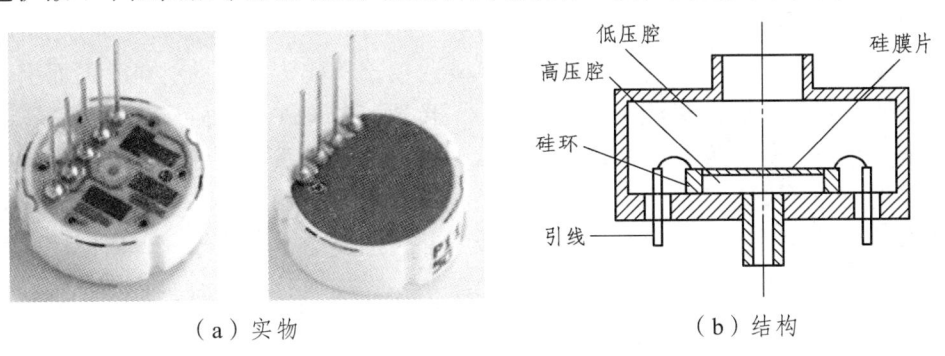

（a）实物　　　　　　　　（b）结构

图 2-23　压阻式传感器实物及结构

三、电容式传感器

电容传感器（见图 2-24）的工作原理是通过改变电容的几何参数或介质参数来实现的，

而电容与电流、电压间的关系为 $I_c = 2\pi f U_c C_x$，U_C 为极板上的电压，I_C 为通过电容中的电流，f 为激励源频率。由一个恒定的激励源在两金属导体之间建立一电场，被测对象通过某种方式改变或调制电场的某一参数，使电场能量发生变化，测出能量的变化就可获得所需的信号。其类型有变面积（A）型，变介质介电常数（ε），变极板间距（d）型。其用途有检测位移、液位、湿度、含水量。其特点是测量范围大、灵敏度高、动态响应时间短、机械损失小、结构简单，寄生电容影响较大、线性度较差、受大气温度和湿度影响。

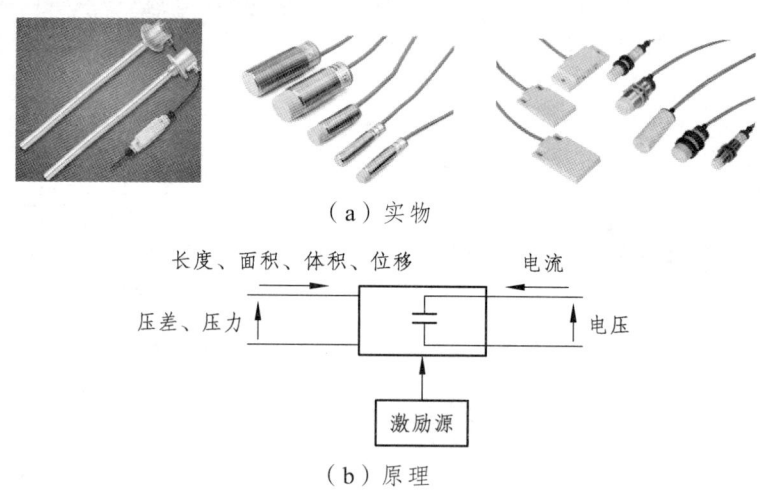

图 2-24 电容式传感器实物及原理

电容传感器主要由极板、引线和负载等组成。电容传感器的电容量一般都很小，只有几皮法到几十皮法，必须借助测量电路提供能量，并转换为电压、电流或频率后才能有信号输出，所以电容传感器属于能量控制型传感器。其测量电路主要由两部分组成：将电容量的变化转换为电压、电流或频率信号，一般多采用差动变压器电桥来实现这一转换。对交流电桥的输出信号进行放大，相敏检波和低通滤波，获得相应的直流输出。

1. 电容式传感器的误差

（1）温度对结构尺寸的影响，温度误差主要是由于构成传感器的材料不同而引起的，因材料的温度膨胀系数不同，当环境温度变化时，传感器各零件的几何形状和尺寸发生变化，从而引起电容量的变化。为减小这种误差一般尽量选用温度系数小且稳定的材料。

（2）温度对介质介电常数的影响，传感器的电容值与介质的介电常数成正比，因此若介质的介电常数有不为零的温度系数，就必然要引起传感器电容值的改变，从而造成温度附加误差。空气及云母介电常数的温度系数可认为等于零，硅油、蓖麻油、甲基硅油等就必须注意由此而引起的误差。

（3）漏电阻的影响，电容传感器的容抗都很高。当两极板间总的漏电阻若与此容抗相近，就必须考虑分路作用对系统总灵敏度的影响，它将使灵敏度下降。选取绝缘性能好的材料作为两极板间支架，如陶瓷、石英、聚四氟乙烯等可减小漏电阻。

（4）电容电场的边缘效应，边缘效应的影响相当于传感器并联一个附加电容，改善措施为加防护环（电极）。

（5）寄生分布电容的影响：① 屏蔽线分布电容的影响，屏蔽线每米的分布电容一般在几十到几百皮法，过长的屏蔽线，其分布电容可能高于传感器电容。② 电缆电容由于放置位置和形状的不同而有较大的变化。消除和减小寄生电容影响的方法：① 缩短传感器至测量线路前置级，将集成电路、超小型电容应用于测量电路可使得部分部件与传感器做成一体，这既可减小寄生电容值，又可使寄生电容值也固定不变。② 驱动电缆法，是一种等电位屏蔽法。③ 整体屏蔽法，将整个桥体用一个统一的屏蔽保护起来。

（6）增加原始电容值、减小寄生电容和漏电的影响，电容式传感器一般原始电容值很小，只有几个到几十个微法，容易被干扰所淹没。

2. 电容式传感器的应用

（1）电容式测差传感器，测量气体或液体的压力。

（2）电容式测微仪，是一种非接触方式高灵敏度的微位移和振动振幅测量仪，量程为 0.01~100 μm。

（3）电容式液位计，导线心以绝缘层为介质，与周围的水构成圆柱形电容器。

四、电感式传感器

1. 自感式传感器

自感式传感器（见图2-25）有气隙型和螺管型两种。

气隙型电感传感器（变磁阻式），气隙型电感传感器由线圈、铁心和衔铁组成，工作时，气隙厚度 δ 随衔铁运动而变化，引起磁阻变化（故又称为磁阻式传感器），从而导致电感变化而在线圈中产生感应电动势。当气隙发生变化时，电感的变化与气隙变化非线性，且随气隙相对变化的增大而增加，而且气隙减少所引起的变化与气隙增加时不一样，因而这种传感器（包括差动传感器）只能用于小位移测量。由于电感式传感器线性度较差，故常采用差动结构。

螺管型电感传感器分单线圈和差动式两种。这一类型传感器的工作原理建立在线圈泄漏路径中的磁阻变化的原理上，线圈的电感与铁心插入线圈的深浅有关。这种传感器的精确理论分析比上述闭合磁路中具有小气隙的线圈的理论分析要复杂得多。

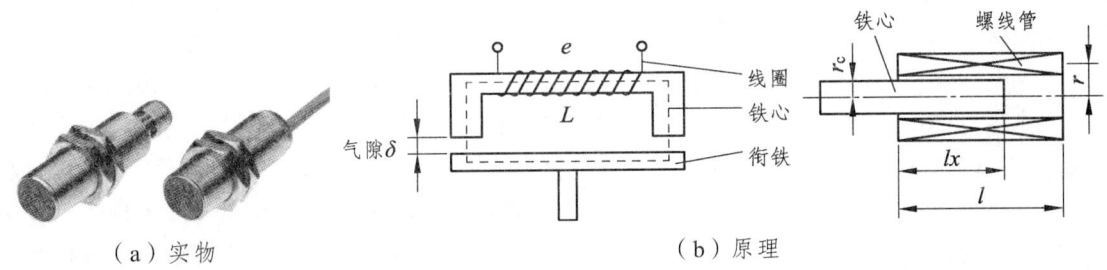

（a）实物　　　　　　　　　（b）原理

图 2-25　自感式传感器实物及原理

2. 差动变压器式传感器

差动变压器（见图2-26）大都采用螺管型，较少采用气隙型，是一种互感式电感传感器。其主要元件有初级线圈、次级线圈、线圈框架和衔铁。差动变压器与一般变压器基本相同，不同点为一般变压器是闭合磁路，而差动变压器是开磁路，且衔铁是运动的。差动变压器工作在互感变化的基础上。差动变压器式传感器的灵敏度系数与线圈的结构尺寸、初级线圈匝数、激励电源的电压和频率等因素有关。影响误差的主要因素是零点残余电压。当变压器的铁心处于中间位置时，在理想条件下，其输出电压应为零。但实际上，在使用桥式电路时，在零点仍然有一微小的电压值（从几毫伏到几十毫伏）存在，称为零点残留电压。零点残留电压产生的原因是差动变压器两个次级线圈不可能完全一样，磁性材料磁化曲线的非线性。消除和减少零点残留电压方法是提高工艺精度，选用好的测量电路，采用补偿电路（调相补偿电路、调零补偿电路、R或L补偿电路等）。差动应压器的输出电压为交流，与衔铁位移量成正比，用交流表测量其输出只能反映衔铁位移的大小，不能反映其移运方向，因此，差动变压器常采用整流电路和相敏检波电路来进行测量。

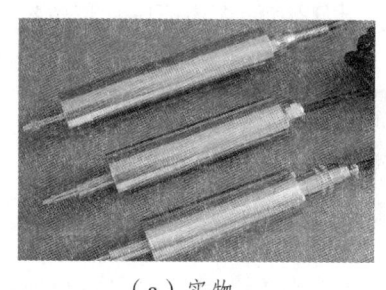
（a）实物

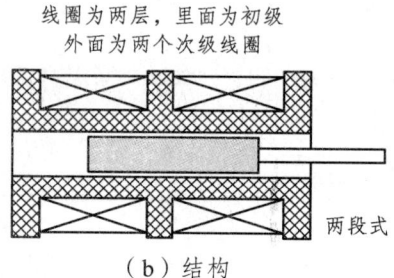
（b）结构

图2-26 差动变压器式传感器实物及结构

3. 电涡流式传感器

当导体置于交流磁场或在磁场中运动时，导体上会引起感应电流，此电流要在导体内闭合，形成电涡流。电涡流大小与导体电阻率ρ、磁导率μ、产生交变磁场的线圈与被测物体之间的距离d、激励电源的频率f等有关。固定其中若干个参数，就能按涡流大小测量另外某一个参数，电涡流传感器（见图2-27）就是按此原理构成的。目前，较常用的电涡流传感器是高频反射式电涡流传感器，它主要由一个安置在框架上的扁平圆形线圈组成，用于检测位移、振动、应力、表面温度、流量和探伤等。其特点是灵敏度高、结构简单、抗干扰能力强、非接触测量、测量对象广。其类型主要有高频反射式和低频透射式。

传感器线圈由高频信号激励，使之产生一个高频交变磁场ϕ_i，当被测导体接近线圈时，在磁场作用范围的导体表层，产生了与磁场相交链的电涡流i_e，而此电涡流又将产生一交变磁场ϕ_e来阻碍磁场的变化。从能量角度来看，在被测导体内存在着电涡流损耗（当频率较高时可以忽略磁损耗）。能量损耗使传感器的Q值和等效阻抗Z降低，因此当被测物体与传感器间的距离d改变时，传感器的Q值和等效阻抗Z、电感L均发生变化，于是把位移量转换成电量，这就是电涡流传感器的工作原理。

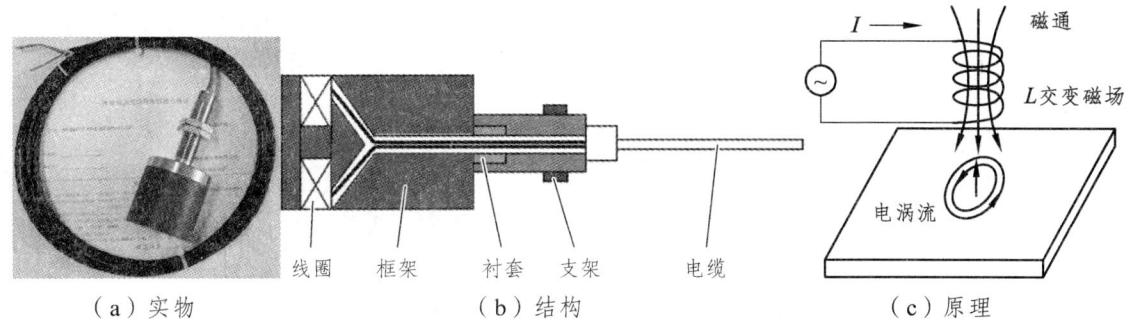

图 2-27 电涡流式传感器实物、结构及原理

五、压电式传感器

压电效应是指某些晶体或陶瓷材料，当沿着一定方向对其施力而使之变形时，内部就产生极化现象，同时在它的两个表面上产生符号相反的电荷，当外力消失后，又恢复到不带电状态。逆压电效应就是将压电材料置于电场，会发生变形，即所谓电致伸缩效应。

主要的压电材料有压电晶体（如石英）和压电陶瓷（如钛酸钡、锆钛酸铅）。石英晶体的压电效应是由于石英晶体在外力作用下，晶格发生变化造成的。压电陶瓷是人工制造的多晶体压电材料，其原始的压电陶瓷材料（多晶铁电体）并不具有压电性，这种材料在一定温度下做极化处理后，才具有压电性。石英晶体具有良好的压电特性，其介电常数和压电系数的温度稳定性很好，在常温下这两个参数几乎不随温度变化。石英晶体的突出优点是性能非常稳定、机械强度高、绝缘性能好。石英材料价格相对昂贵，一般多用于标准仪器。压电陶瓷最大的优点是具有很高的压电系数，因此在压电传感器中得到了广泛应用。钛酸钡压电陶瓷压电系数约为石英晶体的 50 倍，但居里温度只有 120 ℃，温度稳定性和机械强度均较石英差。锆钛酸铅系压电陶瓷（PZT）压电系数比钛酸钡更高，居里温度在 300 ℃ 以上，其他性能也比钛酸钡好，是目前压电传感器中应用最广的一种压电材料。

压电片受力时，两个极板上产生电荷，电荷量相等，极性相反。压电传感器相当于一个电荷源（静电发生器），所以是一种典型的有源传感器。压电传感器虽然是有源传感器，但由于输出信号十分微弱，不能单独工作，必须与放大器配套才能工作。与压电传感器配套的放大器有两种即电荷放大器和电压放大器。在压电式传感器中，压电片常采用两片（或两片以上）粘在一起，由于压电材料的电荷是有极性的，有两种接法即"并联"接法与"串联"接法。并联接法输出电荷大、本身电容大、时间常数大，适宜用在测量缓变信号，以电荷作为输出的地方。串联接法输出电压大、本身电容小，适宜用于以电压为输出信号，且测量电路输入阻抗很高的地方。

1. 压电加速度传感器

加速度传感器（见图 2-28）有纵向效应、横向效应和剪切效应型三种类型，最常用的是纵向效应型。当传感器受振动时，若质量块与被测物体的质量相比很小时，质量块将感受与传感器基座相同的振动,并受到与加速度方向相反的惯性力的作用,在力的作用下,压电陶瓷片上将产生电荷(压电效应),此电荷的大小与加速度成正比。

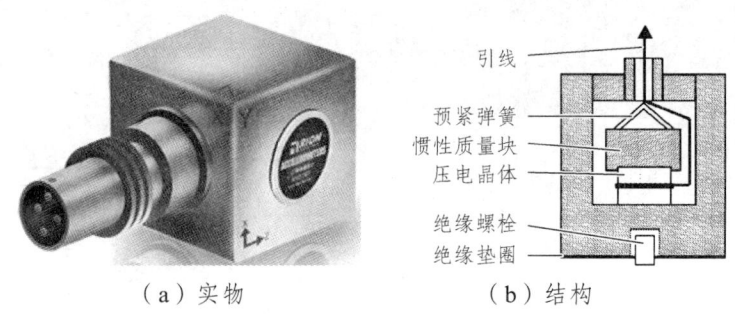

(a)实物　　　　　(b)结构

图 2-28　压电加速度传感器实物及结构

2. 压电式压力传感器

当压电式压力传感器(见图 2-29)的膜片受到压力作用时,在压电晶体上产生电荷。

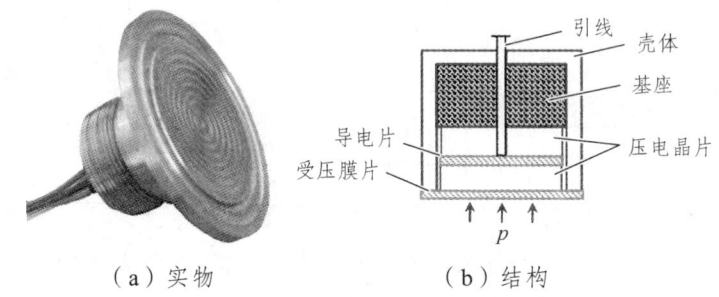

(a)实物　　　　　(b)结构

图 2-29　压电式压力传感器实物及结构

3. 压电式流量计

压电式流量计(见图 2-30)是利用超声波在顺流方向和逆流方向的传播速度不同来进行测量的。其主要元件是压电超声换能器,在顺流和逆流的情况下,发射和接收的相位差与流速成正比,根据这一关系,便可以精确测定流速,流速乘以管道横截面积便得到流量。这种流量计可以测量各种液体的流速,中压和低压气体的流速,不受被测流体的导电率、黏度、密度和组成成分的影响,其精确度在 0.01%~0.5%,测量时,每隔一段时间(如 1/100 s),发射和接收一次。

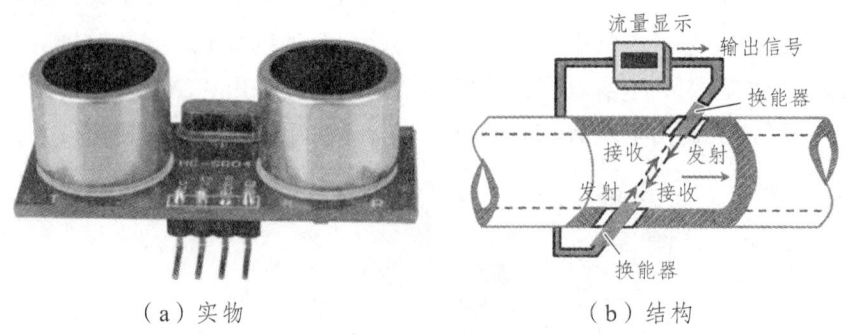

(a)实物　　　　　(b)结构

图 2-30　压电式流量计实物及结构

六、热电式传感器

热电式传感器（见图 2-31）是一种将温度变化转换为电量变化的传感器，利用热电效应测量温度，类型主要有热电偶、热电阻、半导体集成器件。热电偶是利用热电效应将温度变化转换为电势的器件。热电偶结构简单，由热电极金属材料丝、绝缘材料、保护材料及接线部分组成，热电偶的感受部分是工作端结点，结点是焊接而成的，一般有点焊、对焊和绞状焊三种。热电偶材料有一般金属：镍铬-镍硅、铜-康铜、镍铬-镍铝、镍铬-铠铜等；有贵金属：铂铑$_{10}$-铂、铂铑$_{30}$-铂铑$_6$、铱铑$_{60}$-铱等；有难熔金属：铂铑$_{30}$-铂铑$_6$、钨铼$_5$-铂铑$_6$等。

大多数金属导体和半导体的电阻率都随温度变化而变化，热电阻的温度范围都比较低，为 $-200 \sim 500$ ℃，主要有热敏电阻（金属）和温敏电阻（半导体）两种。金属热电阻的结构是将金属丝绕在一个耐热的骨架上，外套一个保护管，常用的金属材料有铂热电阻 BA，$-200 \sim 850$ ℃，在 0 ℃以上，电阻与温度的关系近似线性关系，性能稳定，常作标准温计。铜电阻 Cu，$-50 \sim 180$ ℃，灵敏度高，价格便宜。半导体比金属导体具有更大的电阻温度系数，主要类型有三种：PTC 热敏电阻，当温度超过某一数值时，其电阻随温度升高而快速增大，具有正温度系数；CTR 热敏电阻，在某一温度值处电阻值急剧变化，具有临界温度系数；NTC 热敏电阻，具有很高的负温度系数。

热敏电阻主要用于检测电路中的补偿，如偏置线圈的温度补偿、仪表温度补偿、热电偶温度补偿、晶体管温度补偿等。作测温元件用时，主要用于各种小型的温度检测用探头，如点温计。

1. 晶体管温度传感器（PN 结传感器）

晶体管温度传感器是利用 PN 结的伏安特性与温度之间的关系制成的一种传感器，PN 结的正向压降与温度在一定条件下，近似地为线性关系。

2. 集成温度传感器（PTAT 电路）

集成电路传感器是将热敏晶体管、放大电路、偏置电源、线性电路等制作在同一芯片上，利用发射极电流密度在恒定比率下工作的晶体管，对基极-发射极电压之间的差值与温度呈线性关系，从而使得输出信号正比于绝对温度。

集成温度传感器分电压型和电流型两种，电流型集成温度传感器，在一定温度下相当于一个恒流源，不受接触电阻、引线电阻、电压噪声的干扰，具有较好的线性特性。集成电压型温度传感器具有很好的线性特性，是一种精密的温度传感器，有三端和四端两种结构。

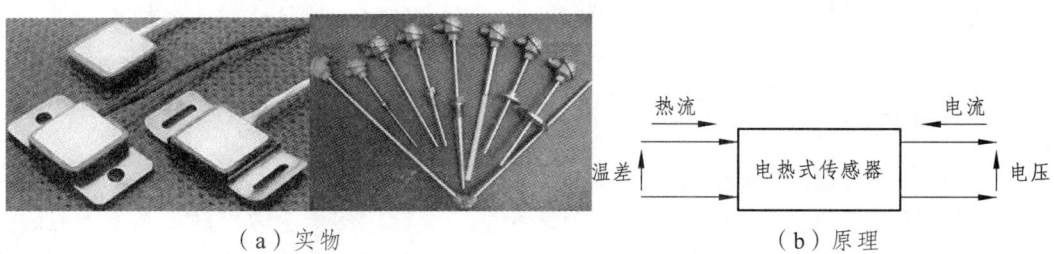

（a）实物　　　　　　　　　　（b）原理

图 2-31　热电式传感器实物及原理

七、光电式传感器

光电式传感器（见图 2-32）是一种将光能变化转换为电量变化的传感器，其常用于烟度测量、转速测量、光电开关、太阳能利用等。其类型有外光电效应的光电器件（光电管、光电倍增管）、内光电效应的光电器件（光敏电阻、光电池、光敏管、CCD）。外光电效应（物体内的电子向外发射）就是在光线作用下，物体内的电子逸出物体表面，向外发射的现象；内光电效应就是材料内部电子的运动状态发生变化。光电式传感器的特点是灵敏度高、线性度较低、初始电流不为零。

新型光电传感器有高速光电二极管（PIN 结光电二极管、雪崩式光电二极管）、色敏光电传感器、光位置传感器、光固态传感器。

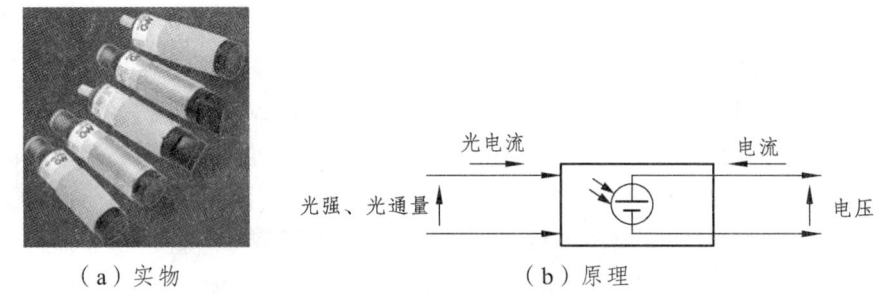

图 2-32 光电式传感器实物及原理

八、气/湿敏传感器

气、湿敏传感器（见图 2-33）的换能原理是电阻的变化，其工作原理一是发生氧化和还原反应，敏感元件阻值变化，二是离子导电能力与浓度成反比或电容值随湿度而变化或重量随湿度变化。种类有半导体材料器件、MOS（金属-氧化物-半导体）。它主要用于可燃气体、有害气体、湿度等测量。其特点就是结构复杂、可靠性较差、响应速度慢、精度较低。

气、湿敏传感器的应用主要有 SnO_2（氧化锡）气敏传感器的自动吸排油烟机、汽车驾驶室挡风玻璃的自动去湿电路、液化气泄漏报警。

1. 半导体气敏传感器

气敏传感器利用气体在半导体表面的氧化和还原反应而导致其阻值变化的原理而制成，主要用于测量气体类别、浓度和成分。

主要的半导体气敏器件有 SnO_2（氧化锡）气敏器件、ZnO（氧化锌）系气敏元件、ZrO_2（氧化锆）氧量传感器（浓差电极）、MOS 二极管气敏器件。

2. 湿敏传感器

湿敏传感器种类很多，有水分子亲和力型湿敏元件和非水分子亲和力型湿敏元件。水分子亲和力型湿敏元件包括氯化锂（LiCl）湿敏元件、半导体陶瓷湿敏元件、高分子湿敏元件等。水分子亲和力型湿敏传感器，响应速度慢、可靠性较低。非水分子亲和力型湿敏传感器的研究包括，微波在含水蒸气的空气中传播，水蒸气吸收微波使其产生一定的损耗，而制成微波湿敏传感器，利用水蒸气能吸收到定波长的红外线而制成红外湿敏传感器。

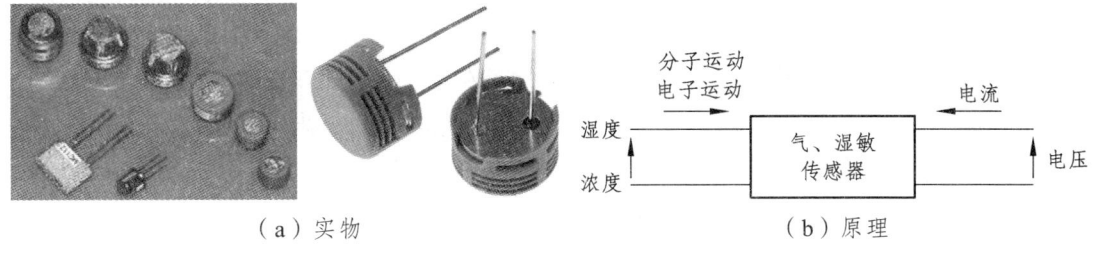

图 2-33 气、湿敏传感器实物及原理

九、磁敏传感器

磁敏传感器（见图 2-34）是利用半导体材料中自由电子或空穴随磁场改变其运动方向这一特性而制成的一种传感器。用途是测量磁场强度、位移及作为非接触式开关。其类型按结构可分体型（霍尔传感器）和结型（磁敏电阻、磁敏管）。其特点是灵敏度高、线性度较好、体积小、稳定、耐高温。利用磁敏式传感器的磁电转换特性可以十分方便地测量磁场强度、电流等有关的物理量。

1. 霍尔传感器

霍尔传感器（见图 2-34）是利用霍尔效应实现磁电转换的一种传感器，特点是灵敏度高、线性度较好。

在与强度为 B 的磁场垂直的半导体薄片的两边通以控制电流 I，则在半导体另外两边会产生一个大小与 I 和 B 乘积成正比的电势 U_H，这一现象称为霍尔效应，该电势称为霍尔电势，半导体薄片就是霍尔元件。霍尔效应是半导体中自由电荷受到磁场中洛仑兹力而产生的。

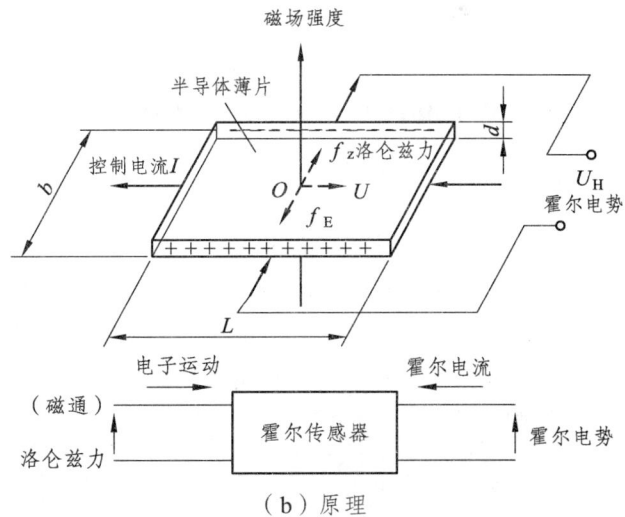

（a）实物　　　　　　　　　　　（b）原理

图 2-34 霍尔传感器实物及原理

2. 磁敏电阻器

磁敏电阻器（见图 2-35）是基于磁阻效应的磁敏元件，可用作磁场探测仪、位移和角度检测器、安培计以及磁敏交流放大器等。当一载流导体置于磁场中，其电阻会随磁场而变化，这种现象被称为磁阻效应。当温度恒定时，在磁场内，磁阻与磁感应强度 B 的平方成正比。磁敏电阻的灵敏度较高，在 1T 磁通密度的磁场中，电阻可增加 10～15 倍。磁敏电阻的灵敏度是非线性的，且受温度的影响，需采用补偿电路，增大磁场强度可改善线性度，但温度影响也随之增大。

3. 磁敏二极管和磁敏三极管

磁敏二/三极管是 PN 结型的磁电转换元件，磁敏二极管的 P 型和 N 型电极由高阻材料制成，在 PN 之间有一个较长的本征区 I，本征区的一面磨成光滑的复合表面（为 I 区），另一面打毛，设置成高复合区（为 r 区）。因为电子-空穴对易于在粗糙表面复合而消失，当通以正向电流后就会在 P、I、N 结之间形成电流，磁敏二极管是 PIN 型的。磁敏三极管是在弱 P 型或弱 N 型本征半导体上用合金法或扩散法形成发射极、基极和集电极。其最大特点是基区较长，基区结构类似磁敏二极管，也有高复合速率的 r 区和本征 I 区。长基区分为输运基区和复合基区。

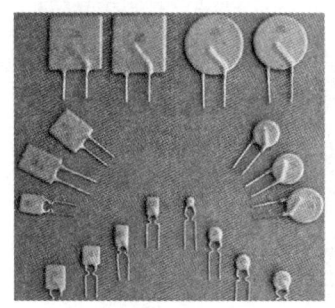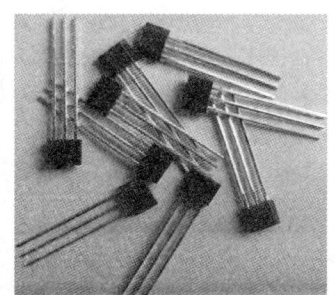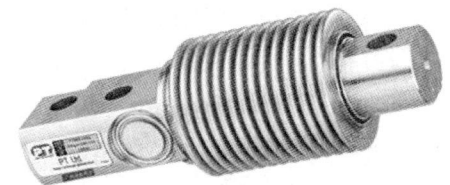

图 2-35 磁敏传感器实物

十、动车组 AG37 型速度传感器

1. 速度指示

AG37 型速度传感器采用永磁单相测速电机，此传感器装在动车组轴箱上，通过动车组轮轴轴头，驱动测速电机旋转，产生单相交流电压，经速度表内的速度控制板中的整流电路整流、滤波后，变成平滑直流电压，送入广角度直流毫安表。利用电机转速与电压的线性关系，在广角度电表上显示动车组运行速度、轮径磨耗。其误差可通过调节速度显示电路的电位器来消除。

2. 里程累计

AG37 型速度传感器速度表内装有一只 DC 24 V 六位里程电磁计数器。每当动车组走行

1 km，测速电机的降速机构顶动内部的一只微动开关，使开关接通一次，速度表内的里程计数器通电吸合，推动字轮进位，实现动车组里程累计。

3. 时间显示

速度表上装有电子计时器，它以石英振荡器的振荡频率为时间基准，采用三位的液晶显示器，可显示月、日、时、分、秒，由一节氧化银电池供电，具有精度高、显示清楚、使用方便等优点，电池使用寿命为18个月。

4. 使用、维护与检验

（1）速度传感器表面清理后进行外观检查，传感器插头螺纹有损伤变形或绝缘器、插座接触点有损伤等缺陷时须更换新品。

（2）速度传感器电缆线的外部螺旋软管出现局部破损、断裂等缺陷时，允许用绝缘防水材料处理，出现3处以上破损断裂缺陷时更换。电缆表面橡胶允许存在非贯通性划痕、划伤；破损、开裂、老化时更换；更换电缆时要进行防水处理。

（3）速度传感器外观检修合格后，外部须喷漆，但插入部及电缆不喷漆，并进行绝缘电阻试验和测定线圈电阻值，不合格更换新品。具体试验要求如下：

① 对地绝缘试验：用500 V兆欧表进行测定，电阻值在10 MΩ以上为合格。

② 测定线圈电阻值，各线圈电阻值应符合下列要求：AG37为$61×(1±10\%)Ω$；AG43与AG43E，e1为$60×(1±10\%)Ω$，e2为$33×(1±10\%)Ω$，e3为$27×(1±10\%)Ω$。

（4）对LKJ2000系统的TQG15（B）-1、TQG15（F）-1型速度传感器进行绝缘和导通试验。

十一、光电速度传感器

光电速度传感器（见图2-36）将动车组车轴转速量变换为脉冲量，输出脉冲信号，进入接线盒，再由接线盒送入微机柜，对动车组进行特性控制和防空转、防滑行保护。

1. 结构及工作原理

光电速度传感器由红外发射、光栅、光电接收、放大整形、双套彼此隔离的电路通道、外壳、传动轴、软性连接器、6芯防水插头座及附件连接导线组成。当动车组的轮轴驱动传感器旋转时，传感器将动车组速度转换，产生为$f=n×p/60$（p为每转脉冲数）的方波脉冲。

2. 光电传感器接线盒

靠近每个车轴的车体上装有与该速度传感器配套的光电传感器接线盒，光电传感器输出的方波脉冲信号，由插头座X1输入，经过接线盒内电路变换，将输入的二路200P/R方波脉冲信号，分别由插座X3、X4输出，便于动车组电子控制系统接口。

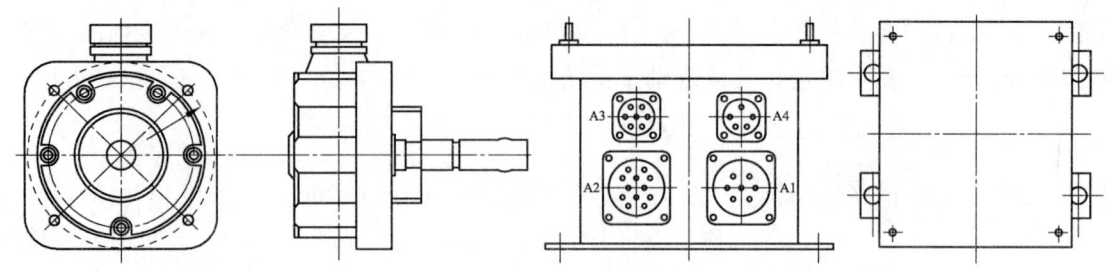

图 2-36　光电速度传感器外形及接线盒

机车 4 根车轴的速度传感器产生的脉冲信号,其中一个通道 4 个脉冲信号都送入微机柜,供微机控制。第一轴的另一通道送入轮缘润滑装置,第二轴的另一通道送入 LKJ2000 型列车运行速度监控装置,第三轴的另一通道送入数模转换盒,第四轴的另一通道备用,如图 2-37 所示。

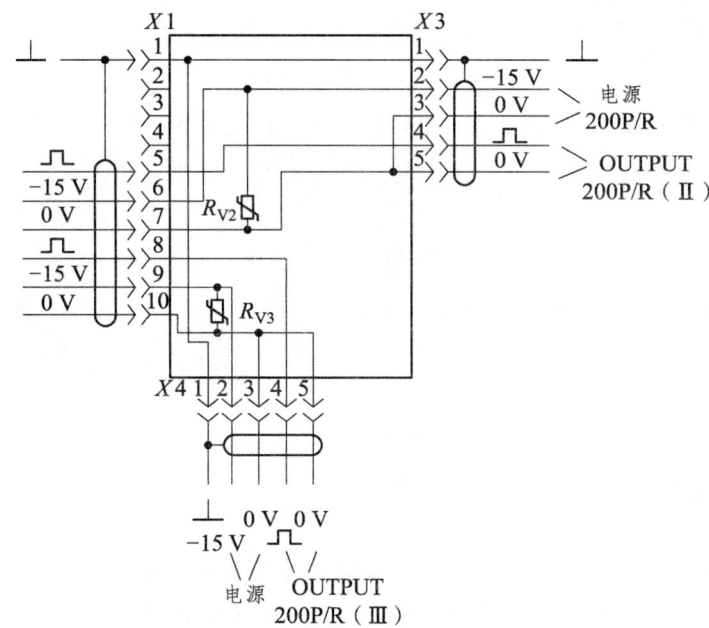

图 2-37　光电传感器接线盒接线原理

3. 使用注意事项

(1) 传感器作用时,传动轴转动要灵活。

(2) 传感器工作电源 DC 15 V、24 V,不允许接蓄电池,应接机车电子控制系统中的 DC/DC 变换器的副边输出(原、副边应全隔离),电源负端不允许接外壳。

(3) 传感器、接线盒型号要相匹配,安装要牢固可靠。

(4) 传感器使用半年,应在 0～200 km/h 的标准转速源上,接入工作电源,输出端外接示波器,驱动传感器,对输出波形、幅度、相位差进行检验。

(5) 严格按接线盒接线图进行外部配线,接线正确无误,连接不允许断路及短路现象,所有插头必须拧紧。

(6) 传感器、接线盒应储存在 0～40 ℃,相对湿度不大于 80% 的清洁环境中。

十二、典型案例

动车组上使用比较广泛的低压电器元件传感器，对动车组、高铁的运行控制及安全保护起着重要的作用。

案例一：2008年，配属某铁路局的动车组在运行途中污物箱98%报警，坐便器不能冲排粪便导致卫生间不能使用。入库检查发现，车下污物箱装载量不及1/3，98%系传感器误报警。

案例二：2012年11月，配属某局动车组在京广线郑州以南段运行时，司机发现6车2位轴温报警，立即停车，随车机械师下车检查并用点温计测试，轴箱温度正常，切除该轴温报警器，维持运行并加强监视，沿路站停检测，导致终到晚点48 min。入库检查发现，6车2位轴温传感器发生故障误报警。

动车组上的传感器，按照其用途可分为速度传感器、温度传感器、液位传感器、压力传感器、距离传感器、风速传感器、流速传感器等。

动车组上用的速度传感器是电磁式速度传感器，其结构为车轴端上有齿，轴箱上安装有测速探头，结构如图2-38所示。轴每转动一个齿时，轴齿的凹凸引起探头的磁路磁阻变化一次，磁通也变化一次，线圈中感生电动势随磁通变化而变化，其变化频率等于轴的转动速度与齿数的乘积，即车轴转速（n）=线圈感生电动势频率（f）/轴齿轮的齿数（z）。传感器探头将感生电动势频率信号输送到处理器或计算机，就可以测量出车辆运行速度：车速（v）=车轴转速（n）×车轮半径（R）。由于轴箱工作环境十分恶劣，振动、冲击频繁且强度大，在安装时要注意齿顶与探头之间的间隙：间隙过小，会因振动等原因导致二者磕碰而损坏；间隙过大，信号弱导致测量误差。

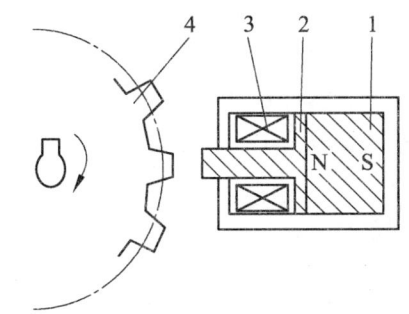

1—永磁铁；2—软磁铁；3—感应线圈；4—轴齿轮。
图2-38 速度传感器

动车组上使用温度传感器的地方很多，如轴箱温度传感器、变压器温度传感器、牵引变流器温度传感器、牵引电机温度传感器、变速器齿轮箱温度传感器等，它们都是利用温度传感器对这些关键设备进行监控，防止行车事故的发生。

轴箱是连接轮对与转向架的关键部件，如果轴箱内的轴承润滑不良，导致轴箱内温度升高，产生热轴事故；如果温度进一步升高，导致轴承强度降低而破损，轴承破损碎片切割车轴、会造成列车脱轨翻车的大事故。所以一旦轴温报警，车上工作人员就会十分重视。轴温传感器是一种熔断式温度传感器,用来检测轴箱内部温度的,主要是用来检测轴箱内的轴承温度。熔断式温度传感器探头结构如图2-39所示,温度保险丝在导热绝缘管里面,保险丝两端连接导线,探头底部是导热绝缘布,能很好将轴箱温度传给保险丝。在轴箱温度低于144 ℃时,保险丝不熔断,导线和导通;当轴箱内温度达到155~165 ℃时,保险丝熔断,导线不导通,轴箱温度报警装置报警。

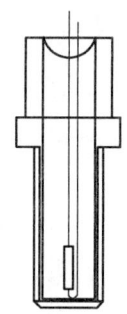

图2-39 熔断式温度传感器

动车组上还有其他类型的温度传感器,如空调温度传感器、牵引电机温度传感器,这些都是热电阻式的温度传感器,利用金属电阻随温度升高而增大、电阻的变化影响电路电流的变化的原理制成。

动车组卫生间下面有装粪便的污物箱。污物箱内有两个重要的传感器(也称为液位开关):80%液位传感器和100%液位传感器。当污物箱内的污物达到80%时,卫生间监控器黄灯警示;当污物箱内的污物达到100%时,卫生间监控器开始报警并停止使用。如果继续使用便器,则不能冲洗。

液位传感器(见图2-40)的主要部件就是干簧管及环形磁性浮球。干簧管是一个密闭的金属或塑料胶管,内有磁簧开关;环形磁性浮球内有环形磁铁。环形磁性浮球浮在液面上,当液位较低时,环形磁性浮球被干簧管底部止挡卡住,保证浮球与干簧管的耦合;当液位上升,环形磁性浮球随着液面沿着干簧管上升,上升到磁簧开关处,将磁簧开关吸合,电路导通,卫生间监控器得到信号报警。

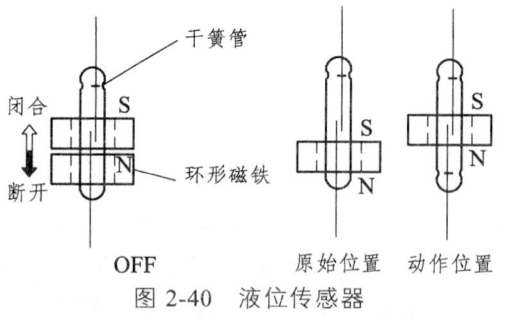

图2-40 液位传感器

掌握传感器的结构及工作原理,学会快速正确的处理方法,减少设备故障对旅客旅行的不利影响,避免设备故障产生行车事故危及旅客及动车的安全。

第五节　低压开关电器

低压开关主要作用是隔离、转换、接通和分断电路，多用作机床电路的电源开关和局部照明电路的控制开关，有时也可用来直接控制小容量电动机的启动、停止和正反转。

一、低压断路器

低压断路器（breaker）又称为自动空气开关（简称为空开或空断），因其灭弧介质为空气而得名。低压断路器是集控制和保护功能为一体的电器。经常作为不频繁地接通和断开电路的总电源开关或部分电路的电源开关，当发生过载、短路或欠压等故障时能自动切断电路，有效保护串接在它后面的电气设备并在分断故障电流后一般不需要更换零部件。

1. 低压断路器的特点

（1）分断能力比较高，能开断比较大的短路电流。
（2）具有对电路过载、短路的双重保护功能。
（3）允许操作频率低。
（4）动作值可调，动作后一般不需要更换零部件。

2. 低压断路器的分类

自动开关种类繁多，可按以下方式分类。
（1）按用途分：保护配电线路用自动开关、保护电动机用自动开关、保护照明电路用自动开关和漏电保护用自动开关等。
（2）按结构形式分：框架式（也称为万能式）自动开关和塑料外壳式（也称为装置式）自动开关。

框架式自动开关为敞开式结构，一般自动快速开关，特别是大容量自动开关多为此种结构。它主要用作配电网络的保护开关。

塑料外壳式自动开关的结构紧凑、体积小、质量轻，且具有安全保护的塑料外壳，使用安全可靠，适于单独安装，它除了可用作配电网络的保护开关外，还可用作电动机、照明电路以及电热器电路等的控制开关。

（3）按极数分：单极自动开关、两极自动开关、三极自动开关和四极自动开关。
（4）按限流性能分：一般不限流型自动开关和快速限流型自动开关。
（5）按操作方式分：直接手柄操作式自动开关、杠杆操作式自动开关、电磁铁操作式自动开关和电动机操作式自动开关。

一般情况下，习惯性分为框架断路器（Air Circuit Breaker，ACB）、塑壳断路器（Molded Case Circuit Breaker，MCCB）、微型断路器（Miniature Circuit Breaker，MCB）。

这三者之间有什么关系呢？如果说 ACB（框架断路器）是大树的树干，那么 MCCB（塑壳断路器）就相当于树枝，而 MCB（微型断路器）相当于树叶；流经树干的汁液（电流）比树枝大，更比树叶大。如果是一栋大楼，ACB 就是控制整个大楼的供电，MCCB 控制一个楼层的供电，而 MCB 就只能控制一个房间的供电了。

3. 低压断路器的分断能力

低压断路器具有对电路过载、短路的双重保护功能，所以过载、短路触头能正常分断，而超大电流的短路电流可能烧化触头。因为电流越大发热量越大，断路器的触头就有可能被烧熔，所以判断断路器的质量必须要考虑分断能力。

4. 低压断路器的基本结构

低压断路器基本都由 5 大部分组成。

（1）触点系统，接通和断开电路。结构形式有对接式、桥式和插入式三种，一般采用银合金和铜合金材料。

（2）灭弧系统，短时间内可靠熄弧，灭弧方式有窄缝灭弧和金属栅片灭弧。熄灭电弧的介质有空气、变压器油、真空、六氟化硫等，低压断电器所用的熄弧介质就为空气，所以也称为自动空气开关或空开。对灭弧系统而言，一般应具备下列功能：短时间内应可靠熄弧，并保持良好的绝缘性能；喷出的电弧火花距离小，以免造成相间飞弧；有足够的热容量，使之在电弧高温作用下不致产生变形、碎裂或灭弧室及栅片严重烧伤；有足够的机械强度，保证在受高温、合闸或冲击振动及运输情况下不会碎裂、缺损。

（3）操作机构，执行断路器的闭合与断开，包括手动、电动、电磁铁操作机构。

（4）脱扣器，断路器的感测元件，感测电路信号（如过电压、过电流等），电路一旦出现非正常信号，相应的脱扣器就会动作，通过联动装置使断路器自动跳闸切断电路。脱扣器的种类很多，有电磁脱扣、热脱扣、自由脱扣、漏电脱扣等。电磁脱扣又分为过电流、欠电流、过电压、欠电压脱扣及分离脱扣。

自动开关通常采用电磁脱扣器和热脱扣器两种。

电磁脱扣器分为过电流脱扣器和欠电压脱扣器，它实际上是一个小型电磁机构，装电压线圈的欠电压脱扣器，装电流线圈的过电流脱扣器。以过电流脱扣器为例说明其动作原理。当被保护电路发生过载或短路故障，电流增加并达到整定值时，衔铁吸合，使脱扣杆钩子与主杠杆脱扣，自动开关断开，切除过载或短路故障，保护电气设备不受损坏。电磁脱扣器的动作电流值可根据需要调整反力弹簧来整定，具有动作电流大，调节范围宽，动作时间短（一般为 10～40 ms）的特点，可用作短路保护。

热脱扣器是由热组件和双金属片等组成。电流通过热组件产生电阻损耗而发热，其温度升高，加热双金属片。双金属片是一个将热能转换为机械能的组件，由两种不同膨胀系数的金属片焊接而成，膨胀系数较大的金属片贴近热元件。双金属片一端固定，另一端处于自由状态。当热组件由于间接加热或直接通电流加热时，即将热能传递给双金属片，双金属片受热后温度升高。由于两种金属片膨胀系数不同，结合面的伸长要相同，迫使双金属片向着膨胀系数较小的一侧弯曲。双金属片弯曲时产生作用力，作用于脱扣杆的钩子上，使之脱扣，自动开关断开,即可保护电气设备不因过载而损坏。由于双金属片是因受热而弯曲,所以双金属片弯曲时作用于脱扣机构的动作时间与过载电流大小有关:电流大,动作时间短,电流小,动作时间长。

(5)外壳或框架,断路器的支持件。

低压断路器结构组成记忆口诀:小小空开用途广,自动保护不含糊。短路保护电磁扣,过载保护双金属。电路异常秒跳开,灭弧巧用横向栅。跳开复位须手动,动手之前查电路。

5. 低压断路器的工作原理

低压断路器的主触头靠操作机构(手动或电动)合闸,自由脱扣机构是一套连杆机构,当主触头闭合以后,将主触头锁在合闸位置,其工作原理如图2-41所示。

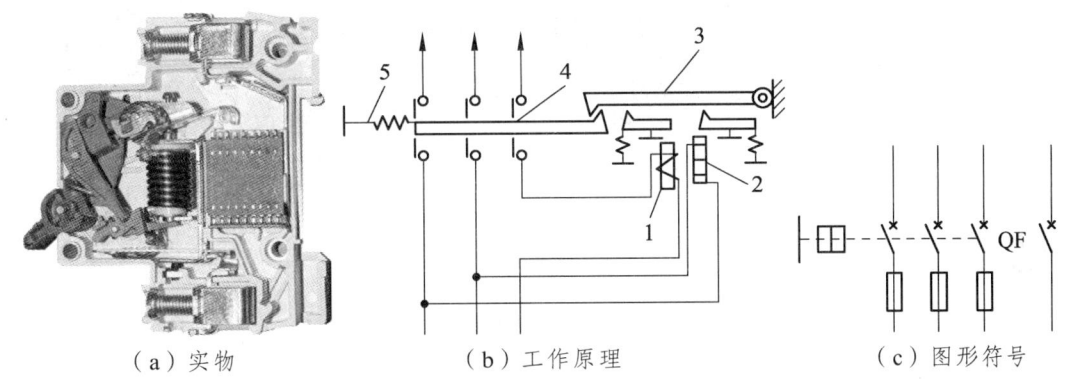

(a)实物　　　　(b)工作原理　　　　(c)图形符号

1—过电流脱扣器;2—失压脱扣器;3—自由脱扣机构的锁钩;4—主触头;5—开断弹簧。

图2-41　自动开关实物、工作原理及图形符号

在正常工作情况下,自由脱扣机构的锁钩扣住触头杆,使主触头保持在合闸位置。过电流脱扣器的电磁线圈与被保护电路串联,在正常电流下,脱扣器的弹簧力使衔铁释放;当过载或短路时,强大的电磁吸力使衔铁吸合,带动衔铁另一端的顶杆向上运动,顶开自由脱扣机构中的锁钩,在开断弹簧的作用下,主触头迅速断开,将故障电路分断。为失压脱扣器的电磁线圈与被保护电路并联。在正常电压下,衔铁吸合,锁钩不脱扣;当失压时,电磁吸力很小,在失压脱扣器弹簧力的作用下,衔铁释放,其顶杆顶开锁钩,主触头在开断弹簧的作用下迅速开断,切断电路。

在动车组上,为便于维修和检查故障,自动开关用于手动非频繁地切换正常电路,同时,也可对辅助电路和控制电路进行过载、短路保护。

低压断路器工作原理记忆口诀:短路电流瞬间高,铁心磁化吸力强,磁扣顶撞电路开,横向栅片灭弧强。电路过载危害大,两片金属同膨胀,弯曲碰撞电路开,膨胀系数不一样。跳开复位须手动,复位之前细检验。

6. 低压断路器的典型故障

2016年5月27日,一列CRH380A动车组,在折返站换端作业时,因列车超速防护系统(Automatic Train Protection,ATP)电源空气自动开关故障,导致ATP系统无供电,经测试故障空气开关,进线端有电,出线端无电,判定空气开关内部断线。由于ATP系统电源空

气开关所处位置空间很小（见图 2-42），运行途中更换空气开关难度很大，耗时较长，造成始发站停超时 78 min，终到晚点 53 min。

常见故障及处理。

（1）接线易松脱。应对策略：认真细致检查。

（2）机械锁闭装置失效，手动复位时，手柄卡不住。应对策略：及时换新。

图 2-42　故障空气开关及拆下故障空气开关后

二、刀开关

刀开关的主要作用是隔离电源，不频繁通断电路。

1. 开关板用刀开关（不带熔断器式刀开关）

开关板用刀开关（见图 2-43）作用是断开电源后不频繁地手动接通、断开电路和隔离电源。

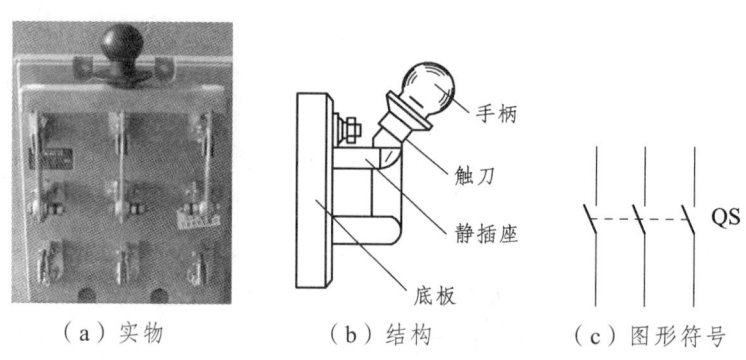

（a）实物　　（b）结构　　（c）图形符号

图 2-43　开关板用刀开关实物、结构及图形符号

2. 带熔断器式刀开关（胶盖开关）

带熔断器式刀开关（见图 2-44）可用作电源开关、隔离开关和应急开关。这种开关易被电弧烧坏，不宜带重负载接通或分断电路，主要用于频率为 50 Hz，电压低于 380 V，电流小于 60 A 的电力线路中，作为一般照明、电热等回路的控制开关，也可以用作分支线路的配电开关。

 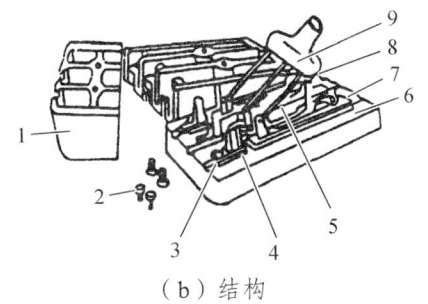 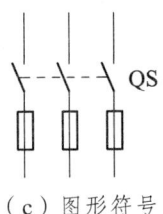

（a）实物　　　　　　　　（b）结构　　　　　　　（c）图形符号

1—胶盖；2—胶盖紧固螺丝；3—进线座；4—静触点；5—熔丝；6—瓷底；7—出线座；8—动触点；9—瓷柄。

图 2-44　带熔断器式刀开关实物、结构及图形符号

3. 负荷开关

1）开启式负荷开关

生产中常用到的 HK 系列开启式负荷开关（见图 2-45），又称为瓷底胶盖刀开关，简称刀开关。开启式负荷开关作不频繁带负荷操作和短路保护用。开启式负荷开关由刀式动触头、静触头、瓷底座、瓷质手柄、熔体、胶盖等构成。胶盖的作用是使电弧不致飞出灼伤操作人员，防止极间电弧短路；熔体对电路起短路保护作用。开启式负荷开关按刀片数目可分为单极、双极、三极等；按投掷方向又可分为单掷开关和双掷开关。

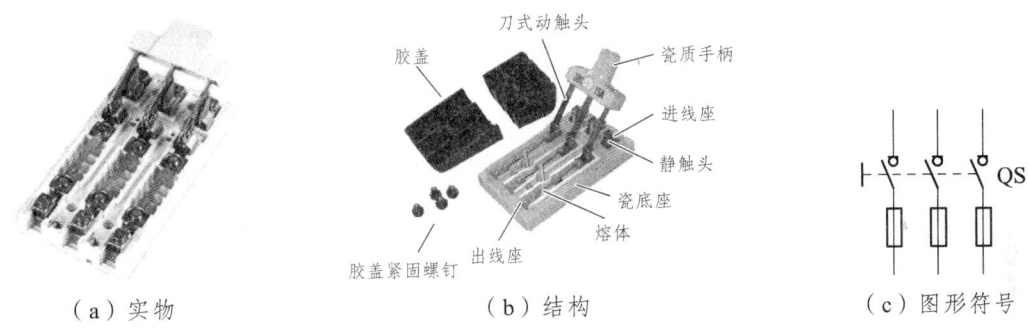

（a）实物　　　　　　　　（b）结构　　　　　　　（c）图形符号

图 2-45　开启式负荷开关实物、结构及图形符号

开启式负荷开关选用原则：① 按额定电压，开启式负荷开关的额定电压要大于或等于线路实际最高电压。② 按额定电流，当作为隔离开关使用时，开启式负荷开关的额定电流要等于或稍大于线路实际的工作电流。当直接用其控制小容量（小于 5.5 kW）电动机的启动和停止时，则需要选择额定电流为电动机额定电流 2～3 倍。

开启式负荷开关的安装与使用：① 开启式负荷开关必须垂直安装在控制屏或开关板上，且合闸状态时手柄应朝上，不允许倒装或平装。倒装时，手柄有可能因为振动而自动下落造成误合闸，另外分闸时可能被电弧灼手。② 接线时应把电源进线接在静触头一边的进线座，负载接在动触头一边的出线座。这样，拉闸后刀开关与电源隔离，便于更换熔体。③ 开启式负荷开关用作电动机的控制开关时，应将开关的熔体部分用铜导线直接连接，并在出线端另外加装熔断器作短路保护。④ 在分闸和合闸操作时，应动作迅速，使电弧尽快熄灭。

开启式负荷开关的常见故障及处理方法见表 2-2。

表 2-2　开启式负荷开关的常见故障及处理方法

故障现象	可能的原因	处理方法
合闸后，开关一相或两相开路	1. 静触头弹性消失，开口过大，造成动、静触头接触不良； 2. 熔丝熔断或虚连； 3. 动、静触头氧化或有尘污； 4. 开关进线或出线头接触不良	1. 修整或更换静触头； 2. 更换熔丝或紧固； 3. 清洁触头； 4. 重新连接
合闸后，熔丝熔断	1. 外接负载短路； 2. 熔体规格偏小	1. 排除负载短路故障； 2. 按要求更换熔体
触头烧坏	1. 开关容量太小； 2. 拉、合闸动作过慢，造成电弧过大，烧坏触头	1. 更换开关； 2. 修整或更换触头，并改善操作方法

2）封闭式负荷开关

封闭式负荷开关（见图 2-46）的外壳多为铸铁或用薄钢板冲压而成，俗称铁壳开关。常用的 HH 系列封闭式负荷开关主要由操作机构、熔断器、触头系统和铁壳组成。图形符号和文字符号与胶壳开关相同。

封闭式负荷开关的灭弧性、操作性、通断和安全性相对优越；采用了储能分合闸方式，分合速度与手柄操作速度无关；采用联锁装置，保证了合闸不能开盖，开盖不能合闸，确保操作安全。用于不频繁地接通和断开带负载的电路及做线路末端的保护，控制 15 kW 以下的电动机不频繁启动、停止。

封闭式负荷开关的选用原则：① 额定电压不小于线路工作电压。② 控制照明、电热负载额定电流不小于所有负载额定电流之和。③ 控制电动机额定电流不小于电动机额定电流的 3 倍。

封闭式负荷开关的安装与使用：① 封闭式负荷开关必须垂直安装，安装高度一般离地不低于 1.3～1.5 m，并以操作方便和安全为原则。② 开关外壳的接地螺钉必须可靠接地。③ 接线时，应将电源进线接在静夹座一边的接线端子上，负载引线接在熔断器一边的接线端子上，且进出线都必须穿过开关的进出线孔。④ 分合闸操作时，要站在开关的手柄侧，不准面对开关，以免因意外故障电流使开关爆炸，铁壳飞出伤人。

封闭式负荷开关的常见故障及排除方法见表 2-3。

表 2-3　封闭式负荷开关的常见故障及排除方法

故障现象	可能的原因	处理方法
操作手柄带电	1. 外壳未接地或接地线松脱； 2. 电源进出线绝缘损坏碰壳	1. 检查后，加固接地导线； 2. 更换导线或恢复绝缘
夹座（静触头）过热或烧坏	1. 夹座表面烧毛； 2. 闸刀与夹座压力不足； 3. 负载过大	1. 用细锉修整夹座； 2. 调整夹座压力； 3. 减轻负载或更换更大容量开关

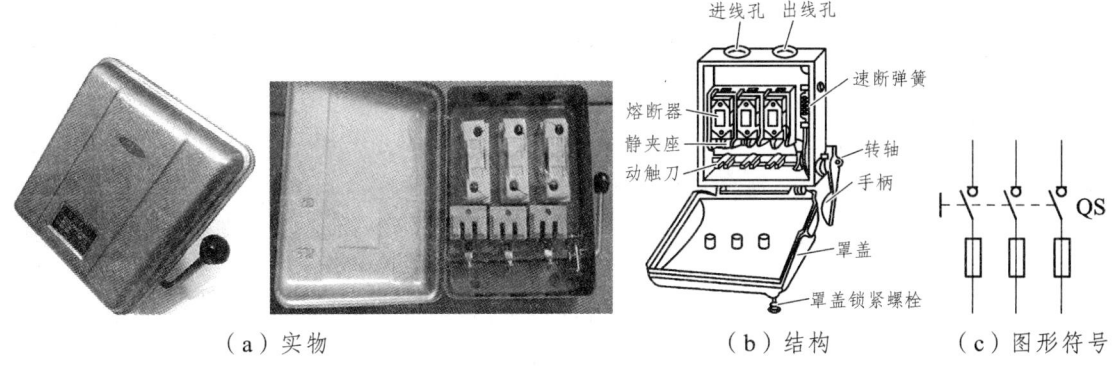

(a)实物　　　　　　　　　　(b)结构　　　　　(c)图形符号

图 2-46　封闭式负荷开关实物、结构及图形符号

三、组合开关

组合开关（见图 2-47）绝缘座的层数可以根据需要自由组合，最多可达 6 层。我国 HZ 系列组合开关，又称为转换开关，它的操作手柄不是上下操作，而是左右旋动。一般用作电源引入开关或电路功能切换开关，也可用于手动不频繁控制 5 kW 以下小容量电动机启动、停止和正反转。其结构紧凑，安装面积小，操作方便。

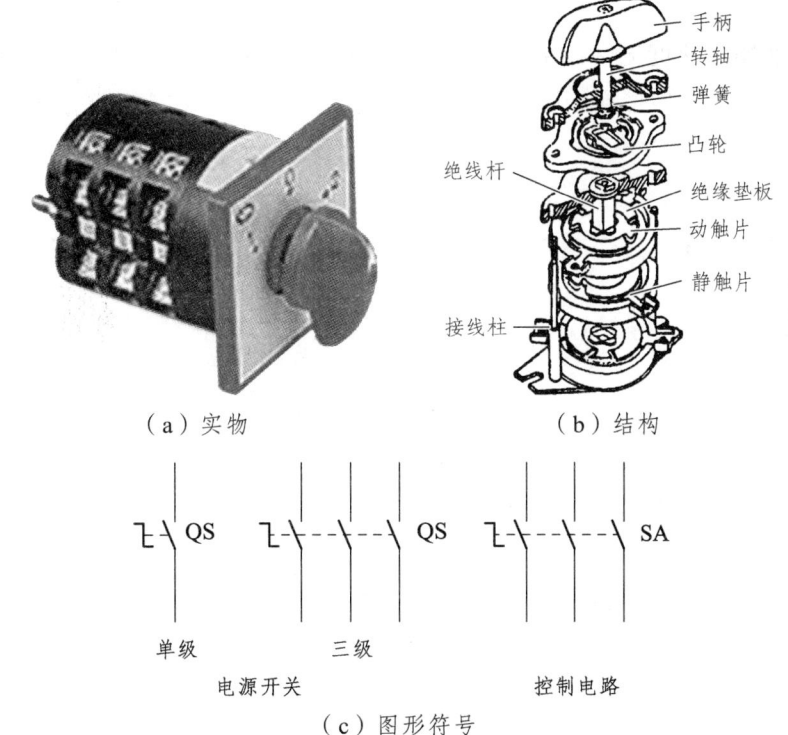

(a)实物　　　　　　　　(b)结构

单级　　　三级　　　　控制电路
　　　电源开关
(c)图形符号

图 2-47　组合开关实物、结构及图形符号

组合开关按其结构分为单极、双极和多极 3 类。三极转换开关有 3 对静触片，每对包含 2 个静触片，每个静触片的一端固定在绝缘垫板上，另一端伸出盒外，连在接线柱上。

3个动触片套在装有手柄的绝缘轴上，转动手柄就可以使3个动触片分别与3对静触片接通或断开。

组合开关的选用原则：① 当用于一般照明、电加热中时，其额定电流应大于或等于被控电路的负载电流总和。② 当用作设备电源引入开关时，其额定电流稍大于或等于被控电路的负载电流总和。③ 当用于直接控制电动机时，其额定电流一般可取电动机额定电流的2~3倍。

组合开关的安装与使用：① HZ系列组合开关应安装在控制箱（或壳体）内，其操作手柄最好伸出在控制箱的前面或侧面。开关为断开状态时应使手柄在水平旋转位置。② 若需在箱内操作，开关应装在箱内右上方，并且在它的上方不安装其他电器，否则应采取隔离或绝缘措施。③ 组合开关的通断能力较低，不能用来分断故障电流。当用于电动机可逆控制时，必须在电动机完全停转后才允许反向接通。④ 当操作频率过高或负载功率因数较低时，应降低开关的容量使用。

组合开关常见故障及处理方法见表2-4。

表2-4 组合开关常见故障及处理方法

故障现象	可能的原因	处理方法
手柄转动后，内部触头未动	1. 手柄上的轴孔磨损变形； 2. 绝缘杆变形（由方形磨为圆形）； 3. 手柄与方轴、或轴与绝缘杆配合松动； 5. 操作机构损坏	1. 调换手柄； 2. 更换绝缘杆； 3. 紧固松动部件； 4. 修理更换
手柄转动后，动、静触头不能按要求动作	1. 组合开关型号选用不正确； 2. 触头角度装配不正确； 3. 触头推动弹性或接触不良	1. 更换开关； 2. 重新装配； 3. 更换触头或清除氧化层或尘污

第六节 低压熔断器

熔断器俗称保险丝，是一种简单而有效的保护电器。熔断器主要有熔体、安装熔体的熔管和熔座三部分组成。熔体是熔断器的核心，常做成丝状、片状或栅状，制作熔体的材料一般有铅锡合金、锌、铜、银等，根据受保护电路的要求而定。熔管是熔体的保护外壳，用耐热绝缘材料制成，在熔体熔断时兼有灭弧作用。熔座是熔断器的底座，用于固定熔管和外接引线。熔断器结构简单、维护方便、价格便宜、体积小、质量轻。

低压熔断器的作用是在线路中作短路保护，通常简称为熔断器。使用时，将熔断器串联在被保护的电路中。正常情况下，熔断器的熔体相当于一段导线；当电路发生短路故障时，熔体能迅速熔断分断电路，从而起到保护线路和电气设备的作用。

低压熔断器的主要技术参数：① 额定电压，熔断器的额定电压是指能保证熔断器长期正常工作的电压，若熔断器的实际电压大于其额定电压，熔体熔断时可能会发生电弧不能熄灭的危险。② 额定电流，熔断器的额定电流是指保证熔断器能长期正常工作的电流，是由熔断器各部分长期工作时的允许温升决定的。③ 时间-电流特性，熔断器的熔断时间随电流的增大而缩短，是反时限特性。熔体电流小于等于熔体额定电流。

熔断器对过载的反应很不灵敏，当电气设备发生轻度过载时，熔断器将持续很长时间才能熔断，有时甚至不熔断。因此，除照明和电加热电路外，熔断器一般不宜用作过载保护电器。

熔断器分为瓷插式熔断器、螺旋式熔断器、管式（无填料封闭管式、填料封闭管式）熔断器、快速熔断器和自复式熔断器等。

RC1A系列瓷插式熔断器（见图2-48）主要应用于额定电压380V及以下、额定电流为5～200A的低压线路末端或分支电路中，用作线路和用电设备的短路保护，在照明线路中还可起过载保护作用。

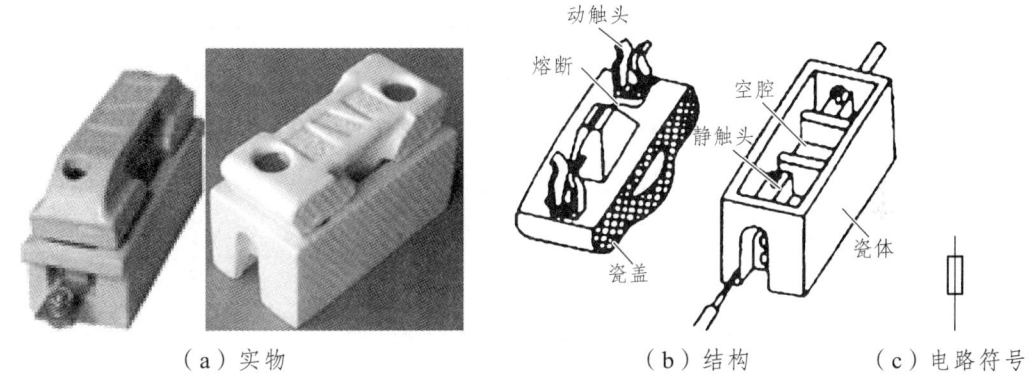

图2-48 RC1A系列瓷插式熔断器实物、结构及电路符号

RL1系列螺旋式熔断器（见图2-49）广泛应用于控制箱、配电屏、机床设备及振动较大的场合，在交流额定电压500V、额定电流200A及以下的电路中，作为短路保护器件。

图2-49 RL1系列螺旋式熔断器实物、结构及电路符号

RT0系列有填料封闭管式熔断器（见图2-50）应用于交流380V及以下、短路电流较大的电力输配电系统中，作为线路及电气设备的短路保护及过载保护。

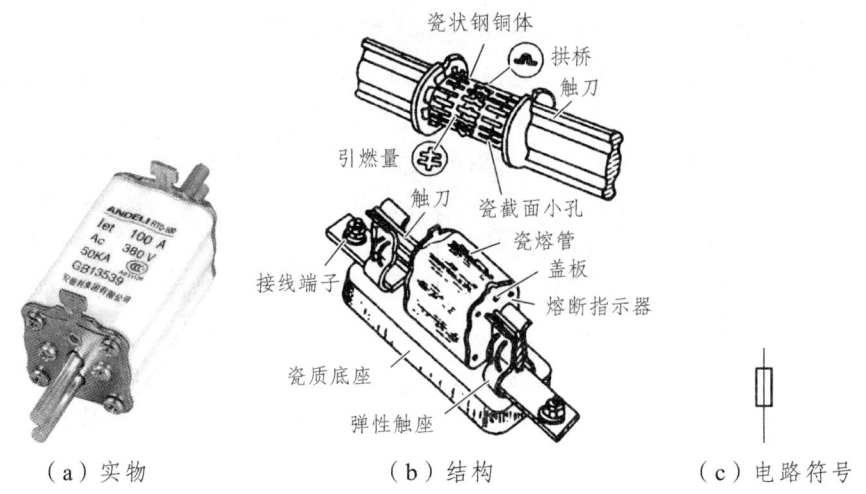

（a）实物　　　　　　　　（b）结构　　　　　　　（c）电路符号

图 2-50　RT0 系列有填料封闭管式熔断器实物、结构及电路符号

RM10 系列低压密闭管式熔断器（见图 2-51）主要用于交流额定电压 380 V 及以下、直流 440 V 及以下、电流在 600 A 以下的电力线路中，用作导线、电缆及电气设备的短路和连续过载保护。

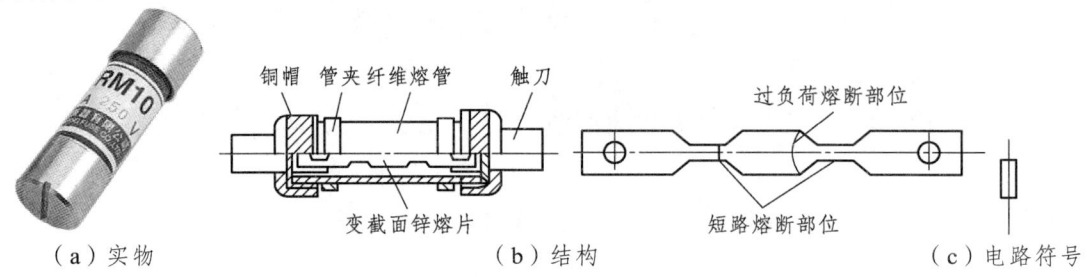

（a）实物　　　　　　　　（b）结构　　　　　　　（c）电路符号

图 2-51　RM10 系列低压密闭管式熔断器实物、结构及电路符号

RS0、RS3 系列有填料快速熔断器（见图 2-52）主要用于半导体硅整流元件的过电流保护。

自复式熔断器（见图 2-53）适用于交流 380 V 的电路中与断路器配合使用，其限流作用显著、动作时间短、动作后不必更换熔体、能重复使用。

图 2-52　RS0、RS3 系列有填料快速熔断器　　　图 2-53　自复式熔断器

应根据使用环境、负载性质和短路电流的大小选用适当类型的熔断器。

熔断器的安装与使用：① 熔断器兼作隔离器件使用时，应安装在控制开关的电源进线端；若仅作短路保护时，应安装在控制开关的出线端；② 瓷插式熔断器应该垂直安装；③ 螺旋式熔断器的电源线应在瓷底座的下接线座上，负载线应该接在螺纹壳的上接线座上；④ 更换熔体或熔管时，必须切断电源，不允许带负荷操作。

熔断器的常见故障及处理方法见表2-5。

表2-5 熔断器的常见故障及处理方法

故障现象	可能原因	处理方法
电路接通瞬间，熔体熔断	熔体电流等级选择过小	更换熔体
	负载侧短路或接地	排除负载故障
	熔体安装时受机械损伤	更换熔体
熔体未熔断，但电路不通	熔体或接线座接触不良	重新连接

第七节 主令电器

主令电器主要用于切换控制电路，用它来"命令"电动机及其他控制对象的启动、停止或工作状态的变换，这类发布命令的电器为"主令电器"。常用的主令电器有按钮、行程开关、万能转换开关、主令控制器等。

一、按 钮

按钮（见图2-54）是一种结构简单、运用广泛的主令电器，是短时间接通或断开电路的手动主令电器。按钮一般由按钮帽、复位弹簧、桥式动触头、静触头、支柱连杆及外壳等部分组成。按钮按静态时触头的分合状态，分为启动按钮（即常开按钮）、停止按钮（即常闭按钮）和复合按钮（即常开、常闭触头组合为一体的按钮）。

按钮的触头允许通过的电流较小，一般不超过 5 A。一般情况下，它不直接控制主电路（大电流电路）的通断，而是在控制电路（小电流电路）中发出指令或信号，控制接触器、继电器等电器，再由它们去控制主电路的通断、功能转换或电气联锁。

按钮的选用：① 根据使用场合和具体用途选择按钮的种类。例如，嵌装在操作面板上的按钮可选用开启式；需要显示工作状态的选用光标式；需要防止无关人员误操作的重要场合宜用钥匙操作式；在有腐蚀性气体处要用防腐式。② 根据工作状态指示和工作情况要求，选择按钮或指示灯的颜色。例如，启动按钮可选用白、灰或黑色，优先选用白色，也可选用绿色。急停按钮应选用红色。停止按钮可选用黑、灰或白色，优先选用黑色，也可选用红色。③ 根据控制回路的需要选择按钮的数量。如单联钮、双联钮和三联钮。

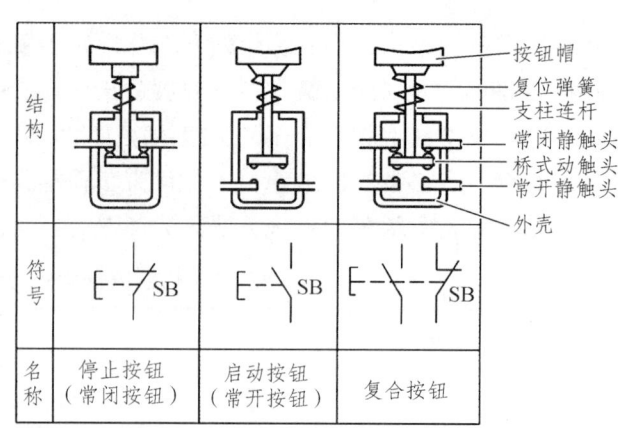

图 2-54 按钮实物、结构及图形符号

按钮都是由相同的插销插座式的琴键式开关单件在铝制的开关盒内组装而成。此种琴键式按键开关结构紧凑，外表美观大方，由于采用了插销插座式单件结构，插销及其上部各零部件可以随插销一起取出而无须拆线，检修更换时非常方便。

二、万能转换开关

万能转换开关（见图 2-55）作为故障隔离、电气联锁、电源控制之用。万能转换开关是一种组合式凸轮转换开关，适用于交、直流电压 500 V 以下的电路。万能转换开关由接触系统、定位和限位机构、凸轮、转轴、手柄、面板等主要部件组成，用长螺栓组装成开关整体。

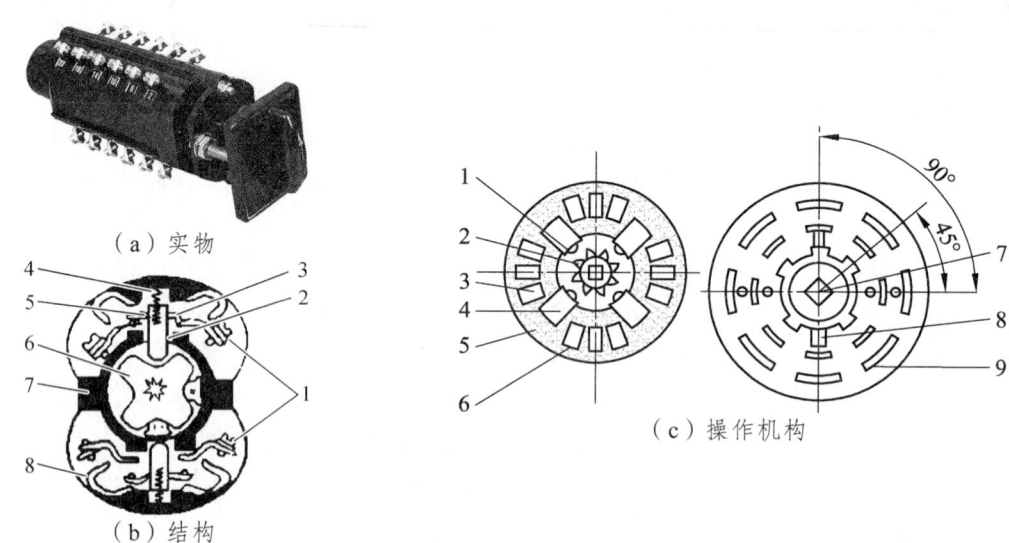

1—静触头；2—动触头杆；3—动触桥；4—反力弹簧； 1—转轴；2—棘轮；3—滚子；4—滑块；5—反力弹簧；
5—超程弹簧；6—凸轮；7—底座；8—限弧罩。 6—底座；7—限制凸轮；8—限制片；9—端盖。

图 2-55 万能转换开关实物、结构及操作机构

每一挡（层）接触系统有一个独立的接触元件，每个接触元件有一个胶木接线座，内装

两对桥式双断点触头。通过凸轮的操作可以带动触头支架动作，进而控制触头的开闭。每挡的两对触头可以分别控制两条独立的电路。尼龙操作凸轮的Ⅲ形脚部可根据电路控制的需要切除，以做成不同形式的凸轮而构成相应的开关接线图。弧室口安装了透明、耐弧、可拆的尼龙限弧罩，除防尘作用外，它还可以提高触头的接触可靠性，限制电弧扩散范围。由于采用了双断点触头，故分断能力较强；若将触头接成四断点形式，分断能力还可提高。

开关的定位特性是由操作机构（或称为定位机构）来决定的，开关的方形转轴从手柄一直贯穿到操作机构及接触系统，起传动作用。棘轮保证了每 45°的定位作用，依靠辐射状安装的滚子来卡住棘轮。因为是滚动摩擦，故操作轻便、定位可靠、机械寿命长。开关的操作手柄在两向极限位置的限位采用限制凸轮和限位片来实现，图 2-55 中所示的是两向极限为 90°位置的限制。

三、扳键开关

各单体扳键开关（见图 2-56）的形式分为自复式和自锁式两种，分别由手柄、安装骨架和微动开关组成。其中手柄共有 4 种，分别是 T 形手柄、球手柄、直手柄和标准手柄。

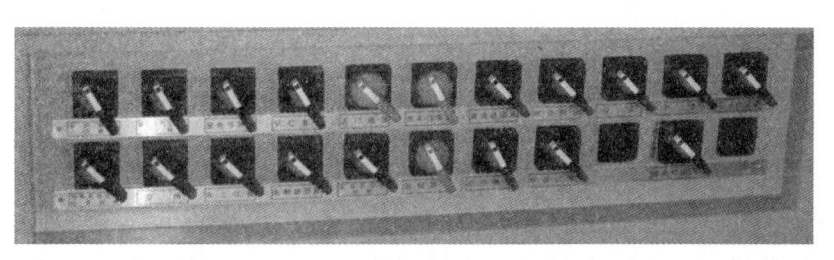
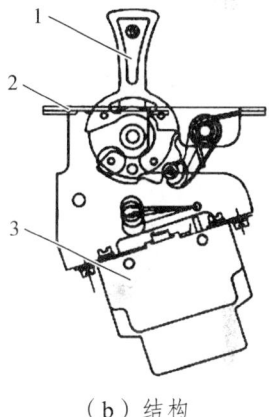

（a）实物　　　　　　　　　　　　（b）结构

1—手柄；2—安装骨架；3—微动开关。

图 2-56　单体扳键开关实物及结构

四、行程开关

行程开关（见图 2-57）是一种利用生产机械某些运动部件的碰撞来发出控制指令的主令电器，主要用于控制生产机械的运动、方向、速度、行程大小或位置。行程开关的工作原理与按钮相同，不同之处在于行程开关是利用机械运动部分的碰撞而使其动作；按钮则是通过人力使其动作。

行程开关的基本结构主要由三部分组成：触头系统、操作机构和外壳，根据操作机构的不同，可得到各种不同形式的行程开关，常见的是按钮式（直动式）和旋转式（滚轮式）。

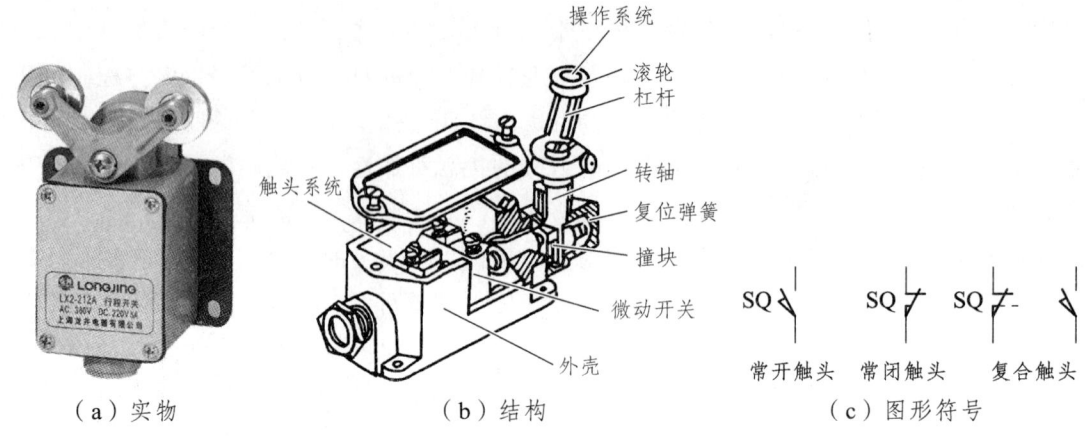

(a)实物　　　　　　　(b)结构　　　　　　　(c)图形符号

图 2-57　行程开关实物、结构及图形符号

行程开关的特点是结构简单、成本低，但其触点的分合速度取决于撞块移动速度，不宜用在撞块速度小于 0.4 m/min 的场合。

行程开关的选用：① 根据应用场合及控制对象选择，有一般用途行程开关和起重设备用行程开关。② 根据安装环境选择结构形式，如开启式、防护式等。③ 根据机械运动与行程开关相互间的传力与位移的关系选择合适的操作机构形式。④ 根据控制回路的电压与电流选择系列。

行程开关的常见故障及处理方法见表 2-6。

表 2-6　行程开关的常见故障及处理方法

故障现象	可能原因	处理方法
挡铁碰撞行程开关后，触头不动作	安装位置不准确	调整安装位置
	触头接触不良或接线松脱	清刷触头或紧固接线
	触头弹簧失效	更换弹簧
杠杆已经偏转，或无外界机械力作用，但触头不复位	复位弹簧失效	更换弹簧
	内部撞块卡阻	清扫内部杂物
	调节螺钉太长，顶住开关按钮	检查调节螺钉

第八节　蓄电池

蓄电池是化学能与电能互相转换的装置，它能把电能转换为化学能储存起来（充电），使用时再把化学能转换为电能（放电），而且变换的过程是可逆的。

根据极板所用材料和电解液性质的不同，蓄电池一般可分为酸性（铅）蓄电池和碱性蓄电池两大类。碱性蓄电池按其极板活性物质的不同，又可分为铁镍蓄电池和镉镍蓄电池等系列。

一、碱性电池

速度 350 km/h 的中国标准动车组使用的蓄电池型号为 LPH190 A-84，外形尺寸为 2 279 mm × 712 mm × 329 mm，质量为 700 kg，其结构如图 2-58 所示。

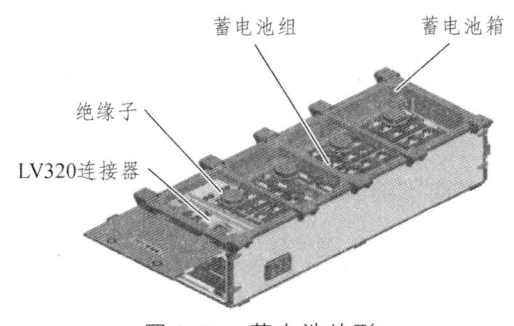

图 2-58 蓄电池外形

蓄电池箱系统由 84 块 LPH190 A 单体电池构成的 DC 110 V 蓄电池组、蓄电池箱、汇流排、绝缘子、连接器等电气件组成。蓄电池箱主要由箱体、箱门、电池台车组成。

蓄电池为速度 350 km/h 的中国标准动车组的辅助电源设备，为列车控制设备、网络系统等负载提供 DC 110 V 电源。此外，当列车在无网压时，蓄电池能够使列车应急通风至少大于 90 min，其余应急用电如应急照明、应急显示、维修用电、通信及其控制等辅助设备在 120 min 时间内保持运行。

蓄电池箱对外电气接口：DC 1 100 V 输出：压接端子为冷压端子（一体成型）JG95-12，通过电缆端接头 M32 × 1.5（200.5-17）接到蓄电池箱体外；NTC 输出和通信预留端口：通过连接器 X3 接到蓄电池箱体外。火灾探测器输出：通过连接器 X4 接到蓄电池箱体外，如图 2-59 所示。

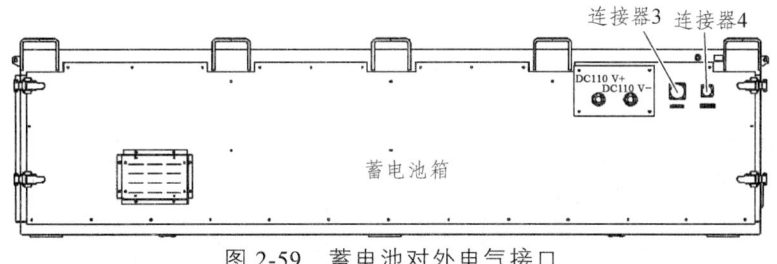

图 2-59 蓄电池对外电气接口

1. 安全事项

（1）蓄电池箱内有非安全电压的强电存在，而且蓄电池有腐蚀性液体，必须注意如下事项，以防止事故的发生。

① 不要在工作区域吃、喝和抽烟。
② 保持零部件干净。
③ 建议在对蓄电池箱进行操作时，工作人员要穿戴绝缘手套、绝缘靴和工作服。
④ 工作后用肥皂洗手。
⑤ 工作人员应注意安全，遵循所有安全规程，不单独作业，懂得急救方法。
⑥ 移动较重的零部件时，使用起重设备以免人员受到伤害或设备被损坏。

同时，要掌握以下安全知识。

① 严禁烟火。

② 蓄电池使用时会产生氢气，若发生打火或接近烟火，有引火爆炸的危险。

③ 不允许使用未经绝缘处理的金属工具（如扭矩扳手、螺丝钳）。

④ 接触蓄电池时，戴绝缘手套、穿绝缘靴。

⑤ 注意电解液。接触电解液有烧伤危险。电解液进入眼睛有失明危险。如碱液不慎入眼，应用大量清水冲洗并立即去医院救治。如碱液沾衣服或皮肤上，经大量清水冲洗后，使用1%~2%的硼酸水中和。

⑥ 蓄电池严禁缺液。如液面下降到最低液面线或在最低液面线以下，请补充水到最高液面线。若不及时补充水，蓄电池会有引起破损，发生爆炸的危险。

⑦ 禁止用鸡毛掸子、干布打扫蓄电池表面，请用湿布清扫合成树脂制作的电池槽以及盖子。如用干布或化纤打扫，有引起静电爆炸的危险。

⑧ 异常时禁止使用，蓄电池破损、发热、变形、冒烟、异臭、漏液时，请勿使用。

⑨ 更换电气件时，请将负载空气开关断开，防止大电流短路对人体的伤害。

（2）使用环境。

① 请勿盖上密封性的罩布使用蓄电池。蓄电池能放出可燃性氢气，有引火爆炸的危险。

② 蓄电池的使用温度范围为-25~+45℃。在此温度范围以外使用蓄电池可能因冻结、过热是造成蓄电池破损、变形。最适宜的温度范围是5~30℃。

③ 请勿在发热体周边使用蓄电池。蓄电池在发热体周边使用易造成变坏、破损、蓄电池寿命变短。

（3）使用条件。

① 按照指定的条件充电，如不可能会出现无法充电的情况。

② 除铁路车辆以外，请勿应用于其他场合。

2. 蓄电池充电曲线及其电气原理

（1）蓄电池充电曲线如图2-60所示。

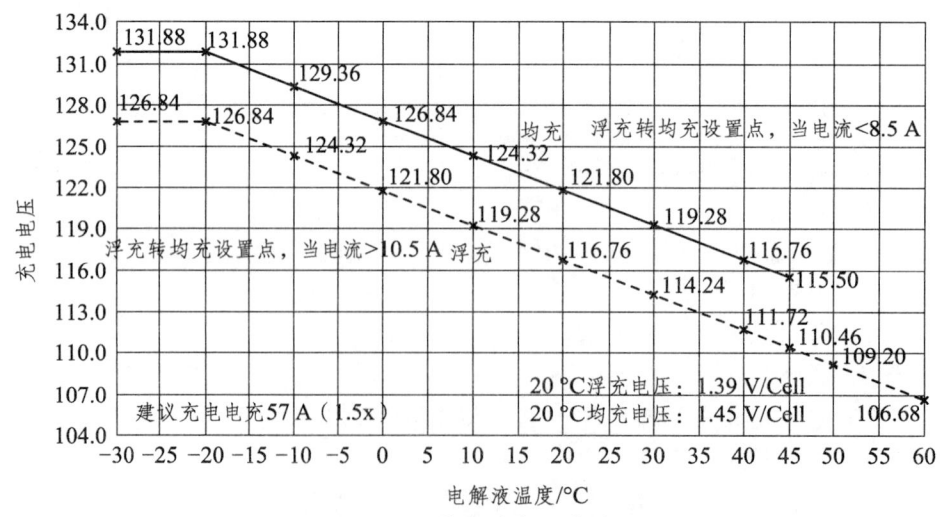

图2-60 蓄电池充电曲线

（2）蓄电池电气原理如图 2-61 所示。

其中，NTC 温度传感器主要用于检测蓄电池的温度，并将温度信号传送给充电机；烟火报警探头探测蓄电池箱内的烟雾浓度和温度，并将此信息通过信号回路传送至火灾报警控制器。

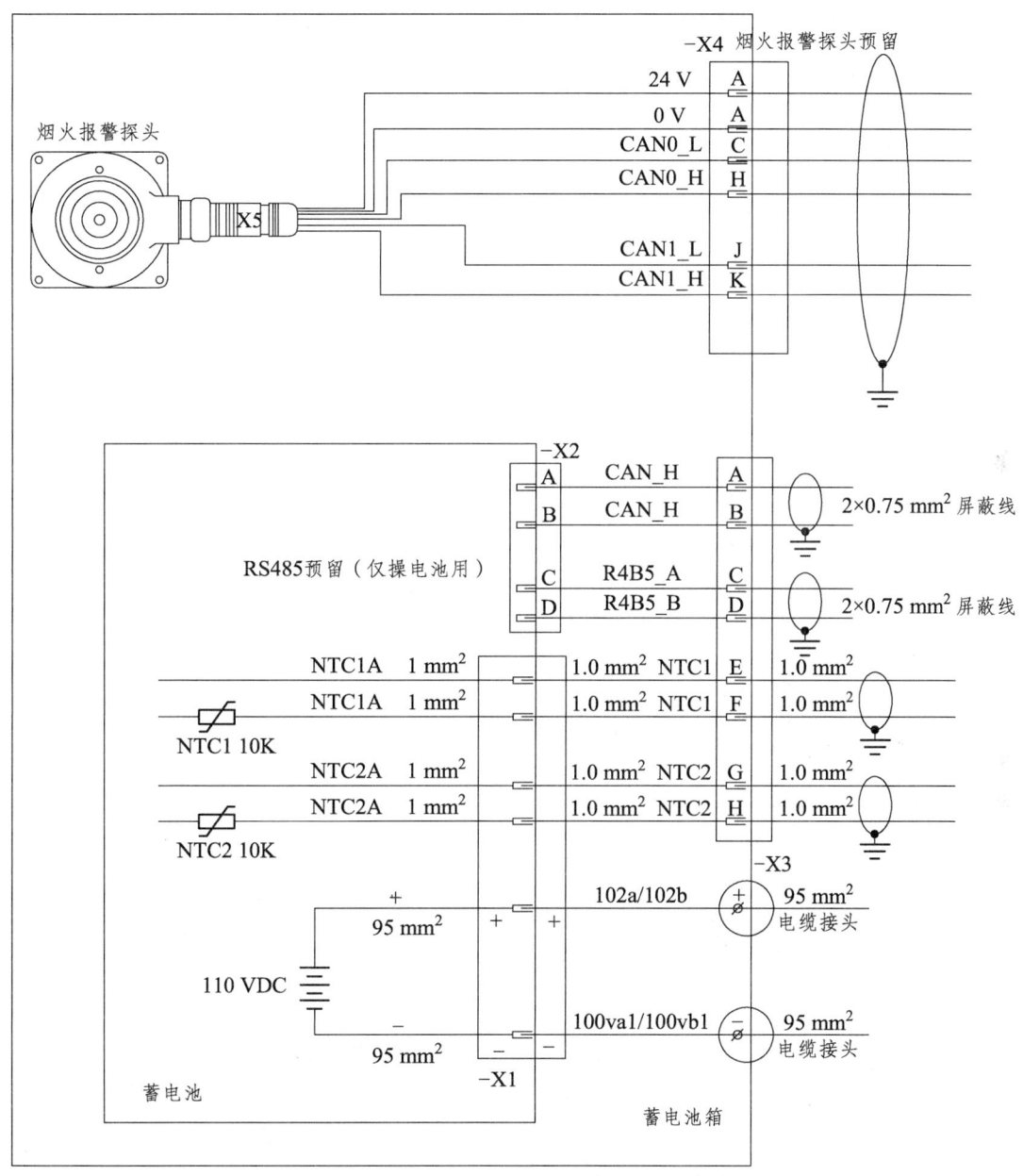

图 2-61 蓄电池电气原理

3. 蓄电池检修维护

（1）3 月检的检修项目见表 2-7。

表 2-7　3 月检

项目	内容	标准	检修
蓄电池箱体损伤及安装状态	目视箱体有无损坏（包括漆面损坏）和安装情况	不得有损坏(包括漆面损坏)或松动现象	如出现损坏（包括漆面损坏）现象进行修补或替换，如出现松动现象时请再次进行紧固。如果能看箱内，请点检液面
通风帽过滤网	使用气枪清除通风帽过滤网上积聚的灰尘	灰尘不得阻塞过滤网	

（2）1 年检的检修项目见表 2-8。

表 2-8　1 年检

项目	内容	标准	检修
清洁电池组	用湿布清洁电池表面及跨接板，清洁后用压缩空气进行吹干	无积尘、无白渍	1. 清洁时不得打开电池液口栓盖； 2. 不得使用干布
箱体，连接线等的损坏，腐蚀，松动及漏液等	1. 对箱体进行有无损坏（包括漆面损坏），安装松动的点检； 2. 进行连接线，端子损坏、腐蚀等的点检； 3. 有无漏液现象	不得存在损坏（包括漆面损坏），松动，腐蚀、泄漏等状态	1. 如出现损坏（包括漆面损坏）情况时要进行修补或替换，如出现松动请再次进行紧固； 2. 连接线的导电部分出现异常时，更换或修理； 3. 出现漏液现象时及时进行清扫，长时间出现漏液时请查找原因，如电槽或是盖口出现裂纹时请更换电池
检查电解液面	确认电槽内电液面是否在标准范围内	浮动充电状态时在最高、最低液面线范围内	低于最低液面线（LOWER LEVEL）的情况下，将精制水添加到（UPPER LEVEL）的液面线
蓄电池组开路电压	用直流电压计测量蓄电池组的开路电压（端子电压）。测量前必须保证电池组未经放电	在 106.68～131.88 V 的范围内	电压有差异时，请查看外电路是否断开，浮充电压是否异常，电池是否长时间未充电，电池间的连接是否正常，并进行相应调整。如上述检查未发现异常，请测量每只电池电压，并替换电压明显异常的电池

（3）3 年检的检修项目见表 2-9。

表 2-9　3 年检

项目	内容	标准	检修
清洁从机车上拆下的电池	用湿布清洁电池表面及跨接板，清洁后用压缩空气进行吹干	无积尘、无白渍	1. 清洁时不得打开电池液口栓盖； 2. 不得使用干布清洁
箱体，连接线等的损坏，腐蚀，松懈及漏液等	1. 对箱体进行有无损坏、变形、安装松动的点检； 2. 进行连接线、端子损坏、腐蚀等的点检； 3. 有无漏液现象； 4. 油漆涂层破损重新进行喷涂	不得存在损坏、变形、松动、腐蚀、泄漏、油漆涂层破损等状态	1. 如出现损坏、变形情况时要进行修补或替换，如出现松懈情况时请再次进行紧固； 2. 连接线的导电部分出现异常时给予更换； 3. 出现漏液现象时及时进行清扫，长时间出现漏液时请查找原因，如电槽或是盖口出现裂纹时更换电池； 4. 油漆涂层破损时重新进行喷涂

续表

项目	内容	标准	检修
蓄电池单体电压	用直流电压计测量蓄电池的开路电压	单体电压在 1.2～1.35 V	电压异常电池在容量测试时予以重点关注
电池容量测试	1. 使电池以 $I=64$ A 的额定电流放电至平均值为 1.0 V/节； 2. 放置 1 h； 3. 使用额定值为 $I=64$ A 的恒定电流为电池进行 8 h 充电。 4. 放置 1 h； 5. 使电池以 $I=64$ A 的额定电流放电至平均值为 1.0 V/节	电池放电时间应大于 4 h	1. 容量测试前应调整电解液面至适当位置，防止充电过程中电解液冒溢； 2. 如果在容量试验中确定的容量不足，则应重复进行容量试验，直至容量不再有任何增长； 3. 对容量确实不足的电池予以更换
补充电解液	1. 将电池以 $I=64$ A 的恒定电流进行 8 h 充电； 2. 放置 8 h； 3. 补充电解液至最高液面线	满电状态时，液面达到最高液面线	

4. 蓄电池故障处理

1）蓄电池异常情况的处理

（1）出现电解液泄漏，电槽、盖子有被破坏的情况时，进行更换。

（2）蓄电池在发热的情况下，请不要继续使用。若出现连接部分的覆层损坏，或冒烟雾、有异味等不正常的情况，应马上停止充电，切断电源。如继续使用会引起火灾或触电事故。

（3）连接导线上芯线的露出或出现断线等情况时，应进行更换以免造成火灾和触电事故。

（4）蓄电池引发火灾的情况下，不要用水灭火，应使用粉末（ABC）灭火器，用水灭火会造成更大的火灾。

（5）电解液撒漏时应用硼酸中和，或用水冲洗。

2）蓄电池箱及电气组件故障的处理（见表 2-10）

表 2-10 蓄电池箱及电气组件故障的处理

故障	可能原因	解决方法
电池台车推拉滞涩	轴承卡住； 轴承磨损严重	清除导轨阻塞物； 更换轴承
箱门处漏水； 箱门锁紧不严密	密封胶条失效； 门锁缩紧力度不够	更换密封胶条； 调节门锁的锁紧距离，试验到合适力度
合上 DC 110 V 连接器无电压显示	外部电压显示回路故障； 蓄电池组内部接线断开； 电路接线故障	检查电压显示回路； 检查蓄电池组； 检查电路接线
温度显示异常	热敏电阻故障； 电路接线故障	更换热敏电阻； 检查电路接线

二、锂电池

1. 概 述

锂电池组主要是由单体电池、锂电池管理系统（BMS）、接触器、熔断器及台车等部件组成。其中，锂电池管理系统、接触器及熔断器部件保证锂电池在极端情况下能断开主回路，保护锂电池不过充电、过放电及过温等。

锂电池集成在电池箱并吊挂在 01/08 车的底架上，每 8 节编组动车组配置 4 个锂电池箱，每个箱内 1 组锂电池，4 组锂电池和各自对应的充电机建立电气连接，进行充电和数据通信，其拓扑结构如图 2-62 所示。

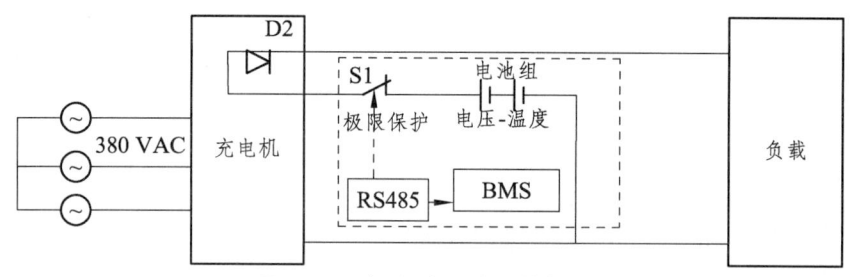

图 2-62 锂电池系统拓扑结构

与镍镉电池组相比，每组锂电池增加电池管理系统、极限保护接触器以及 RS485 通信总线，实现对电池组的数据监控及严重过充过放电状况下的保护，在保证系统供电的同时确保电池的安全使用。

锂电池管理系统实时监控锂电池电压、电流及温度等状态，当出现电池过压、过放或者过温时，会通过控制主回路的接触器断开充放电回路，从而起到保护锂电池的作用。

锂电池在充电的过程中，BMS 与充电机建立通信（见图 2-63），BMS 根据锂电池当前的状态及环境问题，发送给充电机合适的充电电压和电流，避免超出此刻锂电池可接受的范围，从而保证其安全；当 BMS 和充电机通信失败后，充电机按照事先约定的一个可接受的小电流充电到一定的电压，避免在通信中断情况下出现过充情况。

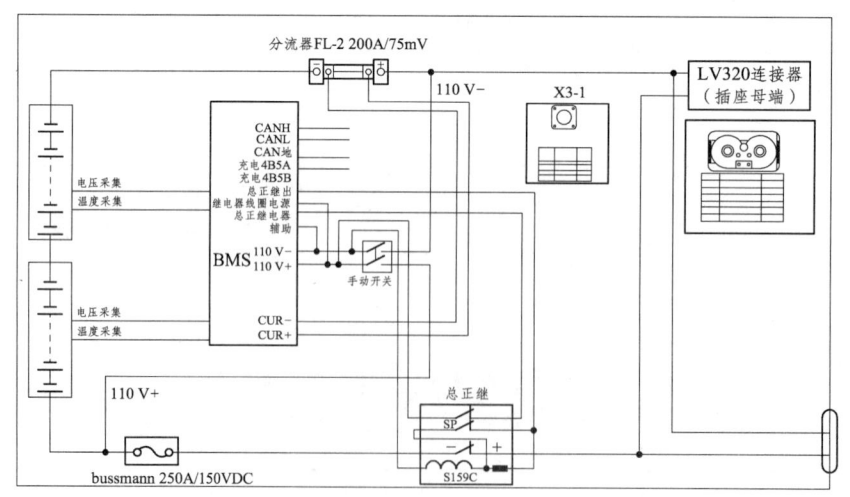

图 2-63 锂电池电气原理

电池管理系统对锂电池故障进行分级管理，并分级上报，提前预警，使锂电池工作在安全区域。故障等级被分为三级，最低为一级，最高为三级。一级故障比较轻微，通常不影响车辆正常运行，常见的处理方式为管理系统不做任何处理或将电池当前可用功率减少。二级故障严重程度中等，在一定程度上影响车辆正常运行，电池组需要尽快维护。三级故障最严重，可能影响车辆和用户的安全，电池组需要立刻维护，常见的处理方式为管理系统直接切断电池组高压输出。表 2-11 列出部分故障及各等级参数值。

表 2-11 锂电池故障等级

故障名称/故障等级	警告（一级）	故障（二级）	严重故障（三级）
总电压过压/V	119	121.5	无
总电压欠压/V	90	85.5	无
单体电压过压/V	2.6	2.7	3（切断继电器）
单体电压欠压/V	1.7	1.6	1.5（切断继电器）
充电过流/A	250	300	无
放电过流/A	300	350	无
温度过高/°C	50	55	80（切断继电器）

每组锂电池的主要技术参数见表 2-12。

表 2-12 锂电池技术参数

电池类型	钛酸锂电池
单体电压/V	2.3
电池组标称电压/V	103.5
标称容量/(A·h)	190
电池成组方式	45 串
最小更换单元	3 串
单体电池过压保护值/V	3（电池组内接触器动作）
单体电池欠压保护值/V	1.5（电池组内接触器动作）
电池工作温度范围/°C	−40~70
锂电池台车质量（含锂电池）/kg	＜550

蓄电池台车使用的连接器配置有 2 个主触点，2 个辅助触点。主触点：标准 320 A，最大 400 A；辅助触点：20 A；额定电压：150 V；触点材质：银；插拔次数：>5 000 次。

2. 锂电池检修维护

（1）维护等级见表2-13。

表2-13 锂电池维护等级

维护等级	行驶里程/km	时间
L1	4 000	2 天
L2	20 000	1.5 周
M1	100 000	1.5 月
M2	400 000	0.5 年
M3	800 000	1 年
R1	1 200 000	1.5 年
R2	2 400 000	3 年
R3	4 800 000	6 年

（2）维护计划见表2-14～表2-18。

表2-14 维护等级 M2

组件	维护工作	维护方法
锂电池	目视检查	检查锂电池是否有污物、划痕；检查锂电池各紧固件、连接器是否连接松动

表2-15 维护等级 M3

序号	组件	维护工作	维护方法
1	锂电池	1. 进行对电池箱高低压连接器，损坏检查； 2. 铰链清洁和加润滑油	1. 紧固松动连接器； 2. 更换损坏连接器
2	电池组	1. 检查清洁度、漏液及损坏情况； 2. 检查模组铜排松动情况及绝缘层损坏情况	1. 目视检查，紧固松动连接器； 2. 更换漏液电池模组
3	单体电池	1. 监控； 2. 监控单体电池电压； 3. 监控电池温度	将BMS通过CAN转换盒连接到计算机，用上位机软件监控电池电压、温度
4	BMS（电池管理系统）	1. 目视检查； 2. 检查BMS接插件连接情况； 3. 导出BMS故障数据和历史数据进行分析	1. 目视检查，对松动连接器进行紧固； 2. 将BMS通过CAN转换盒连接到计算机，用上位机软件导出相关数据
5	接触器	1. 目视检查； 2. 检查连接松动情况； 3. 有无污物，通电部的变色，有无生锈	1. 目视检查，紧固松动连接器； 2. 清理污物和锈斑

续表

序号	组件	维护工作	维护方法
6	分流器	1. 目视检查； 2. 检查连接情况； 3. 有无污物，通电部的变色，有无生锈	1. 目视检查，紧固松动连接器； 2. 清理污物和锈斑
7	保险	1. 目视检查； 2. 检查连接情况； 3. 是否有无污物，通电部的变色，有无生锈	1. 目视检查，紧固松动连接器； 2. 清理污物和锈斑
8	线束、线缆	1. 目视检查； 2. 检查连接松动情况及绝缘层损坏情况； 3. 检查线束连接器的退针情况	1. 目视检查，紧固松动连接器 2. 更换对防护绝缘层损坏的； 3. 检查每个连接器的插头是否有个别线束的插针有松脱或退针

表 2-16 维护等级 R1

组件	维护工作	维护方法
BMS	检查 BMS 测量精度	1. 用万用表测试电池电压，通过上位机读取该电池电压比较，计算 BMS 电压检测精度，应在规定范围内； 2. 用温度计测试温度传感器附近温度，与上位机上 BMS 检测的该传感器温度值比较，计算 BMS 温度检测精度，应在规定范围内

表 2-17 维护等级 R2

序号	组件	维护工作	维护方法
1	电池箱	更换电池箱密封条	更换电池箱门盖上的密封条
2	电池组	1. 清洁车上的电池模组； 2. 更换电池模组下的硅胶垫； 3. 电池模组绝缘电阻测试	1. 更换电池模组下的硅胶垫 2. 将绝缘电阻测试仪设置到 500 V 交流电压，电池组的正极和负极端子应分别连接导轮的金属部分进行测量，测量值应大于 1 MΩ
3	电池组	1. 对电池组进行充放电容量测试； 2. 通过上位机监控单体电池电压、总电压、温度情况	1. 将电池组以 1C 的电流进行充放电测试，记录其充放电容量 2. 将 BMS 通过 CAN 转换盒连接到计算机，用上位机软件监控电池电压、温度

表 2-18 维护等级 R3

组件	维护工作	维护方法
BMS	更换 BMS	更换新的 BMS

习 题

1. 接触器一般由哪几部分组成？
2. 简述接触器的日常维护。
3. 试分析接触器线圈烧损的原因。
4. 继电器一般由哪几部分组成？

5. 继电器的特性、共性及特点分别是什么？
6. 简述继电器的常见故障。
7. 继电器的作用有哪些？
8. 绘制接触器的文字与图形符号。
9. 绘制电流继电器、电压继电器、中间继电器、热继电器、时间继电器、速度继电器的文字与图形符号。
10. 绘制接近开关、光电开关、刀开关、自动开关、组合开关、按钮、行程开关的文字与图形符号。

第三章　动车组高压电器

第一节　受电弓

第三章数字资源

一、单臂受电弓

1. 概　述

电气化铁路的牵引供电系统主要是指牵引变电所和接触网两大部分。变电所设在铁道附近，它将从发电厂经高压输电线送来的电流，送到铁路上空的接触网上。接触网是向动车组直接输送电能的设备，是电气化铁路的动脉。我国电气化铁路的牵引供电制式从一开始就采用单相工频（50 Hz）25 kV 交流制。

动车组利用车顶的受电弓从接触网获得电能，牵引列车运行。它通过绝缘子安装在动车组的车顶上，是一种铰接式的机械构件。当受电弓升起时，其滑板与接触网导线直接接触，从接触网导线上受取电流，并将其通过车顶电缆传送至动车组内部，供动车组使用。

受电弓靠滑动接触而受流，是动车组与固定供电装置之间的连接环节，其性能的优劣直接影响动车组工作的可靠性。其基本要求是：滑板与接触导线接触可靠；磨耗小；升、降弓时不产生过分冲击；运行中受电弓动作轻巧、平稳、动态稳定性好。

为此，在接触导线高度允许变化的范围内，要求受电弓滑板对接触导线有一定的接触压力，且升、降弓过程具有先快后慢的特点，即升弓时滑板离开底架要快，贴近接触导线要慢，以防弹跳（弹跳会产生弓网间的拉弧造成弓网的烧损）；降弓时滑板脱离接触导线要快（以防拉弧造成烧损），落在底架上要慢（防止对底架有过分的机械冲击）。

动车组上安装有两台受电弓，正常运行时一般只升后弓，前弓备用。按结构形式受电弓分为双臂受电弓（见图 3-1）和单臂受电弓（见图 3-2）两种。双臂受电弓结构对称，侧向稳定性好，但结构复杂，调整困难。单臂受电弓结构简单、尺寸小、质量轻、调整容易，具有良好的动特性，高速时动态跟随性及受流特性较好，故而被广泛采用。

目前，我国电力机车及动车组均采用单臂受电弓，型号有 TSG19A、DSA250、DSA350、PSA380、CX-GI 等。其中，CX-GI 型和 DSA380 型受电弓用于 350 km/h 中国标准化动车组上。

图 3-1　双臂受电弓

图 3-2　单臂受电弓

2. 单臂受电弓的结构组成

DSA380 型单臂受电弓的结构如图 3-3 所示。

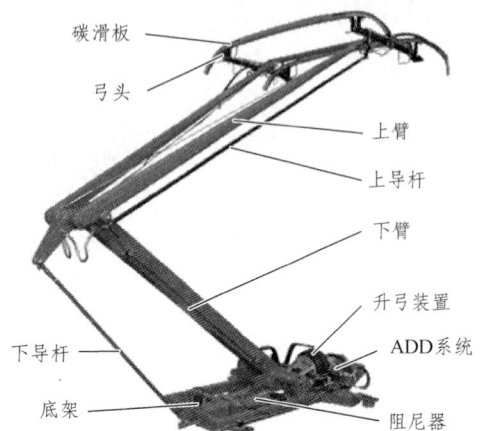
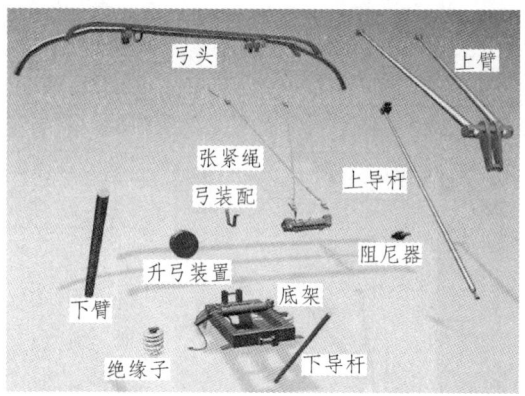

图 3-3 DSA380 型单臂受电弓结构

CX-GI 型单臂受电弓的结构如图 3-4 所示。

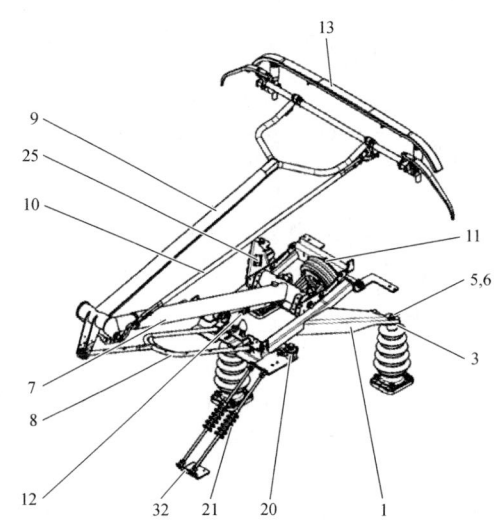

1—底架；3—垫块；5，6—绝缘子紧固件；7—下臂；8—下拉杆；
9—上臂；10—上平衡杆；11—气囊；12—阻尼器；
13—弓头（包括碳滑板）；20—ADD 阀；
21—APIM；32—APIM 固定板。

图 3-4 CX-GI 型单臂受电弓结构

1）底架部分

底架部分是整个受电弓的基座部分，通过 3 个绝缘子固定在动车组顶盖上，整个受电弓具有耐受一定电压的电气性能。为了使受电弓不发生变形而影响其性能，要求刚性底架有一定的机械强度。底架为铝合金型材并以稳固的方形管形状（见图 3-5）焊接在其连接点处。底架支撑下臂底轴的支座、卡箍用于支撑连杆、支架用于支撑升降传动装置、悬架用于支撑上臂与集电头。

2）升降装置

升降装置使用压缩空气提升受电弓。升降装置中有三个氯丁橡胶封条的空气弹簧气囊，（见图 3-6），然后用电缆和凸轮盘将空气弹簧气囊连接到下臂上的安装卡箍。对于 80 N 的接触力需要约 3.60 kPa 的压力。可以通过调节凸轮盘来改进工作区上的接触力进程。只有在主要车间内才可以调节电缆长度。

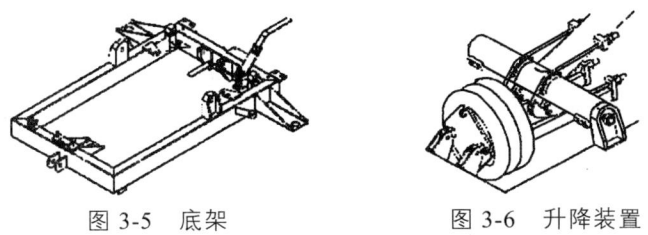

图 3-5　底架　　　　　　　　图 3-6　升降装置

3）框　架

框架由下臂、上臂、连杆以及底架组成，而且框架形成一个顶点沿垂直面的四连杆机构。下臂中的主轴承是密封的深槽形球轴承，当连杆轴承在不维护时为摆动式球轴承。

下臂为铝合金型材，下臂支撑主轴与膝部连接轴承深沟球轴承。轴承瓦位于平行导向杆的膝部侧端。底侧横向管支撑框架减振器的关节杠杆。升降传动装置电缆要连接到纵向管的底端卡箍，如图 3-7（a）所示。

上臂由高强度、防腐蚀的焊接铝合金型材形成一个框架。上臂框架通过斜撑杆支撑。连杆轴承杆焊接在膝部构件的区域内。滑动轴承套管压装入顶管以支撑集电头，如图 3-7（b）所示。

（a）　　　　　　　　　　　　　（b）

图 3-7　下臂和上臂

连杆由一个杆与两个轴承头组成，一个轴承头带有左旋螺纹，另一个带有右旋螺纹。可以通过旋转（用锁紧螺母保护的）杆来更好调节四连杆机构的几何结构。此调节只有在主车间通过适当的接触力测量设备才能进行。杆本身是厚壁的铝合金型材，如图 3-8 所示。

平行导向杆用于在整个升降区域上引导集电头。为了精密调整，可以调节平行导向杆的长度。在无集电头严重倾斜的情况下受电弓可以在行驶的任何速度时上升与下降，如图 3-9 所示。

图 3-8　连杆　　　　　　　　图 3-9　导杆

4）集电头

集电头（见图 3-10）是带有激励线圈的直接接触元件。它采用直接接触设计以便紧靠激励线圈的集电头自身的无弹簧负载重量较轻。卡箍安装在钢制弹簧上然后将弹簧嵌入管中。用上臂顶管中的一个连接轴给集电头安装外罩。将顶管弓连接到连接轴的一端，使其随着上臂弓的旋转移动而移动，并通过平行导向杆水平引导弓。通过滑动前集电弓与两个顶管弓来防止受电弓卡在接触网中。集电头弓下的挡风板起着均衡行驶时风所导致的空气动力影响的作用。在试运行中已经对这些挡风板进行优化（但不能修改形状或位置）。在正常 Z 形位置中，只有激励线圈才可以在碳钢滑块上移动。有时牵引与拖动的激励线圈使触点远离滑块。

集电头悬架（见图 3-11）用两个弹簧与可调节的滑动撑杆引导每个滑块，以便悬架垂直于激励线圈。每个滑块的两个弹簧充当悬架，从而达到连续的弹出特性。

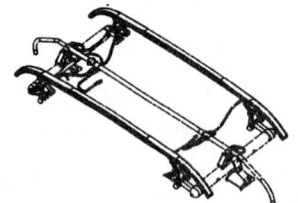 

图 3-10　集电头　　　　　　　图 3-11　集电头悬架

两个滑板（见图 3-12）由一个电镀石墨碳制成的防磨件与一个托板组成。碳要与一个铝制托架黏结。滑板托架的外形是由滑板与受电弓的空气动力决定的。不同型号的受电弓或使用连接到分离的主电极臂的标准滑板，或使用所谓托架两端向下弯曲的集成滑板，托架伸出通过碳部分或在适当成形的托架处用碳沿自身整个长度覆盖。集成的滑板适用于带有自动下降装置（ADD）的集电头，并安装有压缩空气连接器、监控通道。

5）减振器

集成的液压减振器（见图 3-13）同下臂与底架间的升降传动装置平行，它在工作区起框架减振器的作用，在下降过程中起下降减振器的作用。这样就保证在下降过程中接触网上几个受电弓的安全操作并防止框架的突然接触。

图 3-12　滑板　　　　　　　图 3-13　减振器

6）压缩空气设备

压缩空气设备主要由位于车辆阀门板内的压缩空气调节器和位于受电弓自身上带管的滑板监控阀组构成。自动下降装置（Automatic Dropping Device，ADD，见图 3-14）：为了将由于过度磨损或损伤所导致的电网与受电弓的损伤保持在最低程度（如碳棒折断），受电弓要安装一个气动滑动监控系统。为实现此目的要使用专用滑块，其中一个连接在底架安装的阀组气囊附近，包括 YB、YP 及 VB，一个用在沿底架、下臂、上臂及集电头定位的管路上面。

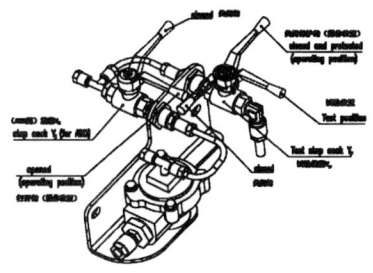

图 3-14　ADD

阀门板（见图 3-15）：应该尽量在接近受电弓（快速反应/快速反应到受电弓的短路线）的车辆内部用 6 个 M6 型号的螺钉安装阀门板。阀门板左端有两个带 M8 或 M10 型螺钉的阀门板接地孔。此外，在压力调节器不能正常工作时有必要为阀门板装一个安全阀。而且在自动下降装置工作时要为阀门板装一个快速下降阀。最后在阀门板上安装两个压力开关。第一个压力开关负责处理 ADD 响应信号；第二个压力开关则负责第二个压力调节器 DM3 的响应信号。

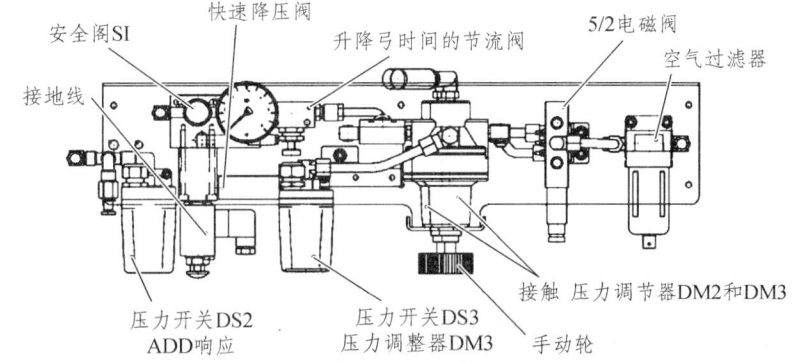

图 3-15　控制阀板

3. 单臂受电弓主要技术参数

最小绝缘距离：≥310 mm。

额定电液：700 A。

短路电流：35 kA（60 ms）。

车辆静止时最大电流：80 A。

受电弓落弓时高度：650 mm。

静态接触压力为：80±10 N。

最大集电头（弓头）宽度：1 950 mm（+0/−10 mm）。

滑板长：1 576 mm。

两根滑板中心线距离：约 596 mm。

滑板材料：渗金属碳。

弓角材料：部分绝缘。

最大升弓时间：10 s。

最大降弓时间：10 s。

下降 310 mm 的最大时间：3 s。

空气压力：0.5~1.0 MPa。

质量（不包括绝缘子和阀板）：117 kg。

4. 单臂受电弓工作原理

1）提升与下降受电弓

通过按下受电弓开关或传动控制按钮（"UP"位置）来提升受电弓。这一步将激活受电弓的电控气动阀（属于气动车辆设备的一部分）并向受电弓阀门板供应压缩空气。来自阀门板右侧的压缩空气首先要通过空气过滤器，然后压缩空气将流经 5/2-电磁阀，这一步对于压力调节器（DM2 或 DM3）的选择是非常必要的。通常使用压力调节器 DM2（压力调节器负责控制接触力）。通过压力调节器的手轮可以改变接触力。在空气通过节流阀后压力调节器将负责受电弓的升降时间，而且负责气囊中（车顶与底架受电弓连接之间的）绝缘管。当气囊中的空气压力上升到调节器 DM2 设定值时，受电弓将提升并用接触力 F_K 压在电网上，如图 3-16（a）所示。

在正常情况下，通过供应管线通风下降受电弓，如图 3-16（b）所示。这一步是通过按下受电弓开关至"DOWN"位置实现的，因而要断开受电弓电控气动阀。此时，通过经压力调节器 DM2 通风孔的节流阀快速将气囊中的空气排出。节流阀防止受电弓下降过快。下降电磁阀 VS 能够快速下降受电弓。只有当通过其压力开关让动车组中其他受电弓下降时才可以激活此下降电磁阀，在压力调节器 DM2 与 DM3 处设置接触力 F_K。而且要通过节流阀设定升降时间（速度）。

为了防止上臂顶管撞击底架缓冲器，框架减振器要在其动程的最后 30 mm 上强烈增大减振力。此力不能改变，但用力点可以通过改变减振杆的长度来进行调节。为了防止气囊压力的增加因而不允许增加接触力。如果压力调节器出现故障,那么气囊要装有逆流安全阀 SI。此安全阀限制气囊压力到最大 4.5 kPa(工作压力约 3.6 kPa 以下)。如果压缩空气供应或电气控制出现故障,则不需在所有情形下进行操作将受电弓下降。

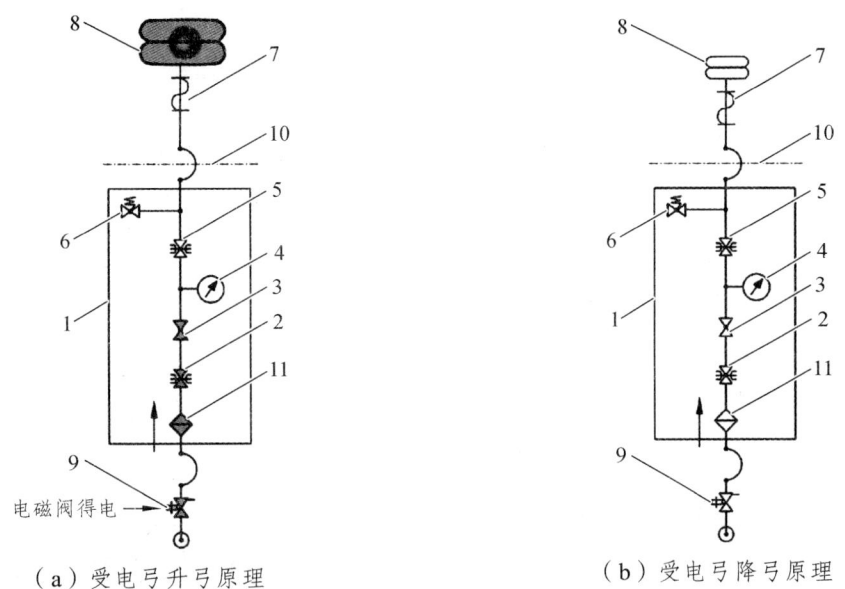

(a)受电弓升弓原理　　　　　　(b)受电弓降弓原理

1—阀板；2—节流阀(升弓)；3—减压阀；4—压力表；5—节流阀(降弓)；6—性能阀；7—绝缘软管；
8—气囊驱动装置；10—车顶引出线；11—压缩空气净化器

图 3-17　升降弓原理

2)自动下降装置的功能

自动下降装置(ADD)从电网自动下降受电弓以防止如碳条破裂或风化导致的进一步损坏,其原理如图 3-17 所示。通过从受电弓驱动气囊的管系为碳条内的连续管道供应压缩空气。如果因下列任何损坏(如破裂或极度磨损)使压缩空气从碳条泄漏,那么气囊将通过一个快速下降阀 VB 进行通风(直接安装在底架的阀组)以便受电弓自动下降。车辆内位于阀门板的 IAS 带电接触的一个压力开关通过第二根绝缘管 IAS 连接到 ADD 压缩空气管道。如果 ADD 中的压力下降(即碳条受损),那么压力开关将向车辆提供一个用于断开主车辆开关的电气信号。这样就防止当通电受电弓快速下降时由于严重拉弧造成电网的损坏。同时,通过(符合向下受电弓)快速下降阀 VS 来关闭受损受电弓压缩空气的供应。对于双牵引控制,另一个触点用于使未损列车受电弓的电力激活的快速下降阀 VS 处于下降状态。而且通过本身具有的自动下降装置内压力开关 DS2 的信号来断开未损受电弓的主开关与压缩空气供应。已损坏的受电弓不能再从司机室处升降；但可以再使用。为了受电弓调节工作与无 ADD 连接的碳条使用,要在旋塞 YB 处断开 ADD,但在正常情况下不能采用这种方法。为 ADD 功能试验提供一个试验用旋塞 YP,而且必须安装此旋塞以便在正常操作期间防止意外扭动与断开造成的危险。

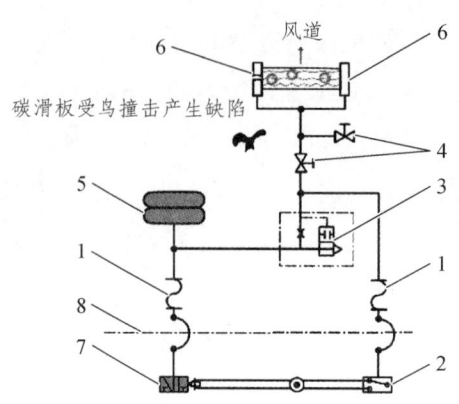

1—绝缘软管；2—压力开关；3—快速降弓阀；4—控制塞门（自动降弓）；
5—气囊驱动装置；6—碳滑板；7—电磁阀；8—车顶界面。

图 3-17 自动降弓原理

5. 单臂受电弓检修（见表 3-1）

表 3-1 单臂受电弓检修

序号	项点	检修标准		检查方法
1	碳滑板	滑板磨耗极限 3 mm，滑板表面无长的裂缝，滑板连接 ADD 气路接头不得开裂、松动、滑板无漏气现象，前后两滑板高度差不大于 5 mm。如有问题，及时更换		用钢板尺测量、目检
2	弓头	弓头不得出现扭曲变形现象，转动灵活、不得卡滞。如有问题，及时更换		目检
3	导流线	导流线应完好无损，不得出现断股、断裂现象。如有问题，及时更换		目检
4	气路	检查 ADD 气路及气路接头的气密性，应无漏气现象，进气接头无松动。如有问题，拧紧接头或更换损坏的气管和接头		目检,听漏气声音

续表

序号	项点	检修标准		检查方法
5	绝缘子	表面光洁,不许有污垢、裂纹,安装牢固。如表面缺损应进行绝缘处理,缺损面积大于 $3cm^2$ 时,缺损面积大于 $10cm^2$ 时应更新		目检
6	受电弓升降	检查受电弓升降操作,升降运动应平滑稳定,检查静态接触压力[在工作高度范围内(80 ± 10 N)],检查升降弓时间(升降时间都不大于 10 s)。如有问题,进行调整(调整车内气阀板上精密调压阀和节流阀)		按升降弓按钮,目检
7	轴承	检查轴承有无破损,观察受电弓升降操作是否灵活平稳,如有问题,更换轴承(一般 6~8 年要更换为新轴承)		按升降弓按钮,目检
8	升弓钢丝绳	检查气囊装置中的钢丝绳,不得出现断股和磨损现象。如有问题,更新并添加润滑脂		目检
9	升弓气囊	表面不得出现老化开裂,不得出现漏气现象。如有问题,及时更新		目检
10	阻尼器	动作灵活,无卡滞漏油现象,如有问题,及时更新		目检
11	上框架的对角线杆	检查上框架的横向刚度以及其对称度。如有必要,进行调整		目检
12	导风板	检查滑板前后导风板和弓头悬挂下导风板的状态。如有损伤或异常进行更换		目检
13	气路连接管和接头	检查各风管连接的状态,连接管和接头处有异常或漏风进行紧固或更换		目检

二、典型案例

2015年5月6日,某CRH2A型动车组担当运行交路运行途中,受电弓自动降弓停车。2015年5月23日,某CRH380A型动车组担当运行交路运行途中,受电弓自动降弓停车。2018年3月3日,某CRH5A型动车组担当运行交路运行途中,受电弓自动降弓停车。2018年3月14日,某CRH380AL型动车组担当运行交路运行途中,受电弓自动降弓停车。2018年2月20日,某CRH380AL型动车组担当运行交路,随车机械师站台巡视作业时发现05车2位受电弓碳滑板掉块严重,如图3-18所示。

(1)边缘上的碳结块　(2)大裂纹　(3)小裂纹

图3-18　自动降弓案例图片

动车组高速运行中受电弓的常见故障有两类,一类是遭受异物击打,如动物、飞鸟、冰块等,造成连接滑板气腔的风管脱落或损坏,受电弓自动降弓。一类是碳滑板磨损,碳滑板与接触网高速滑动集取电流,因磨耗造成滑板裂纹、掉块等故障。

记忆口诀(1):底架有刚度,气囊有风度,阻尼有柔度,弓头有稳度。

记忆口诀(2):框架能上下,滑板走天下,冰雪鸟兽都不怕,ADD来保驾。

记忆口诀(3):滑板易损气囊易老,精检细修守两纪(劳动纪律和技术纪律)。

第二节　主断路器

一、BVAC.N99型交流真空主断路器

1. 概　述

主断路器(Main circuit-breaker)连接在受电弓与牵引变压器原边绕组之间,安装在车顶

或高压机器箱内，它是动车组电源的总开关和动车组的总保护电器。当主断路器闭合时，动车组通过受电弓从接触网导线上获得电源，投入工作；若动车组主电路和辅助电路发生短路、超载、接地等故障时，故障信号通过相关控制电路使主断路器自动开断，切断动车组总电源，防止故障范围扩大。

主断路器属于高压断路器的一种，按其灭弧介质不同可分为油断路器、空气断路器、六氟化硫断路器和真空断路器等（见图3-19）。

图 3-19　铁路机车动车组用主断路器

BVAC.N99 型交流真空主断路器用于开断、接通动车组 25 kV 主电路，同时用于动车组的过载、短路和接地保护。BVAC.N99 型交流真空主断路器是利用压缩空气进行操作并利用真空进行灭弧的高压电器。其具有如下特点：绝缘性高；采用真空灭弧，环境稳定性好；结构简单；开断容量大；机械寿命长；维护保养简单；与空气断路器有互换性。

2. BVAC.N99 型交流真空主断路器主要技术参数

BVAC.N99 型交流真空主断路器主要技术参数（见图 3-20）额定电压 30 kV，额定电流 750 A，额定频率 50 ~ 60 Hz，额定分断容量 600 MV·A，额定分断电流 20 kA，固有分闸时间 20 ~ 60 ms，合闸时间不大于 60 ms，额定工作气压 450 ~ 1 000 kPa，额定控制电压 DC110 V，机械寿命 250 000 次。

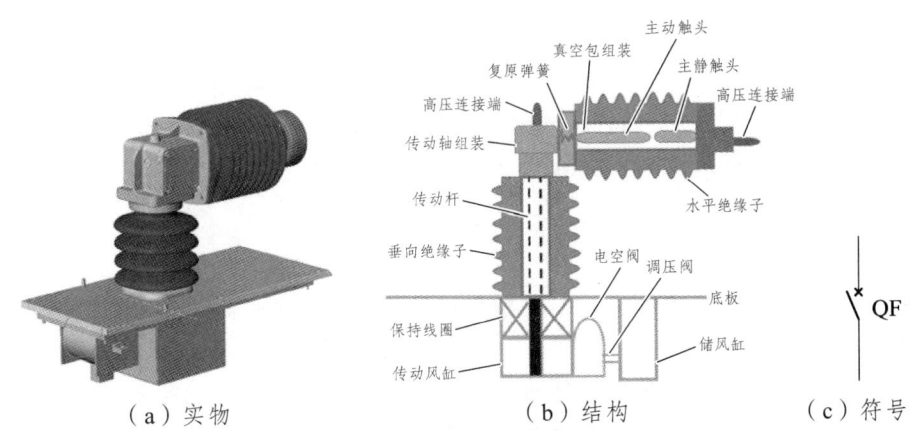

（a）实物　　　　（b）结构　　　　（c）符号

1—底板；2—插座连接器；3—110 V 控制单元；4—辅助触头；5—肘节机构；6—保持线圈；7—压力风缸；
8—电磁阀；9—调压阀；10—储风缸；11—垂直绝缘子；12—绝缘操纵杆；
13—传动头组装；14—高压连接端（HV1）；15—水平绝缘子；
16—真空开关管组装；17—高压连接端（HV2）。

图 3-20　BVAC.N99 型主断路器实物、结构及符号

3. BVAC.N99 结构及主要部件的作用

记忆口诀：横竖两瓷瓶，绝缘性能好。垂直孔套轴，水平真空包。电空巧借力，分合在毫秒。

BVAC.N99 型交流真空主断路器分为高压、中间绝缘和控制三部分。

1）高压部分

高压部分结构如图 3-21 所示，包括水平绝缘子、真空包组装和传动轴头组装等。由图可以看出，真空包组装安装于水平绝缘子内部，构成动车组顶上的高压回路。真空包通过密封与大气隔离，真空包结构如图 3-22 所示，包括动触头、静触头和瓷质外罩等。金属波纹管的设置既可保持密封，又可使动触头在一定范围内移动，保证动、静触头在一定的真空度下断开。真空度是真空包最重要的参数之一，和真空包的开断能力成一定关系。

真空包的分、合闸操作体现了整个主断路器的分合闸状况，具体表现为对动触头的操作，通过右端传动轴头组装导向来自气动部分产生的机械动力来完成，这样就可以保证它的轴向运动。

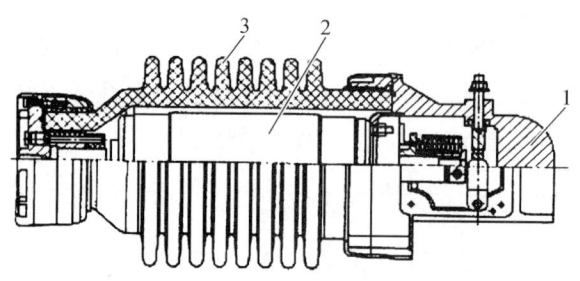

1—传动轴头组装；2—真空包组装；3—水平绝缘子；

图 3-21　高压部分结构

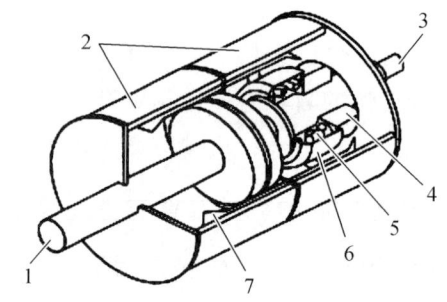

1—静触头；2—瓷质外罩；3—动触头；4—导套；
5—金属波纹管；6—波纹管罩；7—金属罩。

图 3-22　真空包结构

2）中间绝缘部分

中间绝缘部分包括垂直绝缘子、底板以及安装于车顶与断路器之间的 O 形密封圈。

垂直绝缘子安装在底板上用以提供 30 kV 的绝缘要求，同时绝缘操纵杆通过垂直绝缘子的轴向中心孔，连接电空机械装置和真空包的动触头。底板安装于车顶，O 形密封圈用以保证断路器与车顶之间的密封。

3）控制部分

控制部分包括储风缸、调压阀、压力开关、电磁阀、压力气缸、保持线圈、肘节机构、110 V 控制单元等操纵控制部件。

BVAC.N99 型交流真空主断路器采用电空控制。该控制通过空气管路，在动触头快速合闸过程中提供必需的压力。储风缸是实现断路器气动控制的气压源，其要求能够满足在动车组对断路器不供气的状态下，其残存压缩空气至少能使断路器完成一次动作；调压阀安装在断路器进气口与储风缸之间，通过对其气压值进行整定，用以保证进入储风缸内的气压值，同时，调压阀上安装有空气过滤阀，以保证进入储风缸气体的清洁与干燥；压力开关（图中未表示出来）安装于储风缸上与调压阀相对一侧，其与储风缸内气体相连，用以监控断路器合闸的最小气压值，当储风缸内气压低于其整定值时，就会自动断开，并通过低压控制线路将信息反馈给 110 V 控制单元，以使断路器拒绝进行操作；电磁阀控制储风缸内的气流的通断。压力气缸把空气压力转化为机械作用力；保持线圈安装于气缸上部，通过对气缸活塞的吸合，实现对断路器合闸状态的保持；肘节机构用以实现真空断路器分闸时的快速脱扣，保证断路器快速地分断；110 V 控制单元安装在真空断路器底板下部，通过其对断路器的动作进行整体控制。

4. BVAC.N99 型交流真空主断路器动作原理

BVAC.N99 型交流真空主断路器操作包括分闸与合闸操作（见图 3-23）。

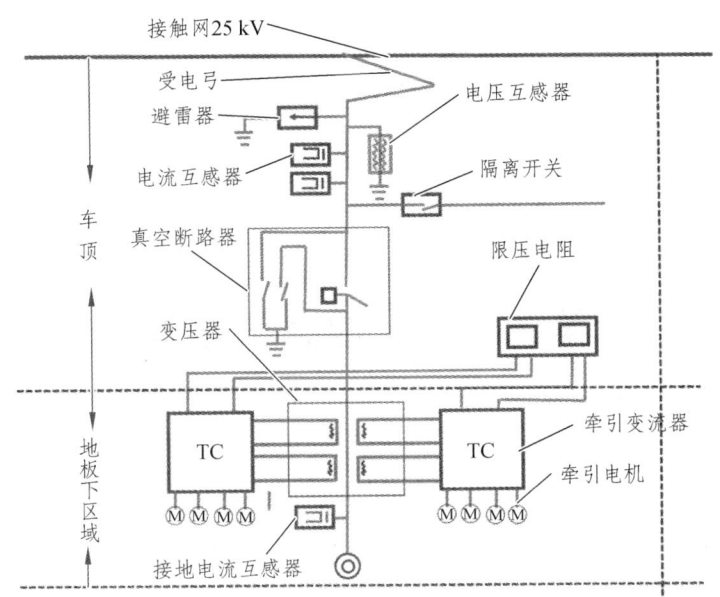

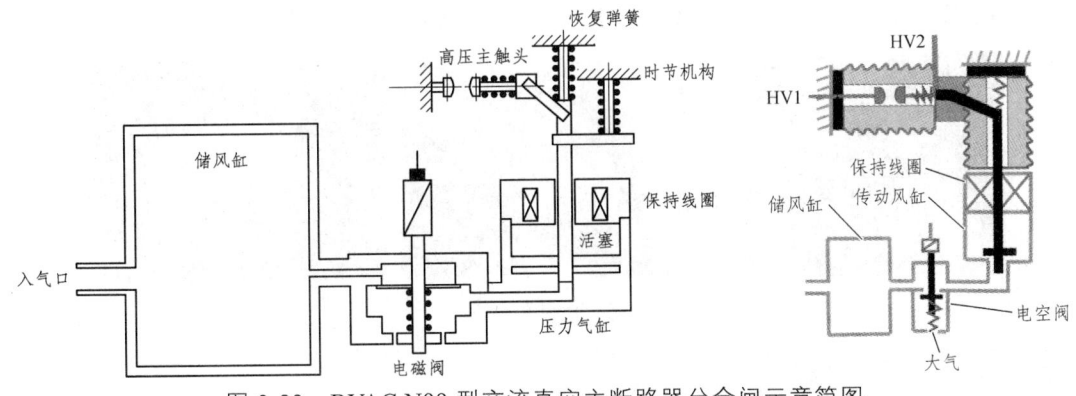

图 3-23　BVAC.N99 型交流真空主断路器分合闸示意简图

1）合闸操作

只有满足如下条件，断路器才能闭合：① 主断路器必须是断开的；② 必须有充足的气压。具体合闸过程如下：① 按"开/关"键；② 电磁阀得电，气路打开；③ 压缩空气由储风缸通过电磁阀流入压力气缸,推动活塞向上运动;④ 主动触头随着活塞的移动而运动;⑤ 恢复弹簧压缩;⑥ 主触头闭合;⑦ 触头压力弹簧压缩;⑧ 活塞到达行程末端;⑨ 保持线圈在保持位置得电;⑩ 电磁阀失电;⑪ 压力气缸内的空气排出。

2)分闸操作

① 保持线圈失电;② 活塞在弹簧力作用下(恢复弹簧、肘节机构等)移动;③ 主触头打开,真空开关管灭弧;④ 行程结束,活塞缓冲。

二、典型案例

2016年春运期间,某局使用CRH380D型动车组担当运行交路,运行途中IDU(人机界面)闪报故障——LCB(主断路器)未按指令断开,到站后,启用热备车完成后面的交路。"主断路未按指令断开"故障原因:主断路器内部复原弹簧折断,运行中不具备修复能力,动车组随车机械师专业能力强,判断准确,应对无误,及时申请启用热备车完成后续交路,避免了故障进一步扩大。

动车组主断路器检修口诀:绝缘瓷瓶惹尘埃,勤擦勤拭守两纪。复原弹簧易折断,主断实验要过细。

第三节　其他高压电器

一、高压隔离开关

1. 概　述

2016年5月16日,某CRH380BG型动车组担当运行交路,运行途中报线电流过流、车顶隔离开关锁闭无法重启等故障,造成本次列车部分牵引丢失,本次列车晚点。

根据故障图片(见图3-24),试分析造成本次故障的原因有哪些。

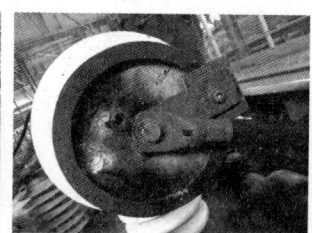

图3-24　故障图片

2. 高压隔离开关的功能

高压隔离开关属于高压保护电器。主要用来隔离高压电源以保证其他设备的安全运行与检修,如图3-25所示。它没有专门的灭弧装置,不允许带负荷操作。

  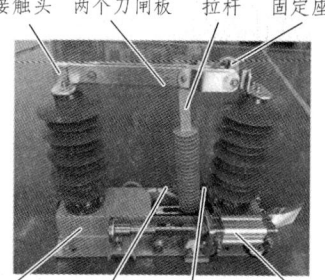

图 3-25 安装在动车组顶盖上的高压隔离开关

高速动车组高压隔离开关是优化配置 25 kV 电路内高压设备的运行工况，当车顶设备发生故障时，能将故障部分隔离，维持动车组运行。它的存在可大大减少因车顶设备故障而造成的机破事故，保证动车组的安全运行。

3. 高压隔离开关的结构组成

以速度 350 km/h 的中国标准动车组（CR400 AF）为例，高压隔离开关的结构组成如图 3-26 所示。

 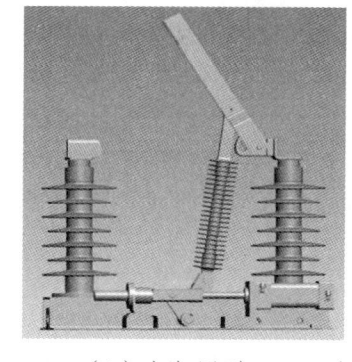

（a）实物　　　　　（b）电气图形　　（c）文字符号

图 3-26 高压隔离开关实物图及电气图形文字符号

4. 高压隔离开关的性能参数

额定电压 31 kV，额定电流 700 A，额定频率 50 Hz，控制电压 DC 110 V，最小动作电压 DC 77 V，动作电压范围 DC 77 V ~ 137.5 V，额定工作气压 400 ~ 1 000 kPa，最小动作气压 350 kPa，短时耐受电流 16 kA/1 s，工频耐受电压 100 kV（有效值）/1 min，雷电冲击电压 185 kV（1.2/50 μs），机械寿命 2 万次，工作环境温度 – 40 ~ + 70 °C，质量不大于 60 kg。

5. 高压隔离开关的动作原理

分闸：当高压隔离开关处于合闸状态时，电磁阀得到分闸信号，得电动作，打开气路，压缩空气经电磁阀进入压力气缸，推动操纵杆，使转轴旋转 60°，隔离开关分断。转轴转动的同时，固定在主轴上的凸轮驱动低压联锁改变为分闸状态，并将信号传到司机室。

合闸：当高压隔离开关处于分闸状态时，电磁阀得到合闸信号，得电动作，打开气路，压缩空气经电磁阀进入压力气缸，推动操纵杆，使转轴旋转 60°，隔离开关闭合。转轴转动的同时，固定在主轴上的凸轮驱动低压联锁改变为合闸状态，并将信号传到司机室。

高压隔离开关不带灭弧装置，不具有开断电流的能力；因此，它的所有动作都必须在主断路器处于分断状态时进行。

6. 高压隔离开关的检修

小修：每个月进行一次小修。检查刀闸板与接触头之间的接触性能是否良好。绝缘子应保持整洁干净，表面无裂纹或碰痕。检查各风管接头是否有泄漏、润滑各滑动配合面及连杆销。

中修：每 6 个月进行一次中修。检查各联锁触头接触状况是否良好，接触不良者必须更换。同时检查刀闸板和接触头的状况是否良好，旋转机构能否自由转动，传动气缸和电磁阀能否正常动作，有损坏零部件必须更换。

大修：每 3 年进行一次大修。主要检查的部件为刀闸板和接触头，并检查所有部件能否正常动作。更换损坏零部件，需要清洗和润滑的部件必须进行单独的维护，特别要对推杆、气缸活塞杆进行润滑，检查辅助开关触头与凸轮间隙、宽度和开闭是否正常。

辅助联锁的检查：按压微动开关的触点，应具有较好的弹性（接触压力约 3 N），开断声音清脆。检查辅助连锁的滚轮，原直径 8 mm，如果滚轮磨损 1.5 mm 或更多，必须更换。在辊子顶部位置凸轮接触的地方，要保证有 0.25 mm 的间隙。

润滑：在大修期间，要清洁刀闸板和隔离开关的连接处并紧固，同时要涂一些导电脂。这些操作应在机车与电网断开且整个回路接地的安全前提下进行。

性能测试：所有检修完成后必须进行性能测试，各技术参数及动作性能都必须满足试验大纲的要求。

7. 案例解析

本小节的案例根据检查结果分析为车顶异物（铁丝，见图 3-27）掉落导致主断路器与电流互感器之间短路放电，由于隔离开关触点处相对车顶其他高压设备的电气连接处较薄弱，瞬间放电的大电流导致隔离开关触点处热熔。

如图 3-28 所示 CCU 检测到瞬间的大电流锁闭主断路器和隔离开关，以保护动车组其他电气设备，并报出相应故障代码。

 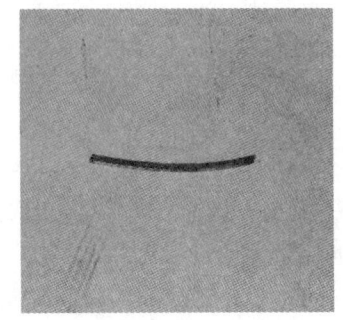

图 3-27　两根烧断的铁丝

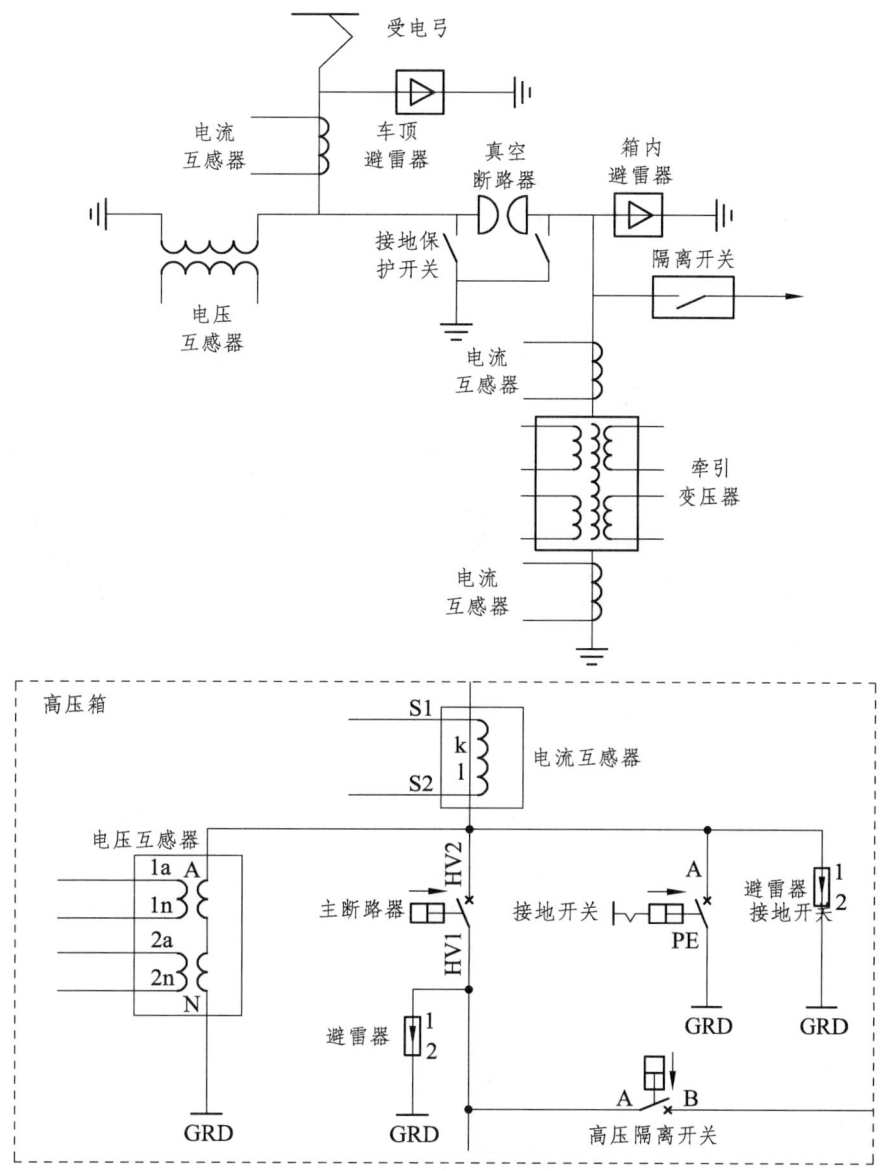

图 3-28 动车组高压电器关系示意简图

二、高压接地开关

1. 概　述

动车组主电路上的设备很多，如受电弓、主断路器、主变压器、牵引变流器等，这些设备直接影响动车组能否正常运行。另外，主电路上还有一些保护电器，如避雷器、接地保护开关等，可能不会直接影响动车组的运行，但会影响动车组的运行安全及检修安全。保护接地开关（EGS），顾名思义，就是在安全保护需要的时候，将主电路接地。

保护接地开关发挥安全保护作用，体现在三个方面。第一，在接触网断电后，升起受电弓闭合 EGS，放掉接触网上的感应电，为车顶检修工作做准备；第二，升起受电弓闭合 EGS，闭合 VCB，放掉主电路设备的静电；第三，也是最重要的，升起受电弓闭合 EGS，强迫接触网接地，避免接触网隔离开关误动作伤害车顶检修人员。

以 CRH2 型动车组上 SH2052C 型保护接地开关为例（见图 3-29），保护接地开关内部有操作气缸、时钟脉冲触发器机构、辅助开关以及加热器、外部是由装备有锭杆的机构箱和固定接头部分构成。开关闭合时、锭杆通过 T 形接头上的导体与高压电路连接。考虑到寒冷天气，机构箱内置 100 V/100W 的加热器，固定接头弹簧采用了除冰结构。

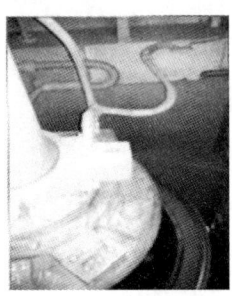

图 3-29　CRH2 型动车组车顶保护接地开关及轮对处接地装置

SH2052C 型保护接地开关，当真空断路器（VCB）不能使主回路断路时，或者当接触网发生异常、要求接触网变成无电压等情况下，操作此开关可以强制接触网接地。当检查高压设备箱的内部时，为了保护车辆安全，当发生受电弓上升的情况时也能事先让受电弓接地、防止触电事故的发生为目的而设置的。只要有电源和压缩空气、无论何时（EGS）都可以接通（闭合）而不受其他限制，只有当高压设备箱完全闭合时才可断开。操作用电磁阀钥匙设置在车底的辅助电动空气压缩机内。通过驾驶台的保护接地开关和隔离开关、或者配电盘上的开关进行远程控制可以对隔离开关进行操作。

2. 技术参数

SH2052C 型保护接地开关技术参数见表 3-2。

表 3-2　SH2052C 型保护接地开关技术参数

	形式	电磁空气式
额定	电压/kV	30 单相
	频率/Hz	50 / 60
	短时间电流/A	6 000（15 循环）
	操作空气压力/MPa（kgf/cm²）	0.785（8）
	操作电压/V	DC 100
	闭合（接通）容量/kA	15（波高值）1 次
	主接点的接触力/kgf	8
	连动接点	3a-3b
	锭杆闭合时间	10～20 循环

3. 结　构

保护接地开关内部是由操作气缸、时钟脉冲触发器机构、辅助开关以及加热器，外部是由装备有锭杆的机构箱和固定接头部分构成的。机构箱是在箱的长度方向的两侧装有支脚、安装在车体侧面支架上的结构。固定接头部分装在 T 形接头上的导体上。开关闭合时、锭杆通过低噪声 T 形接头上的导体高压电路。作为耐寒型产品、其机构箱内置 100 V/100W 加热器，为了不让热量外泄及水、灰尘侵入，内部为密封结构，外部的锭杆设在被加热后的机构箱侧面可缓解因下雪引起的结冰。

4. CRH2 型动车组 EGS 放电及恢复操作程序

1）升弓放电操作（见表 3-3）

表 3-3　升弓放电操作

步骤	动作	示意图
第一步	推上"保护接地开关合"	
第二步	按下"保护接地开关合"	
第三步	按下"VCB 合"	
第四步	在 MON 屏触摸"车辆信息"，打开车辆信息画面，EGS 显示合 注意放电 1 min 即可	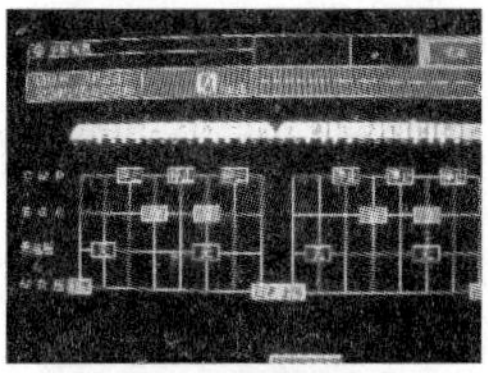

2）升弓放电恢复操作（见表 3-4）

表 3-4 升弓放电恢复操作

步骤	动作	示意图
第一步	拉出"保护接地开关合" 注意：为防止忘操作，在放电操作时，随即实行该项操作	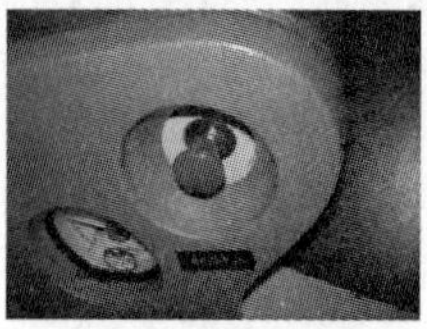
第二步	右旋"保护接地切除"，至复位原位	
第三步	按下"VCB 断"断开 VCB	
第四步	在 MON 屏触摸"车辆信息"，打开车辆信息画面，EGS 显示"断"	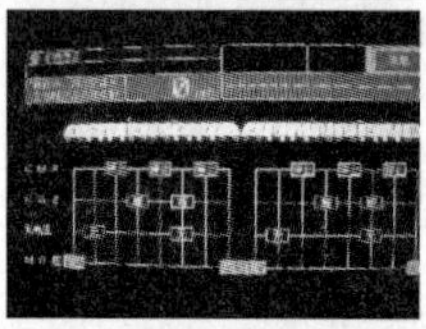
第五步	推下"保护接地开关"	

5. 维护保养

1）保　养

固定接触片和锭杆的接触力单侧调整到 $8\times(1\pm10\%)$ kgf（0.785 MPa）。气缸用油型号为涡轮机油 #140（JISK2213）。在接触网加压时闭合（接通）EGS 的情况下，应检查接触部，如有熔焊、粘连等情况，必须予以更换。

2）检修（四级）

将接地保护开关装置拆分为闸刀、托板、拨动弹簧、操作气缸、联动开关、接地开关、导线、杠杆、弹簧接触部分、加热器、屏蔽板。对上述配件进行清扫、清洗。检查闸刀有无毛刺、损伤、弯曲，闸刀厚度小于 6 mm，必须更换新品；对操作气缸的密封圈、活塞环进行更换，同时在操作气缸的内面及活塞环部分涂抹润滑油；联动开头接触不完全时，对其分解进行接触部位打磨处理；导线的切损量超过 10%更换；指状接触部如有弯曲进行修正，如有毛刺损伤及厚度小于 4 mm 时则需更换。组装时对拨动弹簧及导向涂抹润滑脂，对控制插头座部位进行防水处理。组装后的 EGS 需进行性能检查项目，不符合下列标准的更换新品：闸刀的开发角度为 90°±3°。闸刀闭合时的接触压力在 78 N 以上。闸刀的闭合时间，在空气压力 780 kPa，电压 100 V 时为 0.3～0.4 s。闸刀不得单点接触触头。辅助联动开关的联动接点在闸刀动作角度为 5°～25°时切断，在 65°～85°时接通。在额定电压时，在额定空气压力的 80%以下时能确实进行动作。用 500 V 兆欧表对低压导电部与大地间进行测量，绝缘电阻值在 0.3 MΩ以上。用工频、交流电压 1 000 V 的电压对低压导电部加压 1 min 进行耐压试验，不得有击穿等异常现象。在 780 kPa 空气压力下加压 1 min，空气泄漏在 150 kPa 以内。

三、高压互感器

高压互感器是一种测量用设备，有高压电流互感器和高压电压互感器两种，其作用原理和变压器相同。

在高速动车组高压供电系统中，高压电压互感器用于检测接触网电压，高压电流互感器用于检测牵引变压器原副边电流值。

1. 高压互感器的作用

（1）配合。与测量仪表配合，对线路的电压、电流、电能进行测量；与继电器配合，对系统和电气设备进行过电压、过电流和单相接地等保护。

（2）隔离。将测量仪表、继电保护装置和线路的高电压隔离开，以保证操作人员和设备的安全。

（3）变换。将电压和电流变换成统一的标准值，以利于仪表（小量程的电流表或低量程的电压表）和继电器的标准化。

（4）通常，电流互感器的二次侧额定电流为 5 A 或 1 A，电压互感器的二次侧额定电压为 100 V。

2. 高压互感器的结构组成

1）高压电压互感器

高压电压互感器输出侧分别接牵引变流器和电量计。互感器内部铁心采用高性能的硅钢片，以减小励磁电流和一二次侧的漏电抗。

高压电压互感器主要由高压连接件、绝缘外套、一次绕组、二次绕组、铁心、安装法兰盘组成，如图 3-30 所示。

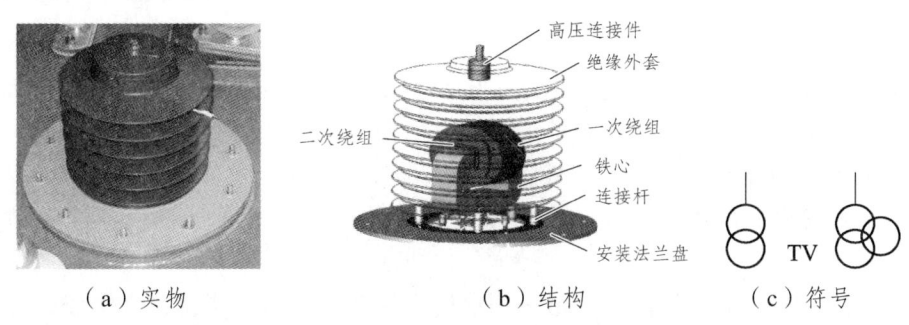

图 3-30 车顶高压电压互感器实物、结构及符号

2）高压电流互感器

高压电流互感器包括网侧电流互感器和变压器侧电流互感器。网侧电流互感器检测主电路过电流，变压器侧电流互感器检测漏电流。互感器内部铁心采用高性能硅钢片，以减小励磁电流和一二次侧的漏电抗，保证输出精度。

高压电流互感器主要由铁心、二次绕组、绝缘外套组成。高压电流互感器为整体母线穿心式结构，穿线孔直径不小 150 mm，如图 3-31 所示。

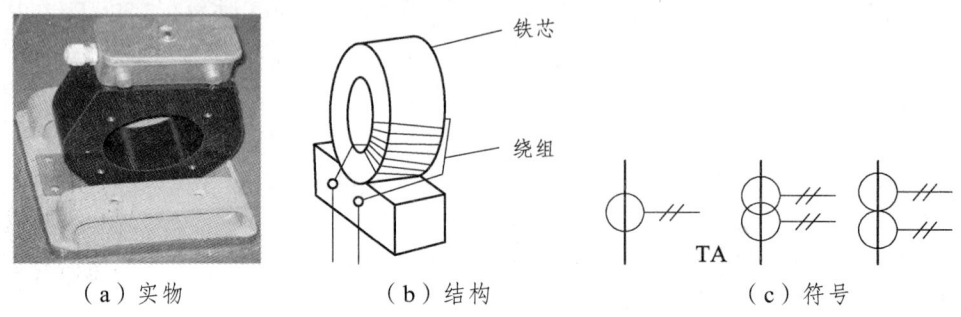

（a）实物　　　　　　（b）结构　　　　　　（c）符号

图 3-31　车顶高压电流互感器实物、结构及符号

3. 高压互感器的工作原理

1）高压电压互感器

高压电压互感器实际上是一个降压变压器，它的一次线圈匝数很多，二次线圈匝数很少，一次侧并联在电力系统中，二次侧可并接仪表、继电保护和自动装置的电压线圈等负载，由于这些负载阻抗很大，通过的电流很小，高压电压互感器的工作状态相当于变压器空载运行（见图 3-32）。高压电压互感器一次侧作用着一个恒压源，它不受互感器二次负载的影响。

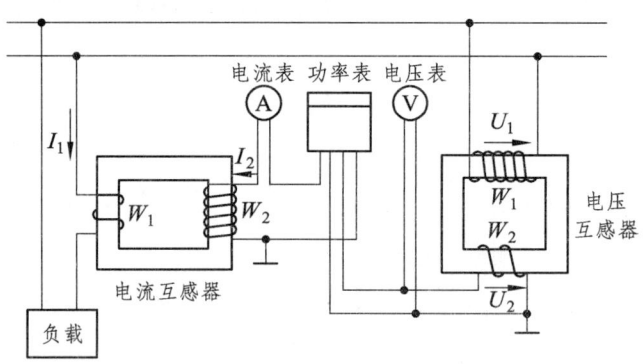

图 3-32　高压互感器原理简图

高压电压互感器二次回路不允许短路，因为其正常运行时二次侧基本上是开路状态，二次绕组匝数少，阻抗小。若二次侧短路后，在二次回路中会产生很大的短路电流，造成继电保护和自动装置误动作，甚至烧毁互感器。

高压电压互感器一次线圈中性点必须接地（工作接地），二次线圈的中性点必须接地（保护接地）。

35 kV 及以下高压电压互感器一般采用电磁型干式、环氧树脂浇注和油浸式三种。我国高速动车组一般采用电磁型干式高压电压互感器。

2）高压电流互感器

高压电流互感器采用一次穿心式电流互感器，母线作为电流互感器的一次绕组，只有一匝，在母线管的外面包着环形铁心，与母线同心，二次绕组在铁心的外面，用环氧树脂浇铸在一起。一次绕组流过的电流就是被测回路的电流，它随着负荷大小而变化（变化范围很大）。二次绕组的匝数较多，串接在测量仪表或继电保护回路里。由于测量仪表、继电保护回路的阻抗很小，所以高压电流互感器在正常运行时，接近于短路状态，相当于一个短路运行的变压器。

高压电流互感器正常工作时二次绕组绝对不允许开路。因为二次绕组所串接的负载阻抗很小，接近于工作在短路状态，当电流互感器二次绕组开路时，相当于负载阻抗变为无限大，而一次电流的大小又不随二次开路而变小，则二次绕组中就会产生很高的电势，二次回路出现的高电压将威胁人身安全，造成仪表、保护装置、电流互感器二次绕组等绝缘的损坏。

必须把高压电流互感器的外壳和二次绕组的一端可靠接地，以防原、副边绕组间绝缘损坏，原边电压窜入二次侧，造成触电和仪表损坏。

四、避雷器

1. 概　述

避雷器是一种限制过电压的保护装置，通常由火花间隙和非线性电阻组成，它与被保护物并联，当出现的过电压危及被保护物时，避雷器放电，使高压冲击电流泄入大地；而后，它仍能恢复原工作状态，截止伴随而来的正常工频电流，使电路与大地绝缘。过电压越高，火花间隙击穿越快，从而限制了加于被保护物上的过电压。另外，避雷器在放电时，应能承受耐热以及机械应力等变化，而本身结构不致损坏。

避雷器的主要类型有保护间隙、管形避雷器、阀形避雷器和氧化锌避雷器等。动车组采用氧化锌避雷器（又称为无间隙金属氧化物避雷器）。

2. 动车组氧化锌避雷器结构原理

交流避雷器使用由氧化锌（ZnO）为主体的金属氧化物构成的高非线性电阻体的无间隙避雷器，保护从接触网发生的雷电涌或电路开闭引起的过电压对车辆变压器等机器绝缘的影响，且具有自动恢复功能。

1）工作原理

氧化锌避雷器的主要元件是氧化锌阀片，它以氧化锌为主要成分，并附以多种精选的、能产生非线性特性的金属氧化物添加剂，用高温烧结而成。它具有相当理想的伏-安特性（相当于稳压二极管的反向特性），其非线性系数约为 0.025。

氧锌避雷器优异的伏-安特性可使其在正常工作电压下呈现高电阻，流过的电流非常小，可视为绝缘体，从而实现无间隙。而当系统上出现超过某一电压动作值的电压时，则呈低电阻，电流急剧增加，使避雷器残压被限制在允许值下，并将冲击电流迅速泄入大地，从而保护了与其并联的动车组电气设备的绝缘。待电压恢复到正常工作范围时，电流又非常小，避雷器又呈绝缘状态。因此氧化锌避雷器不存在工频续流，也不影响系统的正常工作。无间隙、无续流正是其技术先进性的体现。

2）主要构造

避雷器的主要构造如图 3-33 所示。

避雷器容器。避雷器容器（聚合体绝缘管）的外皮采用的硅酮为主的难燃性红橡胶。难燃性红橡胶具有耐漏电起痕，抗老化，具有很强的抗冲击性。难燃性红橡胶与 FRP 筒一体成形，并且完成品结构紧密。

氧化锌元件。避雷器容器内部安置有氧化锌元件。氧化锌元件主要成分为氧化锌的晶体被添加物构成的粒子层所包围着的烧结体，具有非线性阻力特性。根据这个特性，其能够把很大的雷电涌电压抑制在避雷器的限制电压值上，并且能够断开续电流。

压力释放装置。如出现了超过性能的电涌而引起避雷器的绝缘劣化时，事故电流会引起避雷器的内部压力上升。此时，压力释放装置开始起动，释放内部压力防止避雷器容器的破坏、飞散等。

防振用橡胶，可防止振动和冲击引起的避雷器的损伤。

避雷器的内部气体，避雷器的内部被抽成真空后，封入干燥的氮气密封好。

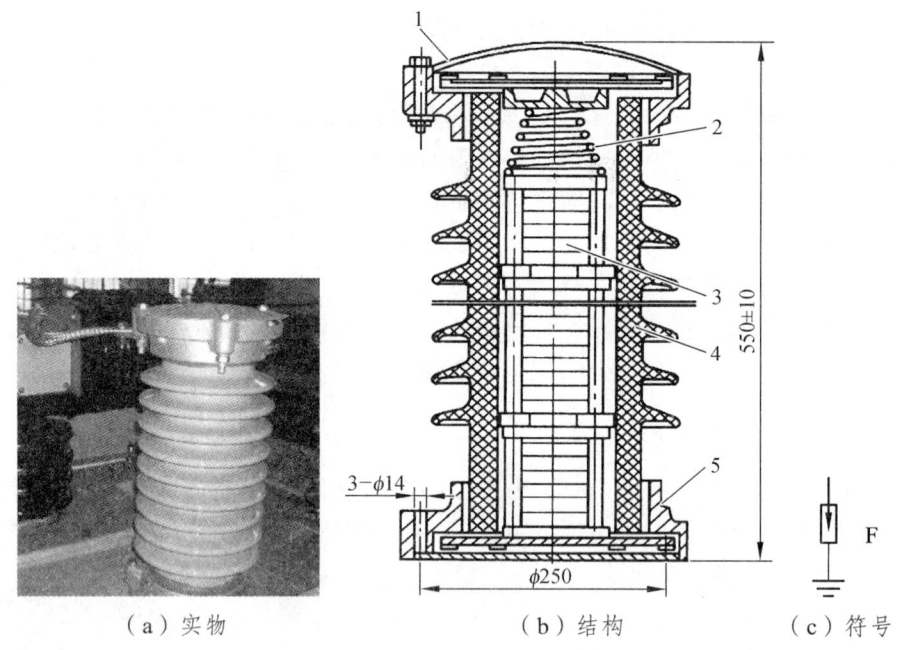

（a）实物　　　　　（b）结构　　　　　（c）符号

1—盖板组装（包括密封件等）；2—弹簧体；3—心体（包括 ZnO 等）；4—瓷套；5—底板组装

图 3-33　避雷器实物、结构及符号

3. 动车组避雷器劣化的主要原因及其寿命

除了避雷器承受超过性能的直击雷电涌导致事故发生意外，在正常使用过程中避雷器的绝缘性也会渐渐降低。首先，由于橡胶密封垫的劣化或者是金属部分的腐蚀引起的避雷器容器内部吸湿，导致绝缘性能下降。其次，氧化锌元件的绝缘劣化或者是避雷器容器的漏电而引起的避雷器内部零件的绝缘性能下降。由避雷器的外侧引起的情况，可能由于避雷器容器（聚合体绝缘管）外皮的污损或者由于冷热变化引起的损伤而使绝缘性能下降。而避雷器寿命的劣化主要由避雷器内部引起的。

避雷器内部引起的橡胶密封垫的劣化以及氧化锌元件的劣化：对橡胶密封垫压缩，产生弹性应力使密封功能发挥作用、长年累月后会使其永久变形。气密性下降至永久变形 80% 的寿命约为 20 年。氧化锌元件的带电寿命，相对于加压电压，避雷器的动作开始电压的带电率为 75%，当环境周围温度在 70 ℃ 以下时，能够有 100 年的寿命。

4. 动车组避雷器的操作使用

动车组避雷器在操作时要留意以下几点：

不能对本体以冲击。为了密封氮气，不要操作顶盖。因防压膜机械强度较差，操作时不要损伤。铝箔的作用是保护防压膜，使用时不要撕毁。在有可能结露的地方应小心防潮。在进行车辆耐压试验时，必须把避雷器从电路上断开。

5. 动车组避雷器的检查维护

1）检查维护项目（见表 3-5）

表 3-5　避雷器检查项目

序号	检查项目	内容
1	绝缘容器的外观	目视检查绝缘容器是否有损伤等异常
2	安装台及两端子的安装螺钉	安装螺钉的松紧确认
3	绝缘测量	用 1 000 V 兆欧表在避雷器两端子间测量，1 000 MΩ 以上为良好

2）避雷器故障时的更换

在检点以上项目时，如发现避雷器的绝缘容器发生损伤或其他异常，避雷器端子间绝缘值低，就必须全体拆换避雷器。

6. 动车组避雷器的检修

（1）外观检查避雷器。绝缘子无裂纹，螺栓无松动，涂装状态良好。检查时，顺便清扫各零部件外表面。

（2）用 1 000 V 兆欧表测量绝缘电阻，确认在 25 MΩ 以上。

（3）拧紧连接螺栓。紧固扭矩 19.6 N·m、44.1 N·m。

五、牵引变流器

变流技术是高速动车组 9 大关键技术之一。变流技术的出现，使交流电机更容易控制，更重要的是使大功率电流转换变得容易、能量损耗减少。变流技术的主要载体就是变流器，通常把主电路的变流器称为牵引变流器、主变流器或主变换装置。

1. 牵引变流器的功能

牵引变流器的主要作用是在牵引的时候，将变压器输出的交流电整流成直流电，再将直流电逆变成变频变压的交流电，输送给牵引电机并控制牵引电机的运转，实现交-直-交的传动模式，如图 3-34 所示。

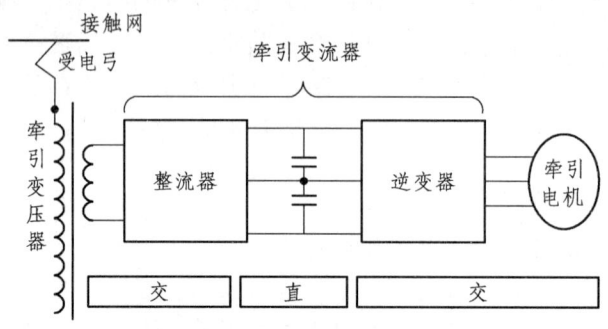

图 3-34　牵引变流器主要功能示意图

在再生制动的时候，牵引变流器接收牵引电机发出的交流电，整流、逆变后变成交流电输送给主变压器反馈到接触网。

目前，我国动车组、高铁上使用的牵引变流器结构上有很大区别，但功能原理上基本接近。本节以 CRH2 型动车组上使用的 CI11 型牵引变流器为例，来讲解牵引变流器的结构及工作原理。

2. CRH2 型动车组牵引变流器的结构

CI11 型牵引变流器是一个非常复杂的系统，由变流器箱体及箱体外的鼓风机两部分构成。变流器箱体内有很多的电器装置和机械部件。CI11 型牵引变流器结构及部件如图 3-35 所示。

CI11 型牵引变流器是电压型三电平结构，主要包括主电路接入口、脉冲整流器、中间直流电路、逆变器、控制部分及冷却系统。

（1）主电路接入口：包括真空接触器（也称为主接触器）、输入电流检测单元及接线端子等，主要作用是接入主变压器输出的 AC 1 500 V 交流电，并对输入电流进行检测。

（2）脉冲整流器：由两个脉冲整流功率模块、层压板母线、功率模块保护电路和门极接口电路板组成。每个功率模块包含 4 个功率开关、2 个钳位二极管。功率模块保护电路即为缓冲电路，由缓冲电容器、缓冲二极管和缓冲电阻组成，主要是在功率开关断开时，吸收产生的震荡电流、释放过电量。整流器工作时，每个功率模块 4 个功率开关按照一定规律断开、闭合，输出 5 种不同的直流电压。

（3）中间直流电路：由支撑电容、均压电阻、充电单元、过电压抑制晶闸管单元（含 DCPT 单元）、接地电流检测单元等构成。中间直流电路主要功能：① 获得直流恒压；② 启动时进行初期充电，防止 K 闭合时产生过大电流冲击；③ 进行接地检测、对变流器进行保护；④ 支持电容过电压时，OVTh 导通，放掉过电量。

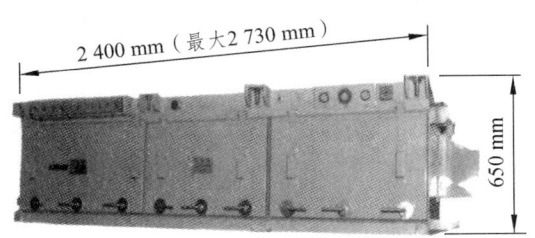

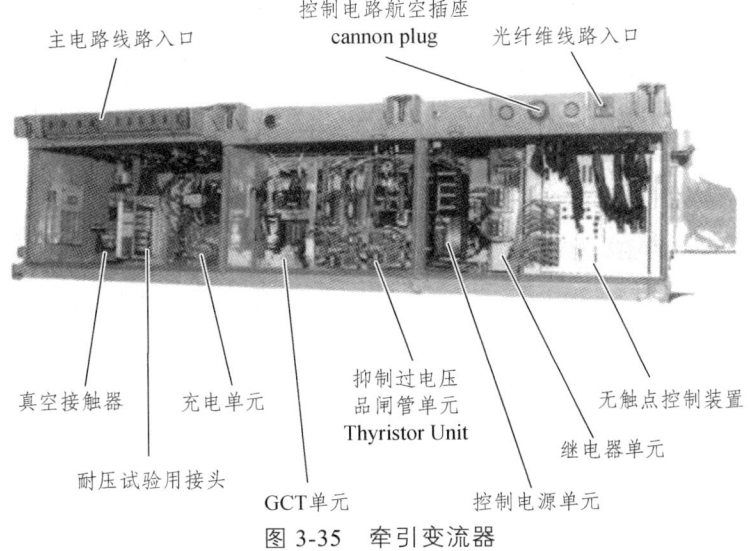

图 3-35 牵引变流器

（4）逆变器（见图 3-36）：由 3 个逆变功率模块、层压板母线、功率模块保护电路和门极接口电路板组成。每个功率模块包含 4 个功率开关、2 个钳位二极管。逆变器工作时，每个功率模块 4 个功率开关按照一定规律断开、闭合，输出 3 种不同电压。这里所说一定规律，就是输出电压变化，可以从正到 0，从 0 到负，不能直接从正到负，也不能直接从负到正，应遵从先断后通的原则。根据牵引指令的需要，输出一定频率的电流，其电压控制遵循空间矢量控制原理。

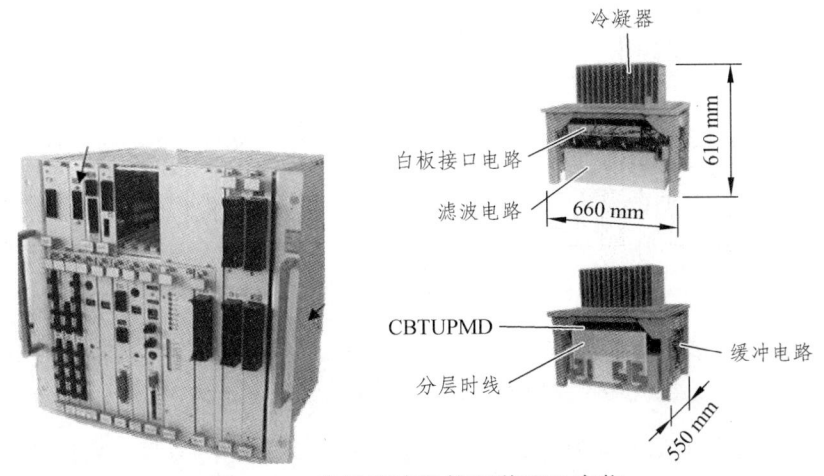

图 3-36 牵引变流器控制装置及实物

（5）控制部分：包括牵引控制装置、无触点控制装置、控制电源单元等，完成整流、逆变、预充电、主接触器断开、闭合、过电压放电、牵引电机电流等的控制，还完成再生制动时变流器电流变换的控制。

（6）冷却系统：由 1 台主鼓风机、2 台辅助鼓风机、整流模块上的冷凝器、逆变模块上的冷凝器以及风道等构成。

牵引变流器冷却系统分为两个部分：密闭室内部冷却部分和密闭室外部冷却部分。密闭室外部冷却称为主冷却，主冷却风的流向如图 3-37 所示。

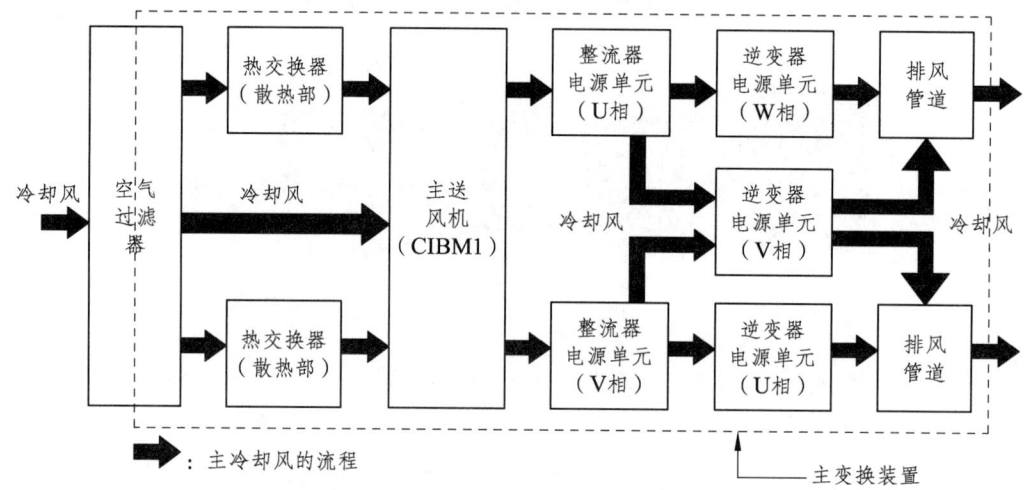

图 3-37 牵引变流器主冷却风流向

车外冷却空气经过滤后分为两个部分：一部分经过密闭室热交换器的散热部被主鼓风机吸入；另一部分被主鼓风机直接吸入，吸入的空气经过功率模块电源设备后，由风道排出车外。

牵引变流器密闭室内部冷却风的流向如图 3-38 所示。

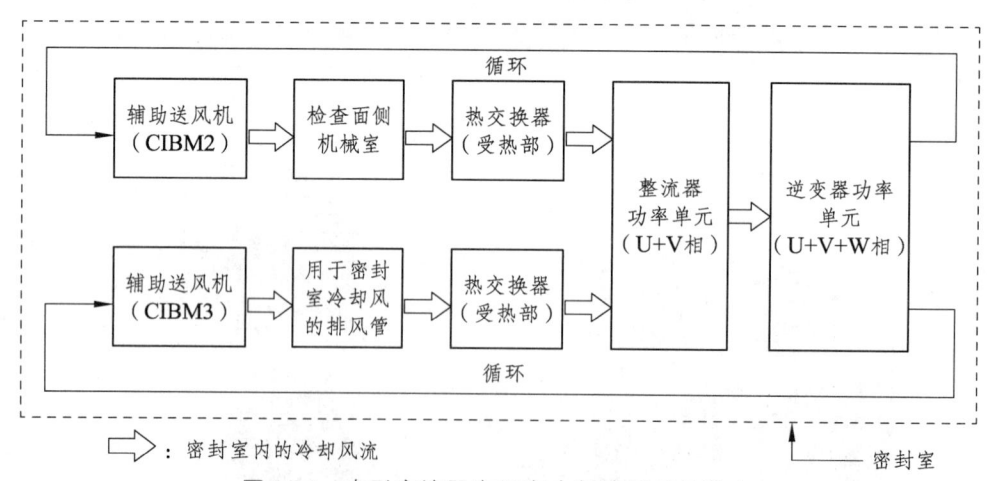

图 3-38 牵引变流器密闭室内部冷却风的流向

内部冷却包括两台辅助鼓风机、密闭室内部功率模块上的冷凝器、密闭室内部风道。两台辅助鼓风机驱动密闭室内部空气循环流动：功率模块产生的热量被其冷凝器受热部内的液态制冷剂吸收，制冷剂吸热沸腾变成气体，上升到冷凝器顶部，被密闭室内的循环风冷却，受热的循环风经过热交换器被冷却，继续在密闭室内循环流动。

3. CRH2 型动车组牵引变流器工作及控制原理

在受电弓升起、主断路器闭合后，牵引变流器进入工作程序。

（1）进行系统检测：如控制电源的电压、故障情况、中间直流电路的电压以及外部条件等。

（2）如果发现中间直流电路电压过低，则启动预充电程序。

（3）预充电完成后闭合主接触器 K，变流器进入工作准备模式。

（4）接收到牵引指令，输出与指令要求相配的电流，并对牵引电机运行情况进行控制。

（5）接收到再生制动指令时，进行再生制动计算，控制牵引电机发电，并将牵引电机发出的电反向处理，转换成 AC 1 500 V 的电流输送给牵引变压器，反馈至供电接触网。

（6）进行运行过程控制及安全控制。如变流器输入电流检测、输出三相电流平衡检测、接地故障检测、中间直流电路过电压控制等。

4. CRH5 型动车组牵引变流器

CRH5 型动车组与其他类型的动车组、高铁变流器虽然有结构上有很大的差异，但是基本功能却相近，以 CRH5 型动车组变流器为例，它们的主要区别在于：

（1）CRH5 型动车组的主变流器，中间直流电路有二次滤波，而 CI11 型牵引变流器取消了中间直流电路的二次滤波环节，大大降低了设备质量。

（2）CRH5 型动车组的主变流器，中间直流电路向辅助变流器供电，为车上的辅助电路提供电源；而 CI11 型牵引变流器中间直流电路没有连接辅助变流器，车上辅助变流器的电源由主变压器的三次绕组提供。

5. CR400 AF 型动车组牵引变流器

CR400 AF 型动车组采用 tPoweer-TI3 型牵引变流器，安装在 2、4、5、7 车的车下设备舱内。主要用于控制 4 台牵引电机及辅助电路的电源。其结构简洁，整流器、直流中间电路、逆变器、接触器等主电路模块、DCU 等控制电路模块均安置在一个箱体内，从而缩小了安装空间。变流器内部装置的每个单元在结构和控制方面具有互换性。

tPower-TI3 型牵引变流器装置包括：整流器功率单元（2 台）、主逆变器功率单元（2 台）、辅助逆变器功率单元（1 台）等，具体构成见表 3-6。

表 3-6 tPower-TI3 型牵引变流器构成

序号	名称	数量
1	柜体	1
2	整流器功率单元	2
3	主逆变器功率单元	2
4	DCU 装置	1
5	充电电阻组件	2

续表

序号	名称	数量
6	充电接触器	2
7	短接接触器	2
8	二次谐振电容器	5
9	二次谐振电感器	1
10	过压斩波电阻	2
11	固定放电电阻	3
12	四象限整流器输入电流传感器	2
13	逆变器输出电流传感器	8
14	斩波电流传感器	4
15	中间直流回路电压传感器	3
16	辅助逆变器功率单元	1

1）工作原理

牵引变流器由单相交流变为直流电力的整流器部分、直流电流变为 3 相交流以驱动电机的逆变器部分、吸收电压波动获得直流定压的中间直流电路部分、直流电流变为 3 相交流以供辅助设备的辅助逆变器部分等构成。以两辆动车（每辆动车安装一台变流器，两台变流器共用一个变压器）为一个基本单元。牵引传动系统关联如图 3-39 所示。由受电弓将接触网单相交流 25 kV/50 Hz 的线电压，通过 VCB 与牵引变压器的 1 次侧绕组相连接。主电路由 VCB 来实施开闭。牵引变压器 2 次侧的 2 个牵引绕组分别在 1 次侧绕组的励磁作用下感应出 1 900 V（1 次侧为 25 kV 时）的电压，并输入牵引变流器的整流器部分。

每辆动车搭载有 1 台牵引变流器，在牵引运行时向牵引电机提供牵引力和制动时进行再生制动控制，此外还具有保护功能。牵引电机使用了 3 相鼠笼式感应电机，轴端设有速度传感器用于向检测牵引变流器、制动控制装置的发送转速信号（转子频率）。

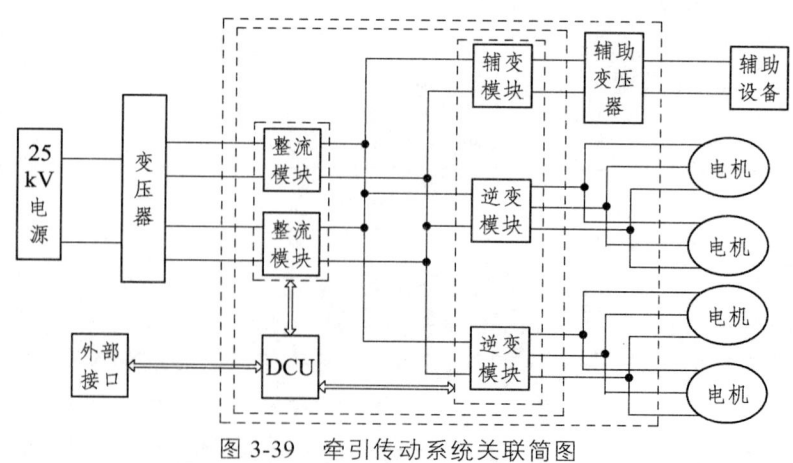

图 3-39 牵引传动系统关联简图

2）主电路原理

牵引变流器主电路如图 3-40 所示，牵引变流器主电路采用两重四象限整流器 + 逆变器模式，包括 2 个四象限模块（4QS1 和 4QS2）、2 个 VVVF 逆变器模块（INV1 和 INV2）和 1 个辅助逆变器模块（UFINV）。每个 VVVF 逆变器模块（INV1 和 INV2）集成三相桥臂及斩波相桥臂，驱动两台异步牵引电动机。辅助逆变器模块从中间回路取电，向辅助系统进行供电。

AC 25 kV 通过主断路器 VCB 后进入牵引变压器，变压器的次边牵引绕组为两重四象限提供电源，KM3、R1 为第一重的充电接触器及充电电阻，KM4、R2 为第二重的充电接触器及充电电阻。充电完成后 KM1、KM2 闭合，然后两重四象限工作把中间直流电压稳定在 DC 3600 V 给逆变模块供电，两重主逆变器输出电压及频率可调的 VVVF 电压驱动牵引电机工作。同时，中间直流回路给辅助逆变器提供电源。Cd1、Cd2 为支撑电容，为系统提供无功电流；R3、R4、R5、R6、R7、R8 为固定放电电阻，L1、C1 组成二次回路滤除二次谐波，防止中间电压波动过大；LH1、LH2 为输入电流传感器；VH1、VH2、VH3 为电压检测传感器；Rch1、Rch2 和相应的斩波 IGBT 组成中间电压斩波及快速放电回路；RCD 为漏电流保护装置，当辅助母线和辅助负载上发生接地故障时，漏电保护装置动作，反馈接地故障给 DCU；DCK 和升压斩波器构成无火回送单元。无火回送单元使列车在被牵引且无网侧输入时投入，它利用车载蓄电池提供的能量，对直流母线做快速且水平有限的预充电，保证电机逆变器能启动，并对电机进行预磁化后退出工作，电机马上转入制动状态，利用列车被拖动时产生的机械能，将直流母线持续充电至正常水平，启动辅逆变，给辅助设备供电。由于整流器、逆变器部分均采用了 2 电平式结构。主电路的半导体元器件采用了能高速开闭的 IGBT，能减小交流电压波形的失真，由此降低了牵引电机、牵引变压器的电磁噪声，因而减少了转矩波动。

3）整流部分

整流器部分输入变压器 2 次绕组侧输出的 AC 1 900 V/50 Hz 电压，由单相 PWM 整流器、充电接触器、短接接触器和充电电阻等构成。无触点控制装置的（IGBT 元件）控制方式有：使输出的直流电压为 3 600 V 定电压控制、牵引变压器 1 次绕组侧电压电流的高功率因数控制方式（约等于 1）且具有保护功能。当再生制动时，进行逆变换，以滤波电容器的 DC 3 600 V 作为输入，向牵引变压器二次侧提供 AC 1 900 V/50 Hz 的电源。另外，使用短接接触器闭合切断主电路。使用充电接触器和充电电阻在变流器启动时对变流器充电。

4）主逆变器

牵引工况时，主逆变器将中间直流电压作为输入，通过 DCU 装置控制 IGBT 元件，输出可变电压/可变频率的 3 相交流电压，控制 4 台牵引电机的速度和扭矩。再生制动工况时，以牵引电机发出的 3 相交流电作为输入，向中间直流电路侧输出直流电压。感应电机的控制采用直接转矩控制方式，独立控制扭矩电流及励磁电流来达到扭矩控制的高精度化、扭矩响应的高速化、提高电流控制性能。电路构成与整流器相同，采用 2 点式结构。

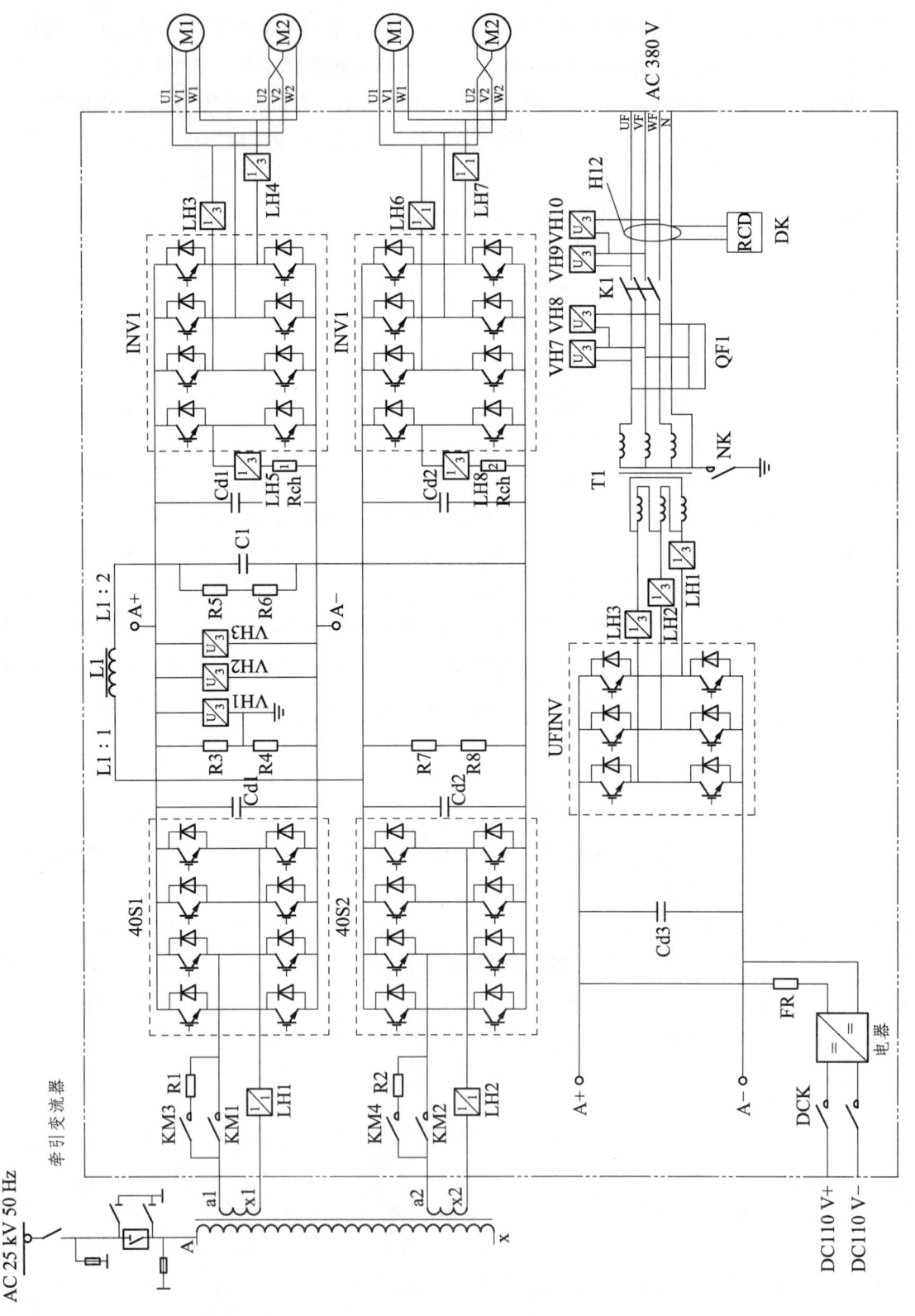

图 3-40 牵引变流器主电路

5）中间直流电路

中间直流电路包括二次谐振电感器和二次谐振电容器。可以有效抑制对变流器电路影响较大的二次谐波。二次谐振电容器分立设置了 5 台，合计容量为 5 000 μF。

6）辅助逆变器

牵引工况时，辅助逆变器将中间直流电压作为输入，通过 DCU 装置控制 IGBT 元件，再经过辅助变压器，输出可变电压/可变频率的 3 相交流电压，以供辅助设备用电。电路构成与整流器相同，采用 2 点式结构。

7）主要性能参数

（1）主回路性能参数。

型号：tPower-TI3

电路结构

整流器部分：单相电压 2 点式 PWM 变流器。

逆变器部分：3 相电压 2 点式 PWM 逆变器。

额定值：

输入单相交流：2×1 900 V。

额定输入电流：2×803 A。

额定输入频率：50 Hz。

标称中间直流电压：3 600 V。

输出电压（主逆变器部分）：3 相 AC 0~2 808 V。

输出电流（主逆变器部分）：2×314 A。

辅助逆变器额定输出容量：260 kV·A。

辅助逆变器输出电压：AC 380×（1±10%）V（50±1）Hz。

四象限整流器额定效率：约 99%。

逆变器额定效率：约 99%。

整流器开关频率：350 Hz。

主逆变器开关频率：350 Hz。

辅助逆变器开关频率：800 Hz。

控制电源：DC $110^{+27.5}_{-33}$ V（77~137.5 V）。

冷却方式：强迫水循环。

冷却添加剂主要成分：44%/56%（水/添加剂 Antifrogen N）。

冷却系统散热功率：55 kW。

入水口温度：≤55 ℃。

出水口温度：≤61 ℃。

冷却水流量：≥200L/min。

变流器尺寸：4 860 mm×2 250 mm×702 mm。

质量（变流器+水冷装置）：≤3 655 kg。

（2）子部件性能参数。

冷却结构

本装置的冷却系统为水冷，经过进水管将冷却水送入需要冷却的水冷板，经过出水管将冷却后的水送回水冷装置冷却。冷却结构如图 3-41 所示。其中，热交换器、风机、膨胀水箱、水泵、斩波电阻等在水冷装置内。

冷却风机 1 功率：1×0.75 kW。

冷却风机 2 功率：1×16 kW。

水泵功率：2×4 kW。

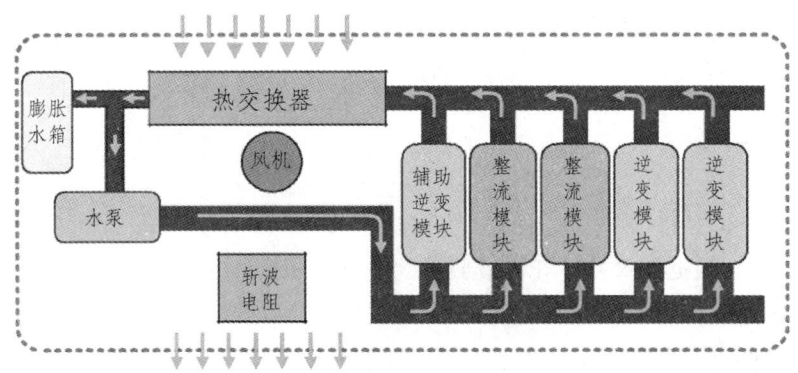

图 3-41　冷却结构

8）传动控制单元（TCU）

TCU 放置于变流柜内，内部采用插件箱结构，从各插件的前面板输入/输出信号，实现 TCU 与传感器、变流器模块、交换机、制动控制器以及直流电源之间的连接；脉冲转换插件、模拟输入插件以及开关电源插件采用背板绕线与其他插件连接，其余插件则挂接 AMS 背板总线上；各插件上设置了相应的 LED 显示灯以及测试孔，可以方便地实现 TCU 运行状态的监视和内部变量的实时检测。

TCU 通过机车 MVB 网络接收司机指令，实现机车的牵引控制，并把牵引系统的工况反馈给网络。在网络故障时，TCU 通过硬线获得司机的各种指令，完成列车紧急牵引。对机车的牵引控制包括：牵引/制动特性控制、逻辑控制、故障保护，牵引逆变器及交流异步牵引电机的实时控制、黏着利用控制，以满足车辆动力性能、故障运行、救援能力及实现预期的运行速度等。

（1）牵引变流器逻辑控制。

TCU 接收网络传送的司机室命令，并综合牵引变流器状态和故障保护命令，实现主断路器、充电短接接触器的时序控制，变流器启、停时序控制，牵引制动最大包络线控制，过无电区逻辑，隔离保护逻辑等。另外，还能实现 TCU 系统自检，系统初始状态设置等功能。

（2）整流器控制。

整列车共有 2 台牵引变压器，每台牵引变压器有 4 个牵引绕组，每两个绕组提供一节车的两台四象限脉冲整流器交流电源。为了减少变压器原边侧的电流谐波含量，采用多重化错相控制，其中每节车的两台脉冲整流器构成两重化运行，每台牵引变压器下 4 台脉冲整流器构成 4 重化运行，全车 8 台整流器构成 8 重化运行。各台脉冲整流器的载波初始相位通过网络传送车号命令给 SMC 插件来实现自动匹配。

单独一台四象限脉冲整流器采用间接电流控制法和直接电流回馈控制法相结合的瞬态电流控制方案。此外还增加了直流偏置控制、网压功率限制、直流电压自调整等功能。由于脉冲整流器采用 6 500 V 功率器件，为了减少整流器输入电流谐波，采用单极性调制方案和自然规则采样 PWM 脉冲生成方法。

脉冲整流器控制所必需的同步信号可以由两种方案实现，一种方案是采用传统的过零锁相；另一种方案是采用软件锁相环，初步拟定两种方案均保留，地面试验时通过实测来确定那种方案更优。此外，同一牵引变压器下一个单元的两节车之间的同步信号实现了互传。

（3）牵引逆变。

基于永磁电机的高速列车牵引传动系统单节车设置了 4 台牵引逆变器和 4 台牵引电机，每台逆变器驱动 1 台牵引电机。牵引和制动工况下均采用轴控模式，黏着控制同样采用轴控模式。当设备出现故障时，可单独切除 1 台逆变器，即隔离时也可采用轴控模式。

TCU 对牵引电机采用空间矢量控制方式。在低速启动区采用异步调制 SVPWM 控制技术，保证开关频率的充分利用，尽可能地降低 VVVF 逆变器输出电流的谐波含量，保证牵引传动系统工作在较低的噪声范围内；TCU 在高速区和恒功区采用同步调制 SVPWM 控制技术来实现对电动机的转矩控制，瞬时控制永磁同步电机定子电流和电磁转矩，实现高动态响应，将负载扰动对速度的影响降到最低。

TCU 系统根据直流回路电压、牵引电机转矩包络线、列车速度（电机转速）、牵引/制动级位，计算出牵引电机应该发挥的牵引或制动转矩。牵引/制动转矩的上升/下降按设定的斜率变化，保证列车冲击率在限制范围内。根据系统要求，TCU 能确保实际转矩比颠覆转矩至少小 20%。在列车试验时，通过改变程序，实际转矩可调整 ±10%。

（4）黏着控制。

TCU 完成电传动系统的空转保护和黏着利用控制，滑行保护由 BCU 系统完成。TCU 在线路状况变化不定的情况下，通过对电机速度，电机转矩等信息的采集、分析和处理，综合得出电机转矩指令，向电机控制系统发出合适的电机转矩给定，使得列车能以接近线路当前最大的黏着系数运行，从而获得最大黏着利用率。

（5）制动控制。

全车采用空气制动和电制动相结合的控制方案，整车制动由制动控制单元 BCU 来分配制动力。首先 TCU 接收 BCU 的制动力指令，再由 MCC 插件控制牵引电机产生相应的电制动力；并将实际的电制动力通过 LSSC 插件反馈给 BCU 进行空气制动的补偿控制。

9）牵引变流器维护作业

检查车辆是否有外部电源。如果有，断开蓄电池连接或蓄电池熔断器。在对牵引变流器进行维护工作之前，请严格遵守下列 5 项安全规则：断开电源（确认受电弓已降弓）。采取必要的预防措施以防止隔离开关再次闭合。按经核准的方法进行无电压测试。按经核准的方法确保接地和短路。用盖板和屏蔽物保护邻近带电部件，并符合相关注意事项。

打开牵引变流器，检查牵引变流器是否可靠地电气放电。拆除盖板及柜门。注意牵引变流器盖板和柜门只有在需要的时候才能拆开，然后必须尽快重新装好。目视检查盖板、门框及插头的密封条，保证密封条放置正确无损坏。如有损坏，更换密封条。

检查牵引变流器内部是否有污垢和灰尘，如有必要，用真空吸尘器和干燥的抗静电布清扫内部。不能使用任何溶剂清洁变流器内部。

检查油漆表面有无裂纹、剥落和锈蚀，如有必要，进行修补。

检查线缆表面是否有破损，如有必要，进行更换。

目视检查电源连接部位是否有颜色变化和过热现象（判断标准：铜导体变黑，镀锡母排变蓝），更换电缆/导条或连接元件如螺钉/螺母。

检查变流器模块输入输出铜母排连接部位是否有颜色变化和过热现象。

检查变流器模块垂直低感母排与电容器连接部位是否有颜色变化和过热现象。

目视检查充电接触器、短接接触器主触头是否被侵蚀、损坏。目视检查接触器灭弧腔中有无机械损坏或金属物堆积。

目视检查散热器是否有阻塞或污染。

拆除水接头。为了防止冷却液滴入牵引变流器，在拆除接头的时候，应该使用一块干净的抹布将接头包裹起来。

拆除电气连接器。

拆除安装螺栓。

小心地取出冷却器，检查每个 PT1000 的电阻值。

小心地插入热交换器上的固定环，拧紧固定螺栓。

检查风机、电机轴承和电缆表面是否有变色或破损，如有必要，进行更换。

检查风机电机是否有间隙和噪声。

测量直流支撑回路电容器的总电容值。将数字万用表连接 Cd（+）和 Cdd（−）处，检查电容值。设定值：5×1 mF（允许偏差 + 5% ~ − 1%）为了单独测量直流支撑回路电容值，必须将谐振吸收电抗器及固定电阻与直流支撑回路断开。变流器可以安装来自不同制造厂商的直流支撑回路电容器。但是，在一个变流器柜中只能安装一个制造厂商的电容器。

检查直流支撑电容连接端子，用力矩扳手以 25 N·m 的力矩，检测电容连接端子紧固情况。

检查谐振吸收回路电容器，测量每个谐振吸收回路电容器的电容值。用数字万用表检查变流器谐振吸收回路电容器的电容值。检查谐振吸收电容器的制造厂商，并按照表格检查电容值。为了单独测量谐振回路电容值，必须将谐振吸收回路电抗器从直流支撑回路处断开。变流器可以安装来自不同制造厂商的谐振吸收回路电容器。但是，在一个变流器柜中只能安装一个制造厂商的电容器，不允许在一个变流器柜中混装。测量谐振吸收电路的谐振频率。测量谐振吸收电路的谐振频率，检查谐振频率是否在给定公差带宽内。

目视检查冷却液回路是否存在泄漏现象。如果受影响的部件很脏，必须将冷却液回路排干净后更换这些部件。

用力矩扳手以 6 N·m 的力矩，检测水管喉卡紧固情况。

检查冷却剂。从冷却系统加水处抽取冷却剂样品。不能从牵引变流器中抽取冷却剂。如有必要，更换冷却剂。使用防冻结试验设备检查浓度是否达到规定的比例 44%/56%（水/添加剂 Antiifrogen N）。

检查控制单元：目视检查插针、电缆和紧固件是否松动。检查插针、电缆和紧固件是否老化、破裂，如有必须更换。目视检查插件，出现老化、颜色改变、破裂、电解电容泄漏，必须更换。重对 PCB 清洁、除尘、除污。

检查电阻：检查外观和电缆，目视检查外观，颜色改变、破裂必须更换。检查电缆和紧固件，如老化、破裂，必须更换。测量阻值，如超出标准范围，必须更换。需对电阻表面进行清洁、除尘、除污。

检查传感器，目视检查外观和紧固件，如颜色改变、破裂，必须更换。检查连接线、紧固件是否松动，如有必要拧紧或更换。

检查滤网和散热器，目视检查滤网和散热器，污染严重时必须立刻清洗。滤网可以拆下清洗，使用大功率吸尘器清理散热器表面附着的脏物，使用压缩空气吹除散热器的冷却通道。

关闭牵引变流器，关闭盖板和柜门。在重新关闭盖板和柜门之前，用凡士林润滑密封条。盖上盖板和柜门后，检查紧固螺栓是否足够紧固。

断开牵引变流器接地。必须注意自身及同事的人身安全。检查牵引变流器内部螺钉是否松动、螺栓连接是否紧固或电缆是否松动，牵引变流器内部的变化（如电缆或母排有变色、碳化、焦味等现象）。断开牵引变流器的接地。

在重新调试牵引变流器之前，移开牵引变流器柜内所有接地连线、任何工具、测量设备和其他物品。调试工作完成之后，所有盖板和柜门都必须再次正确关闭。

在试验完成和接地点安装好之后，关闭每台牵引变流器的盖板和柜门。

在任何维护操作之后，必须恢复部件、系统和车辆上的原始条件，特别是保护设备（锁、引导线等）。

10）牵引变流器检修作业

在确保高压电源和低压控制电源已经断开的情况下，检查牵引变流器的对外电气接口是否正确，电缆夹及控制连接器是否有松动，电缆连接是否可靠，与车体接地线是否连接正常。

（1）检查性操作。

牵引变流器进行一般检查时打开所有柜门和盖板，检修安装在箱内的牵引变流器设备（见图 3-42 和图 3-43）。

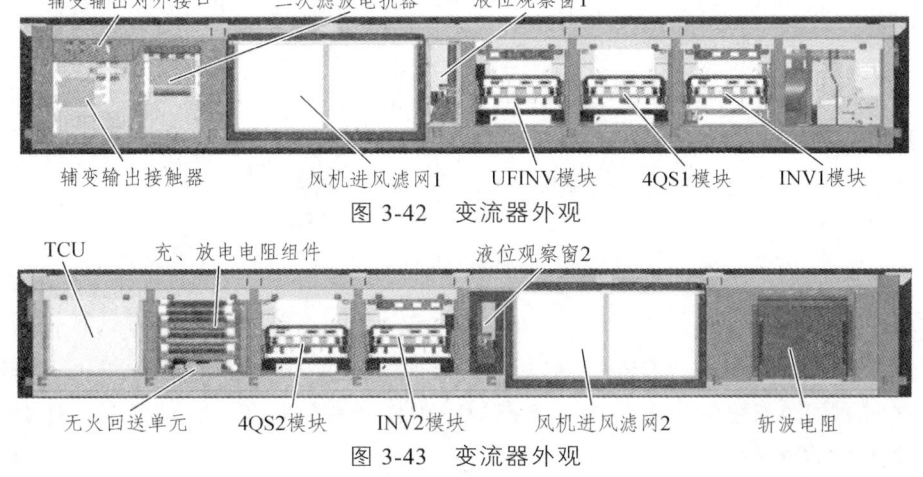

图 3-42　变流器外观

图 3-43　变流器外观

检查柜门和紧固件：检查柜门和门框海绵橡胶条的弹性，如果永久变形达 3 mm 或以上，则需要更换。清洁牵引变流器柜体外部，检查有无漏水。目视检查控制连接器有无腐蚀、污垢等，必要时进行清洁或更换。

检查柜体外部、安装：目视检查牵引变流器柜体外部有无腐蚀、变形或其他损坏，必要时进行维修。目视检查安装吊耳有无开裂或损坏，必要时进行维修。目视检查箱体焊缝有无裂纹，必要时进行维修。

检查母排有无损坏情况：目视检查母排表面有无变色、开裂、镀层剥落等损坏现象，必要时更换。

检查电阻：目视检查电阻表面有无变色、开裂、剥落等损坏，必要时更换。用手检查端子是否连接可靠，必要时重新紧固。

检查电容：目视检查电容表面有无变色、开裂、剥落等，无鼓包和漏油现象，必要时更换。

检查端子和电缆损坏或老化情况：目视检查电缆表面和端子有无变色、开裂、起皮等现象，必要时更换。目视检查电缆是否扎紧，必要时重新绑扎。检查端子紧固件有无松动，必要时重新紧固。

检查绝缘材料的老化情况：目视检查绝缘安装板、端子排、绝缘支柱等有无变色、开裂、起皮、分层等，必要时更换。

检查变流器模块：检测变流器模块安装螺栓是否紧固，必要时重新紧固。

检查母排端接是否牢固，必要时重新紧固。

检查控制插头是否连接牢固。

检查对外接口：检查牵引变流器与外部的主电路连接，各接线是否连接正确，力矩线是否有偏移。

检查牵引变流器与外部的控制电路连接，各插头是否连接正确，是否连接紧固。检查控制箱内各插件位置是否正确，接插是否到位，防松螺钉是否紧固良好。

（2）正常运行操作。

接通高压电源和低压控制电源，检查传动控制单元运行自检是否正常，检查变流器模块是否正常。在高速断路器（VCB）闭合后，检查牵引变流器的输入电压是否正常；方向手柄打向前位后，检查充电接触器（KM1、KM3）是否闭合正常；检查短接接触器（KM2、KM4）是否闭合正常；检查短接接触器（KM2、KM4）闭合后充电接触器（KM1、KM3）是否断开；推牵引手柄后，检查给定力矩是否正常；输出电流是否正常。

（3）故障工况操作。

一般情况下，当牵引变流器的任一部分发生故障时，司机室的正常故障灯和信息显示屏会有相应显示。当牵引变流器出现故障保护后，对于非严重故障，变流器具有故障自动恢复功能。如果是严重故障和永久性不可恢复故障，则会进行故障隔离，并记录下是何种故障、故障发生的时间以及发生故障时刻的环境参数，为检修人员能在入库检修时快速、正确地查找和处理故障提供帮助。

入库检修时，根据故障记录和控制插件上的信号显示，进行有针对性的检查、试验和处理，从而确定具体的故障点，并依照规程排除故障。同样的故障显示可能由不同原因引起，检修时，需对照有关说明书逐一排除，对于接插件、线路等引起的故障，通过相应调整（如插紧插件、固定好接头）即可解决；对于部件和器件本身的故障，则需要用相应的备件更换有缺陷的部件和器件，不可擅自修改设备。

在进行完故障处理后，应恢复设备的原状，并通电进行试验，以确保牵引变流器状态完好。

11）牵引变流器检修计划（见表3-7）

表3-7 牵引变流器检修计划

序号	检修内容	检修等级
1	密封条	A3（转向架修）
2	门、屏柜	A1（日常检修）
3	变流器内部	A3（转向架修）
4	电源连接	A4（四级修）
5	接触器	A1（日常检修）
6	热交换器	A1（日常检修）
7	风机电机	A4（四级修）
8	直流支撑回路电容组件	A3（转向架修）
9	谐振吸收电路	A3（转向架修）
10	检查冷却回路泄露	A3（转向架修）
11	冷却剂	A4（四级修）
12	控制单元	A3（转向架修）
13	电阻	A3（转向架修）
14	传感器	A3（转向架修）
15	牵引变流器的接地和放电	A3（转向架修）
16	检查牵引变流器接地情况	A4（四级修）
17	断开牵引变流器接地	A3（转向架修）
18	关闭牵引变流器盖板	A3（转向架修）

习 题

1. 受电弓的基本要求和工作特点是什么？
2. 简述CX-GI型及DSA380型单臂受电弓的基本结构及主要部件的作用。
3. 主断路器连接在_____与_____之间，安装在车顶或高压机器箱内，它是动车组电源的_____和动车组的_____。

4. BVAC.N99型交流真空主断路器用于开断、接通动车组_____，同时用于动车组的_____、_____和_____。BVAC.N99型交流真空主断路器是利用_____进行操作并利用_____进行灭弧的高压电器。

5. 画出动车组高压电器关系示意简图。

6. 画出动车组牵引传动系统关联简图。

7. 画出主断路器、高压隔离开关、高压电压互感器、高压电流互感器、避雷器的电气及文字符号。

第四章　动车组牵引变压器

第一节　变压器基础知识

第四章数字资源

变压器是一种常见的电气设备，在电力系统和电子线路中应用广泛。变压器的主要功能有变电压、变电流、变阻抗。

一、变压器的分类、铭牌及基本结构

1. 变压器的分类

1）按用途分类

（1）电力变压器。

电力变压器用来传输和分配电能，是所有变压器中用途最广、生产量最大的一种变压器，图 4-1 所示是一个简单电力系统示意图，可加深对电力变压器所处重要地位的认识。

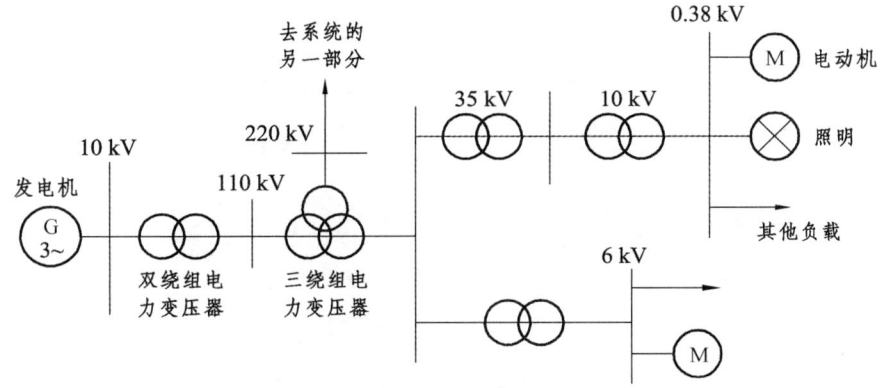

图 4-1　简单电力系统示意图

远距离输送一定的电功率，电压越低则电流越大，在输电线路上的损耗越大；若要减小输电线电阻以输送大电流，就要用大截面的输电线而消耗更多的导体材料。因此，为了减小输电线路上的损耗和节约导体材料，目前电力系统的输电线路都采用高压输电。由于受到绝缘水平的限制，发电厂的同步发电机一般输出的额定电压为 10.5 kV（发电机额定电压越高对发电机各部分的绝缘要求就越高），而一般高压输电线路的额定电压为 110 kV、220 kV、330 kV、550 kV，这就需要用升压变压器将电压升高后再送入输电线路。当电能经过高压输电线路传输到用电区后，必须用降压变压器把输电线路上的高电压降下来，才能供给人们日常生产、生活所使用的动力用电和照明用电。由图 4-1 可知，电力系统中存在许多变压器，

通过这些变压器的作用产生了不同等级的电压从而满足人们不同场合的需要。

（2）仪用变压器。

仪用变压器包括电流互感器和电压互感器，多用于测量系统。它能够把大电流变换成小电流，或把高电压变换成低电压，从而隔离大电流或高电压便于安全地进行测量工作。

（3）自耦变压器。

容量较大的异步电动机降压启动时常用自耦变压器实现降压。在实验室中，经常要使用自耦变压器，可以很方便地调节输出电压。

（4）专用变压器。

如电解用的整流变压器、焊接用的电焊变压器以及供无线电通信用的特殊变压器等都属于专用变压器。

2）按相数分类

变压器按相数分主要有两类：一是单相变压器，用于单相交流电系统；二是三相变压器，用于三相交流电系统。

3）按结构分类

变压器按结构分类主要有心式变压器和壳式变压器两类，如图 4-2 所示。

（1）心式变压器：铁心柱被绕组所包围，如图 4-2（a）所示。心式结构的绕组和绝缘装配比较容易，电力变压器常常采用这种结构。

（2）壳式变压器：铁心包围绕组的顶面、底面和侧面，如图 4-2（b）所示。壳式变压器的特点是机械强度较好，常用于低电压、大电流的变压器或小容量电信变压器。

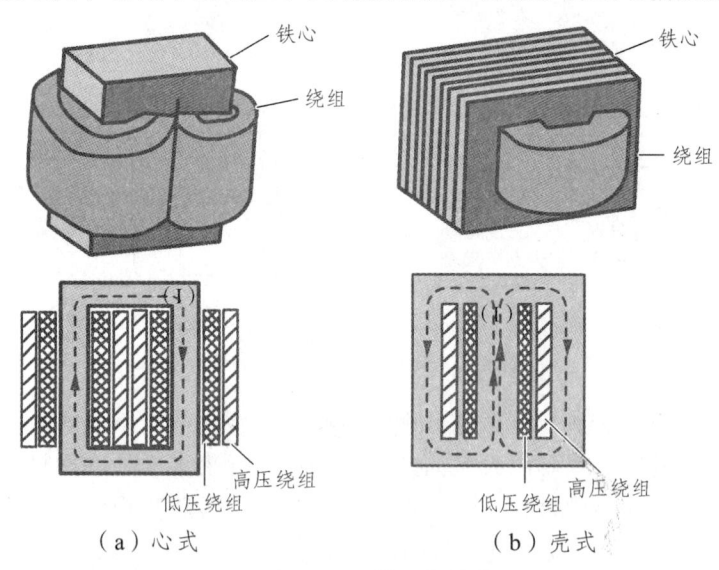

图 4-2　变压器的铁心与绕组形式

此外还有其他的分类方法。例如，按照绕组数目来区分，有双绕组变压器、三绕组变压器等；按冷却方式来区分，有干式变压器和油浸式变压器，油浸式变压器还可进一步分为油浸自冷、油浸风冷、油浸水冷、强迫油循环风冷或水冷等类型。

2. 变压器的铭牌和额定值

每台变压器都有一块铭牌，上面标注着变压器的型号和额定值等。铭牌用耐候材料制成，并安装在变压器外壳上的明显位置。在使用变压器之前必须先查看铭牌。通过查看铭牌，对变压器的参数等有了充分了解后，才能正确使用变压器。图 4-3 所示为一台电力变压器的铭牌。

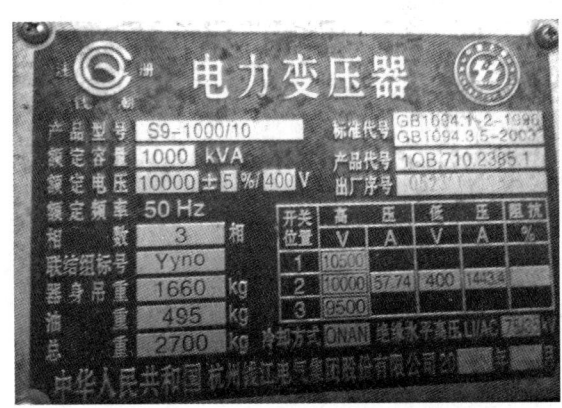

图 4-3 电力变压器的铭牌

额定值是制造工厂对变压器正常工作时所做的使用规定。在设计变压器时，根据所选用的导体截面、铁心尺寸、绝缘材料以及冷却方式等条件来确定变压器正常运行时的有关数值，如能流过多大电流及能承受多高的电压等。这些在正常运行时所承担的电流和电压等数值即为额定值。各个量都处在额定值时的状态被称为额定运行。额定运行可以使变压器安全、经济地工作并保证一定的使用寿命。变压器的额定值主要包括以下几种。

1）额定电压 $[U_{1N}/U_{2N}(\text{kV})]$

额定电压指长期运行时所能承受的工作电压。在三相变压器中额定电压为线电压。U_{1N} 是指根据绝缘强度和允许发热所规定的应加在一次绕组上的正常电压有效值。U_{2N} 是指一次侧加额定电压时二次侧的开路电压。

2）额定电流 $[I_{1N}/I_{2N}(\text{A})]$

额定电流指在额定容量下，变压器在连续运行时允许通过的最大电流有效值。在三相变压器中指的是线电流。

3）额定容量 $[S_N(\text{kV}\cdot\text{A})]$

额定容量指铭牌规定的额定使用条件下所能输出的视在功率，是输出能力保证值。其实际输出功率取决于负载的大小和性质，即 $P = S\cos\phi$。额定容量实际上是变压器长期运行时允许输出的最大有功功率，反映了变压器所能传送电功率的能力，但变压器实际使用时的输出功率则取决于负载的大小和性质。即使副边正好是额定电压和额定电流，也只有在功率因数为 1 时输出功率等于额定容量。一般情况下，变压器的实际输出的有功功率小于额定容量。

额定电压、额定电流和额定容量三者之间的关系：

单相变压器：$S_N = I_{1N}U_{1N} = I_{2N}U_{2N}$。

三相变压器：$S_N = \sqrt{3}I_{1N}U_{1N} = \sqrt{3}I_{2N}U_{2N}$。

4）额定频率

额定频率用 f_N 表示。在我国，交流电的额定频率为 $f_N = 50\ \text{Hz}$。

5）阻抗电压

阻抗电压又称为短路电压，表示在额定电流时变压器阻抗压降的大小。通常用它与额定电压 U_{1N} 的百分比来表示。

此外，额定值还有效率、温升等。除额定值外，铭牌上还标有变压器的相数、连接组标号和接线图、短路电压（或短路阻抗）的标幺值、变压器的运行方式及冷却方式等。为考虑运输，有时铭牌上还标有变压器的总重、油重、器身重量和外形尺寸等附属数据。

连接组标号指三相变压器一、二次绕组的连接方式。Y—高压绕组星形连接、y—低压绕组星形连接；D—高压绕组三角形连接、d—低压绕组三角形连接；N—高压绕组星形连接时的中性线、n—低压绕组星形连接时的中性线。

变压器几个功率的关系（单相）：

容量：$S_N = I_{1N}U_{1N} = I_{2N}U_{2N}$。

输出功率：$P_2 = U_2 I_2 \cos\varphi$。

一次侧输入功率：$P_1 = \dfrac{P_2}{\eta}$。

容量 $S_N \neq$ 输出功率 P_2。

一次侧输入功率 $P_1 \neq$ 输出功率 P_2。

变压器运行时的功率取决于负载的大小和性质。

3. 变压器的基本结构

变压器由铁心、绕组、油箱及附件等三大部分组成，如图 4-4 所示。

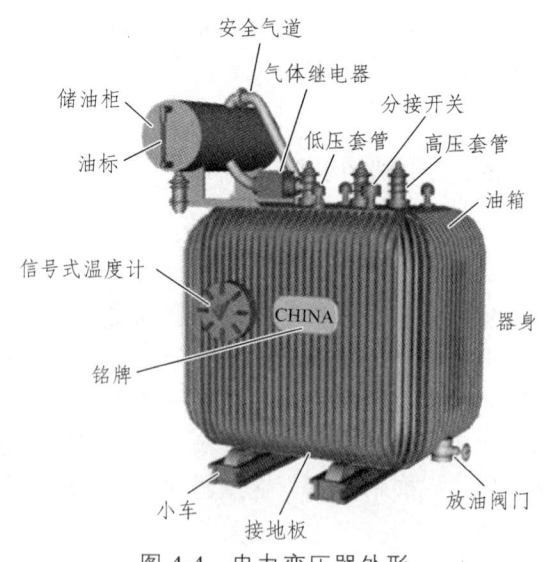

图 4-4 电力变压器外形

1）铁　心

铁心由铁心柱和铁轭两部分组成。铁心柱用来套装绕组，铁轭将铁心柱连接起来，使之形成闭合磁路。铁心的作用是作为变压器的主磁路和机械骨架。

为了提高导磁性能、减少交变磁通在铁心中引起的损耗，变压器的铁心都采用厚度为 0.35～0.5 mm 的电工钢片叠装而成。电工钢片的两面涂有绝缘层，起绝缘作用。大容量变压器多采用高磁导率、低损耗的冷轧电工钢片。电力变压器的铁心一般都采用心式结构。

交流磁通在铁心中会引起涡流损耗和磁滞损耗，使铁心发热。大容量变压器的铁心中设置油道，铁心浸在变压器油中，油从油道中流过将铁心中的热量带走。

2）绕　组

绕组是变压器的电路部分，完成能量转换，一般分为高压绕组和低压绕组。高压绕组的匝数多，导线细；低压绕组的匝数少，导线粗。绕组是用纸包或纱包的绝缘扁线或圆线（铜或铝）绕成。输入电能的绕组为原边绕组（又称为一次绕组或初级绕组）；输出电能的绕组称为副边绕组（又称为二次绕组或次级绕组）。

3）油箱及附件

油箱就是油浸式变压器的外壳。高、低压绕组套装在铁心上总称为器身，器身放在油箱中，油箱中充以变压器油。

储油柜固定在油箱顶上并用油管与油箱直接连通，储油柜的上部有加油栓，可以向变压器内补油；油箱的下部有放油阀门，可以排放变压器油。

储油柜的一侧有油标，可查看油面高度的变化。储油柜上还装有吸湿器。在油箱与储油柜之间还装有气体继电器。大容量变压器的油箱盖上还装有压力释放阀。变压器绕组的接线端子由绝缘套管从油箱内引到油箱外。

4）记忆口诀

骨骼清奇硅钢片，片片绝缘导磁渠。两个绕组分高低，根根绝缘线如缕。

二、变压器的工作原理

变压器的工作原理如图 4-5 所示。

$$e_1 = N_1 \frac{\mathrm{d}\phi}{\mathrm{d}t}$$

$$e_2 = N_2 \frac{\mathrm{d}\phi}{\mathrm{d}t}$$

变比 $k = \dfrac{U_1}{U_2} \approx \dfrac{N_1}{N_2}$

变压器的工作原理：以磁场为媒介，通过电磁感应作用，把一种电压的交流电转换成相同频率的另一种电压的交流电。

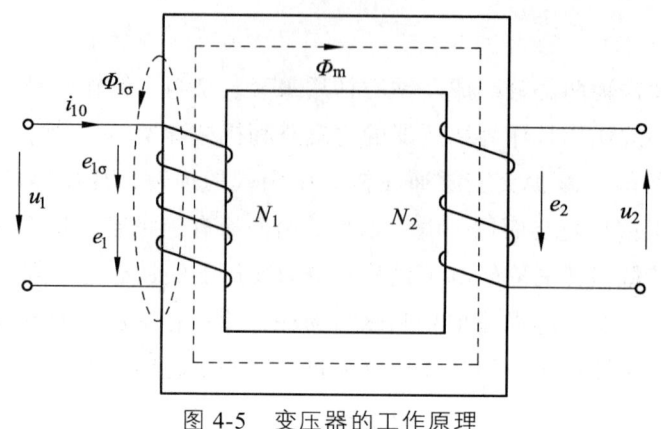

图 4-5 变压器的工作原理

（1）变压器不能变直流。
（2）传递能量的是主磁通。
（3）有能量损耗。电损(I^2R)简称为铜损，磁损（磁滞损耗 + 涡流损耗）简称为铁损，所有的能量损耗都以热能的形式呈现。
（4）符合能量守恒定律。

三、变压器薄弱部件及应对策略

铁心变形：严重影响主磁通通道。
绕组绝缘损坏：短路、烧损。
应对策略：长期工作易短路，寿命管理防老化。

四、单相变压器的连接组别

1. 变压器绕组的同名端

当电流流入（或流出）两个线圈时，若产生的磁通方向相同，则两个流入（或流出）端称为同极性端，同极性端用"·"表示，同极性端和绕组的绕向有关，如图 4-6 所示。

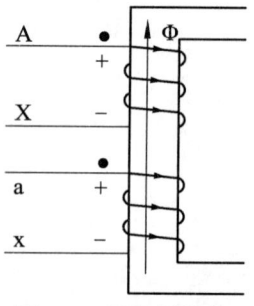

图 4-6 同极性绕组

小功率电源变压器在使用中有时需要把绕组串联起来以提高电压，或把绕组并联起来以增大电流。在连接时必须认清绕组的极性，否则不仅达不到预期的目的，反而可能烧坏变压器。

正确的串联接法，把两个绕组的一对异名端连在一起。

正确的并联接法，把两个绕组的两对同名端分别连接在一起（还需注意并联绕组的电压必须相等）。

2. 线圈的接法

变压器原一次侧有两个额定电压为 110 V 的绕组，当电源电压为 220 V 时，连接 2-3，如图 4-7 所示；电源电压为 110 V 时，连接 1-3，2-4，如图 4-8 所示。

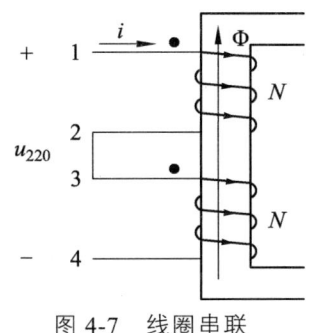 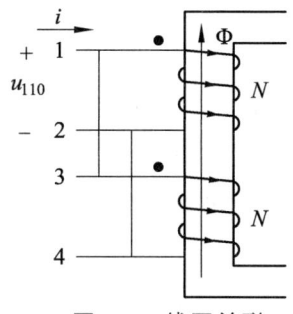

图 4-7　线圈串联　　　　　图 4-8　线圈并联

3. 一次侧有两个相同绕组的电源变压器（220 V/110 V），使用中应注意的问题

（1）在 110 V 的情况下，不能只用一个绕组（N），两绕组必须并联，如图 4-9 所示。

（2）如果两绕组的极性端接错，有可能烧毁变压器，如图 4-10 所示。

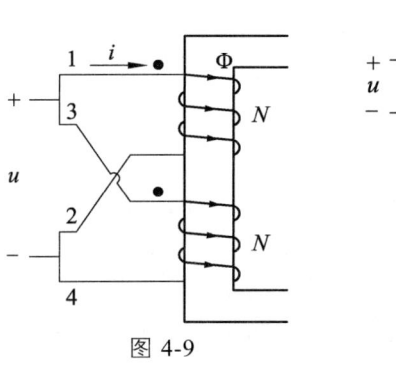 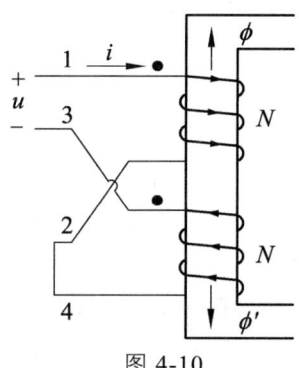

图 4-9　　　　　　　图 4-10

两个线圈中的磁通抵消，感应电势根据，得出 $i = \dfrac{u}{R}$，电流 i 很大，会烧毁变压器。

（3）在同极性端不明确时，一定要先测定同极性端再通电。

4. 同极性端的测定方法

1）交流法

把两个线圈的任意两端（X-x）连接，然后在 AX 上加一低电压 U_{AX}，如图 4-11 所示，测量 U_{AX}、U_{Aa}、U_{ax}。

若 $U_{Aa} = |U_{AX} - U_{ax}|$ 说明 A 与 a 或 X 与 x 为同极性端。

若 $U_{Aa} = |U_{AX} + U_{ax}|$ 说明 A 与 x 或 X 与 a 是同极性端。

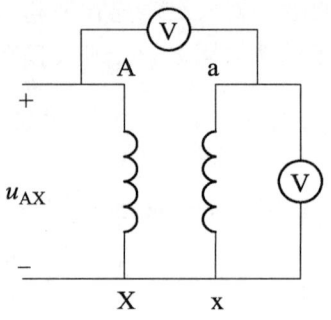

图 4-11 交流法测同极性端

2）直流法（见图 4-12）

当 S 闭合时，电流表正偏，则 A-a 为同极性端。

当 S 闭合时，电流表反偏，则 A-x 为同极性端。

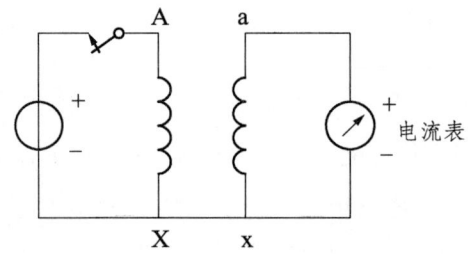

图 4-12 直流法测同极性端

五、其他变压器

1. 自耦变压器

自耦变压器是指初级和次级在同一条绕组上，原、副绕组直接串联，自行耦合的变压器。根据结构其可分为可调压式和固定式。自耦的耦是电磁耦合的意思，普通的变压器是通过原副边线圈电磁耦合来传递能量，原副边没有直接电的联系，自耦变压器原副边有直接电的联系，低压线圈就是高压线圈的一部分。通信线路的防护设备中也会使用自耦变压器等保护设备，如图 4-13 所示。

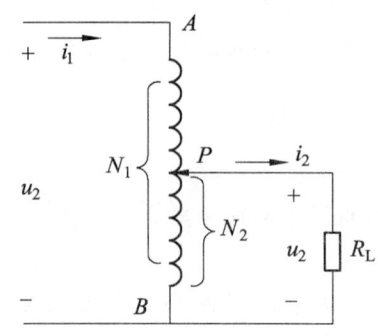

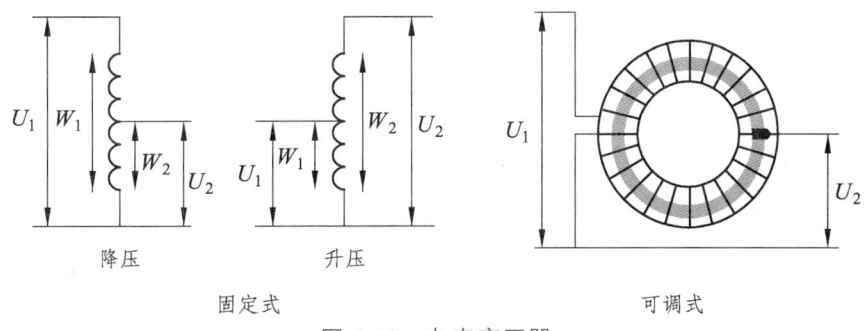

图 4-13 自耦变压器

使用时,改变滑动端的位置,可得到不同的输出电压。实验室中用的调压器就是根据此原理制作的。注意一次侧、二次侧千万不能对调使用,以防损坏变压器。因为 N 变小时,磁通增大,电流会迅速增加。

2. 互感器

互感器又称为仪用变压器,是电流互感器和电压互感器的统称。它能将高电压变成低电压、大电流变成小电流,用于量测或保护系统。其功能主要是将高电压或大电流按比例变换成标准低电压(100 V)或标准小电流(5 A 或 1 A,均指额定值),以便实现测量仪表、保护设备及自动控制设备的标准化、小型化。同时,互感器还可用来隔开高电压系统,以保证人身和设备的安全。

1)电压互感器

电压互感器和变压器类似,是用来变换电压的仪器。变压器变换电压的目的是输送电能,容量很大,一般都是以千伏安或兆伏安为计量单位。电压互感器变换电压的目的,主要是用来给测量仪表和继电保护装置供电,用来测量线路的电压、功率和电能,或者用来在线路发生故障时保护线路中的贵重设备、电机和变压器,因此电压互感器的容量很小,一般都只有几伏安、几十伏安,最大也不超过一千伏安。

电压互感器实质上就是一台降压变压器,将高电压转换成低电压以供测量,也可作为控制信号使用。电压互感器副边的额定电压一般为 100 V,如图 4-14 所示。

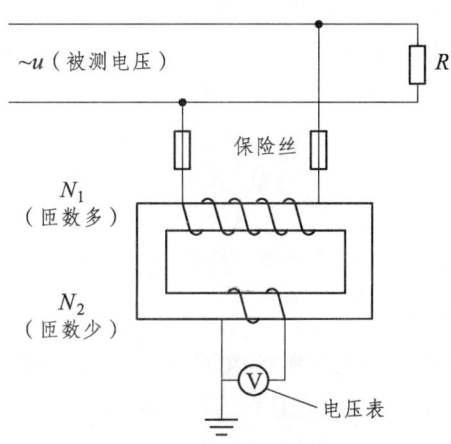

图 4-14 电压互感器

使用电压互感器时应注意：

（1）电压互感器的低压侧（二次侧）不允许短路，否则会造成副边、原边出现大电流，烧坏互感器，在高压侧应接入熔断器进行保护。

（2）为防止电压互感器高压绕组绝缘损坏，使低压侧出现高电压，电压互感器的铁心、金属外壳和副绕组的一端必须可靠接地。

2）电流互感器

电流互感器是依据电磁感应原理将一次侧大电流转换成二次侧小电流来测量的仪器。电流互感器是由闭合的铁心和绕组组成，一次侧绕组匝数很少，串在需要测量的电流的线路中，经常有线路的全部电流流过；二次侧绕组匝数比较多，串接在测量仪表和保护回路中。电流互感器在工作时，二次侧回路始终是闭合的，因此测量仪表和保护回路串联线圈的阻抗很小，电流互感器的工作状态接近短路。电流互感器是把一次侧大电流转换成二次侧小电流来测量，二次侧不可开路。

电流互感器实质上是一台升压变压器，将大电流转换成小电流，送到电流表或功率表的电流线圈以供测量，也可作为控制信号使用。电流互感器副边的额定电流一般为 5 A 或 1 A，如图 4-15 所示。

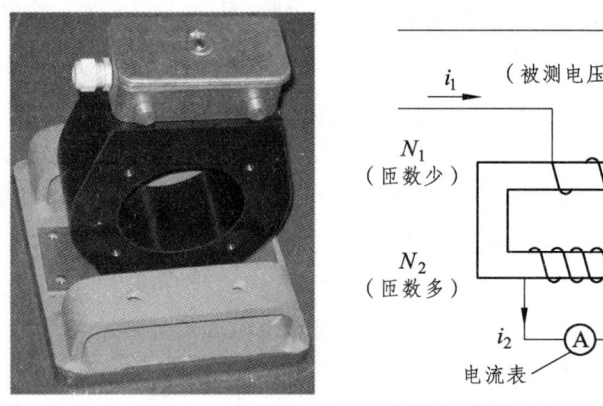

图 4-15　电流互感性

使用电流互感器时应注意：

（1）电流互感器在运行中不允许副边开路，因为原绕组是与负载串联的，其电流 I_1 的大小取决于负载的大小，而与副边电流 I_2 无关，当副边开路时铁心中由于没有 I_2 的去磁作用，主磁通将急剧增加，这不仅使铁损急剧增加，铁心发热，而且将在副绕组感应出数百甚至上千伏的电压造成绕组的绝缘击穿，并危及工作人员的安全。为此在电流互感器二次电路中不允许装设熔断器，在二次电路中拆装仪表时，必须先将绕组短路。

（2）为了安全，电流互感器的铁心和二次绕组的一端也必须接地。

3）钳形电流表

在工程中常用的钳形电流表是一种特殊的配有电流互感器的电流表，其外形、结构如图 4-16 所示。电流互感器的钳形铁心可以开、合，测量时按下压块，使可动铁心张开，将被测电流的导线套进钳形铁心口内，再松开压块，让弹簧压紧铁心，使其闭合，这根导线就是电流互感器的原绕组。电流互感器的副绕组绕在铁心上并与电流表接成闭合回路，可从电流表上直接读出被测电流的大小。钳形电流表可用来测量正在运行中的设备的电流，使用非常方便。

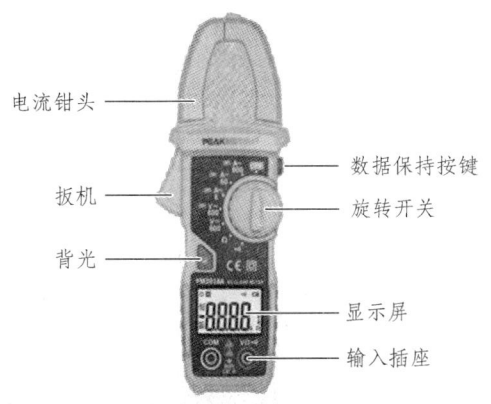

图 4-16 钳形电流表

使用注意事项：
（1）测量电流时，被测载流体的位置应放在钳口中央，以免产生误差。
（2）测量前应估计被测电流的大小，选择合适的量程，在不知道电流大小时，应选择最大量程，再根据指针适当减小量程，但不能在测量时转换量程。
（3）保持钳口干净无损，如有污垢用汽油擦洗干净再进行测量，保证读数准确。
（4）在测量 5 A 以下的电流时，为了测量准确，应该绕圈测量。
（5）钳形表不能测量裸导线电流，以防触电和短路。
（6）测量完后一定要将量程分挡旋钮放到最大量程。

3. 手机充电器中的变压器

手机充电器里有单相变压器。手机充电器输入为单相交流工频（50 Hz）220 V 低压电，经二极管整流三极管高频开断后，产生单相高频（10 kHz）交流电作为手机充电器变压器的输入。手机充电器频率高磁通变化快，能量传递快，铁心可以选择微小铁氧体，绕组可以选择细如发丝的铜导线，这样就可以做成体积微小、重量很轻的手机充电器的变压器，方便携带，如图 4-17 所示。

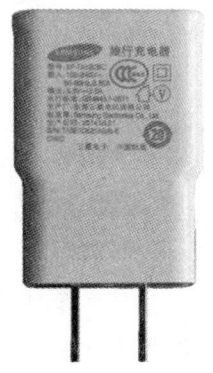 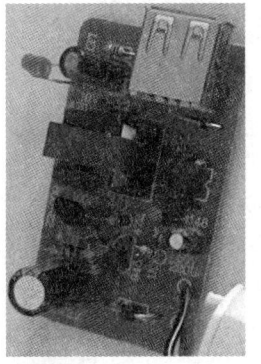 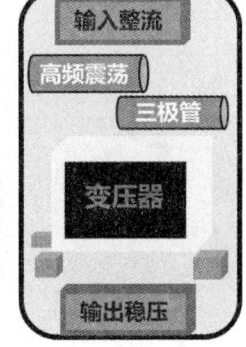

图 4-17 手机充电器

第二节　动车组牵引变压器

CR400 AF 型动车组牵引系统包括 Tc01 + M02 + Tp03 + Mb04 和 Mb05 + Tp06 + M07 + Tc08 组成两个独立的牵引动力单元,每个动力单元由 1 台牵引变压器向 2 台牵引变流器供电,每台牵引变流器含有 2 个逆变单元,架控驱动 4 台牵引电机。牵引主回路配置如图 4-18 和图 4-19 所示。

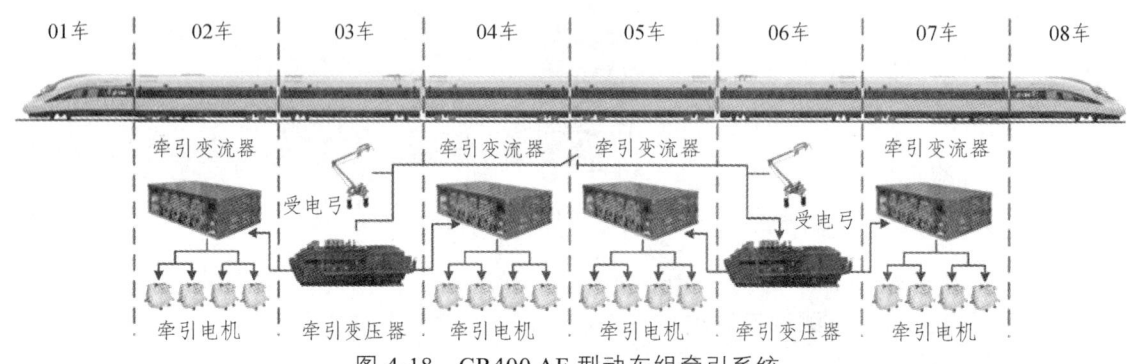

图 4-18　CR400 AF 型动车组牵引系统

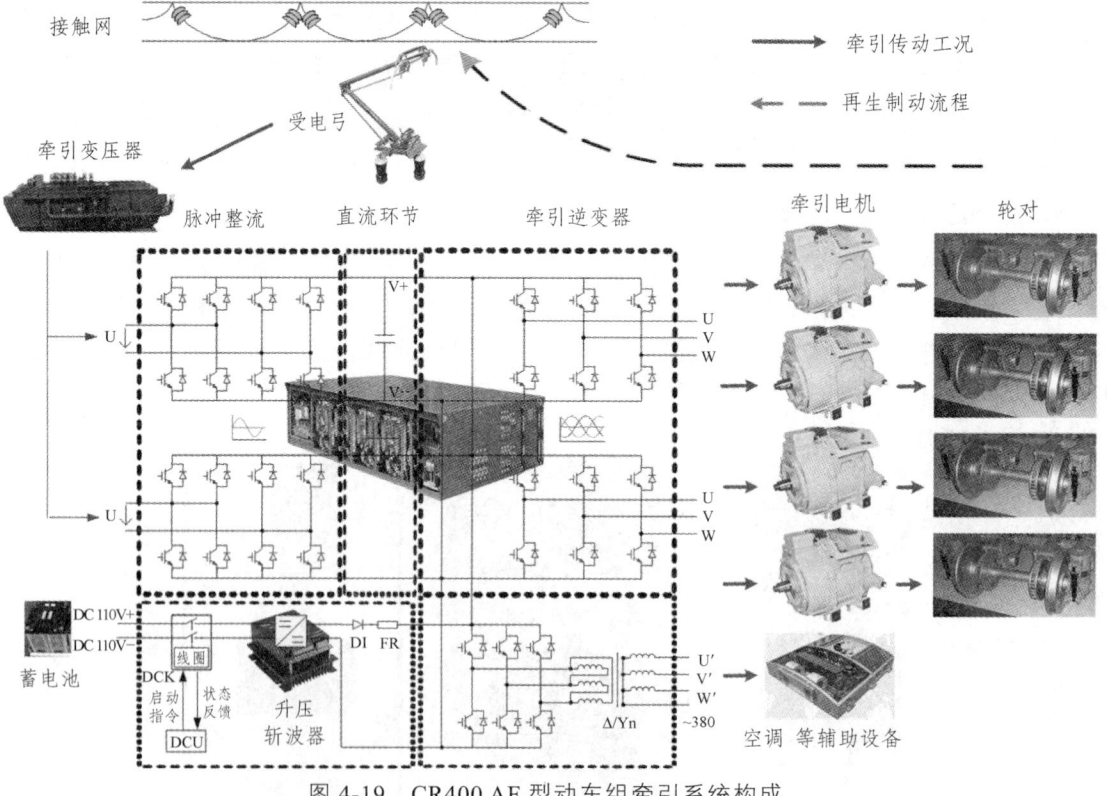

图 4-19　CR400 AF 型动车组牵引系统构成

一、TBQ55-6300/25 型牵引变压器的结构

TBQ55-6300/25 型牵引变压器装载于中国标准复兴号动车组列车上，采用弹性吊挂方式，安装于受电弓拖车设备舱内，用于把接触网上取得的 25 kV 高电压降至供低压电气使用的 1 900 V 电压。此变压器的设计寿命约为 30 年。变压器的外观如图 4-20 所示。

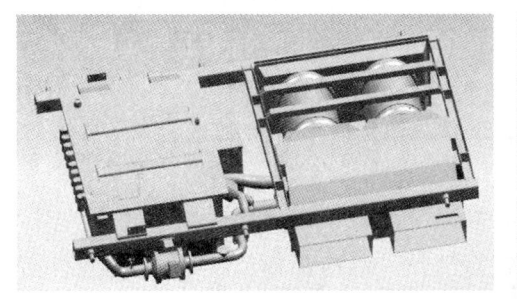

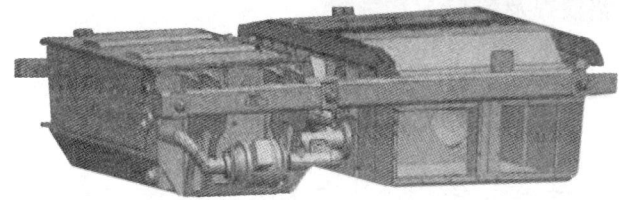

图 4-20　TBQ55-6300/25 型牵引变压器

TBQ55-6300/25 型牵引变压器的总质量 6 390 kg，变压器本体 5 630 kg，冷却系统 760 kg。

牵引变压器主要零部件：变压器器身 1 件、变压器油箱 1 个、冷却系统 1 套、高压套管 1 件、高压绕组接地用接头 1 套、牵引绕组用低压接头 8 件、Midel 7131 酯油、蝶阀 2 件、PT100 温度传感器 1 件、温度继电器 1 件、油流继电器 1 件、液位继电器 2 件、压力释放阀 1 件、油泵 1 件。

1. TBQ55-6300/25 型牵引变压器器身

变压器设计为两个心柱，多绕组心式结构。

变压器器身主要由铁心和线圈构成。铁心为单相型，由两个支撑绕组的两根心柱和两个铁轭组成。铁心采用冷轧取向硅钢片，表面进行绝缘涂层处理。变压器两根心柱采用整体包扎，在铁心两旁设置钢夹板，心柱和钢板用玻璃纤维带绑扎，然后在干燥炉中进行硬化处理。两根铁心柱用铁轭连接，铁轭用不锈钢螺栓连接到夹件上。螺杆夹紧结构和夹件有绝缘材料隔开。变压器器身部分与油箱之间的安装牢固，承受车辆运行横向及纵向加速冲击。

牵引绕组线圈由换位导线制成，高压绕组采用扁铜线制成。为防止绝缘材料长期运行后收缩，绕组已被充分烘干。绕组被紧密压实以备在短路时能够支撑轴向力。绕组块压紧后，通过特殊真空工艺进行干燥，防止回潮并增加机械强度。

2. 冷却系统

冷却单元（见图 4-21）为一整套冷却系统装置，绝缘和冷却介质为酯油 Midel7131，冷

却类型为 KDAF，冷却能力 300 kW，冷却介质最大温升 65K，冷却介质最高温度（绝对）105 °C。

冷却类型说明：第一个字母表示与绕组接触的内部冷却介质：O—矿物油或燃点不大于 300 °C 的合成绝缘液体；K—燃点大于 300 °C 的绝缘液体；I—燃点不可测出的绝缘液体。第二个字母表示内部冷却介质的循环方式：N—流经冷却设备和绕组内部的油流是自然的热对流循环；F—冷却设备中的油流是强迫循环，流经绕组内部的油流是热对流循环；D—冷却设备中的油流是强迫循环，（至少）在主要绕组内的油流是强迫导向循环。第三个字母表示外部冷却介质：A—空气；W—水。第四个字母表示外部冷却介质的循环方式：N—自然对流；F—强迫循环（风扇、泵等）。

油冷却器采用全铝制的波纹散热片，散热片间隙及形状采用经过防堵塞改进的部件。当冷却器发生堵塞时会造成冷却性能下降，必须进行清扫。油冷却器风管部位的侧面设有清扫（检查）窗口，进行堵塞检查及清扫。

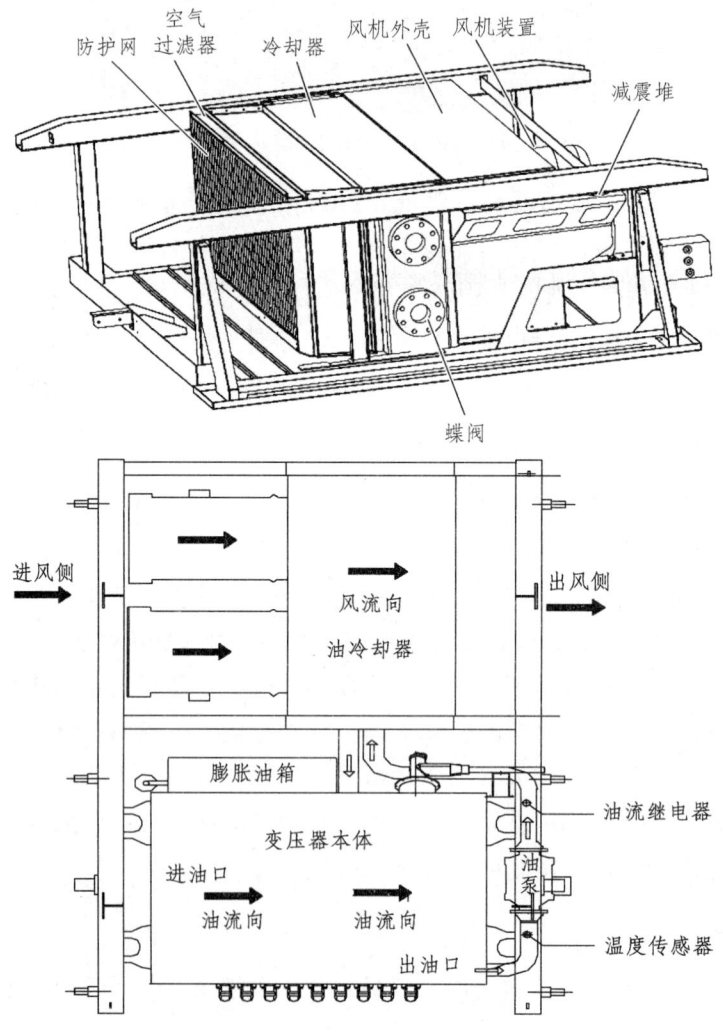

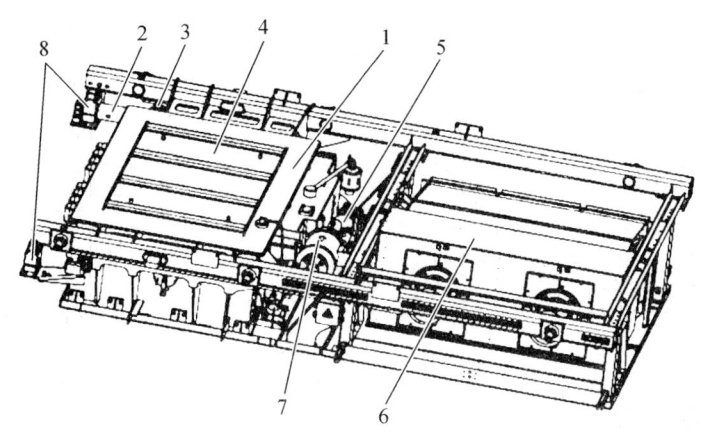

1—主变压器；2—高压T型头；3—高压端子；4—油箱；
5—管路；6—冷却系统；7—油泵；8—电流互感器。

图 4-21 冷却系统

3. 电动送风机

本变压器采用双电动送风机结构，电动送风机为三相鼠笼式感应电动机与送风机的直连结构。利用防振橡胶，将送风机悬挂于车体下变压器油冷却器的一侧。送风机为4级双叶轮轴流式，电动送风机规格型号为 TZTF5.7-Ⅱ-H/I，输出功率为 6.0 kW，电压为 AC 380 V。

4. 出线端子

变压器高压连接采用电缆插接式连接，由插头和套管组成，高压套管（U）采用浇注树脂，型号为 P400 AR-3-C-630 型，42 kV/630 A，接地端（V）采用 Pfiserer 端子，型号为 P3EC2 型 95 mm^2。

次边绕组出线端子（低压绕组）（S1，S2，S3，S4，S5，S6，S7，S8）采用 Pfiserer 端子，型号为 P3EC2 型 185 mm^2。

5. 压力释放阀

压力释放阀的型号是 50T 型。压力释放阀的作用是当变压器油箱内部因某种故障而使压力急剧增大到标定值时，其能迅速开启释放，从而防止变压器油箱破裂或爆炸。从压力释放阀排除的气体和油流排到车下，当恢复正常时，阀口关闭。压力释放阀动作时信号杆将弹起且不复位。

压力释放阀性能参数：开启压力为 70 kPa，关闭压力不小于 20 kPa。

6. 温度传感器

温度传感器用于测量变压器油温。温度传感器电路与控制系统连接，可根据温度传感器检测到的变压器油箱与冷却系统连接的进出油口的油温来判断变压器工作是否正常。

7. 温度继电器

温度继电器用于控制油温指示灯，当油温超出设定值时则继电器接点闭合，指示灯被点亮。

8. 油流继电器

油流继电器的型号为 OFS，作用是检测油循环是否正常。因油流作用于油流继电器的叶片上，从而使油流继电器的微动开关动作，显示油循环。在变压器投入运行时，如果油流停止或油流反向，油流继电器的微动开关不会动作。此时，动车组的计算机检测系统则判断变压器油泵异常。

9. 液位继电器

液位继电器设定了低液位、低低液位两个接点。当变压器油位低于低液位时，发出报警信号；当变压器油位低于低低液位时，开关闭合。

二、TBQ55-6300/25 型牵引变压器主要技术参数

TBQ55-6300/25 型牵引变压器主要技术参数见表 4-1

表 4-1　TBQ55-6300/25 型牵引变压器主要技术参数

结构形式	单相心式变压器		冷却泵规格	
频率/Hz	50		数量	4
绕组	高压绕组	低压绕组	供电电压（50 Hz）/V	AC 380
容量/(kV·A)	6 300	1 575×4	额定功率/kW	5.5
电压/V	25 000	1 900×4	电动送风机	
电流/A	252	829×4	个数	2
效率/%	96		风机电压（50 Hz）/V	AC 380
短路阻抗/%	42.5		风机功率（4极）/kW	6
绝缘等级	A 级		风机功率（8极）/kW	1
运行方式	连续额定			
总质量/kg	6 390			
主要尺寸/mm	4 200×2 653×710			

三、ATM9B/TBQ34-3855/25 型牵引变压器的特点

（1）2 次绕组为 2 个独立绕组，每个绕组与一台牵引变流装置连接，使 2 次绕组具有高

电抗和弱耦合性，确保牵引变换装置具有稳定运行的特性。另外，为对应每个 2 次绕组的增容，1 次绕组配置了 2 个并联结构的线圈。

（2）为了减轻重量，1 次线圈采用了铝质线圈。

（3）1 次绕组接地侧、2 次绕组侧及 3 次绕组侧的绝缘套管采用了耐热环氧树脂将 11 根铜质中心导线注塑一体成形的端子板。相对于 3 次绕组侧的一端子使用并引出了 2 根中心导线。

四、TBQ34-3855/25 型牵引变压器检修

1. 变压器运行前检查

高低压套管外部应清洁，无裂纹和破损，无放电痕迹及其他异常现象。压力释放阀正常，且无渗漏现象。油箱、冷却器和管路连接处的蝶阀应处于开启位置。油箱和车体之间接地应良好。变压器外表面应清洁、漆膜完好，各铭牌、字母牌应清洁、字迹清楚。变压器油箱和储油柜上的组件及连接处应无渗漏现象。变压器与车体连接处的安装螺栓应无松动现象。变压器油样化验合格。

2. 变压器运行时的检查

运行油泵和通风机，并检查运转是否正常，有无异响。接通负载，变压器正式投入运行。听变压器运行中是否夹有杂音。油泵和通风机应运转正常。变压器各密封件和焊缝无渗漏现象。通过机车上的计算机检测油温应正常、油泵运转应正常。引线接头和电缆应无发热现象。

3. 变压器运行停止后的检查

变压器与车体连接处的安装螺栓应无松动现象。套管外部应清洁，无裂纹和破损，无放电痕迹及其他异常现象。油箱和车体之间接地应良好。变压器外表面应清洁、漆膜完好，各铭牌、字母牌应清洁、字迹清楚。变压器油箱密封件、组件和焊缝有无渗漏现象。变压器油样化验合格。检查压力释放阀是否动作，有无渗漏现象。如果压力释放阀动作，应观察变压器油箱的外壁是否明显变形，且应测量变压器的绝缘电阻、直流电阻、电压比和对变压器油做油样简化试验，以便进一步确认变压器有无故障。如果变压器无故障或将故障修复后，应将压力释放阀的信号杆复位。

五、TBQ34-3855/25 型牵引变压器故障分析与处理

TBQ34-3855/25 型牵引变压器故障分析与处理见表 4-2。

表 4-2 TBQ34-3855/25 型牵引变压器故障分析与处理

序号	故障现象/信息	直接原因	处理方法
1	油泵不规则运行、运行噪声、轴承故障、绕组故障、阻塞、漏油等	油泵故障	更换有故障油泵
2	压力释放阀无信号或信号错误，机械故障、不动作	压力释放阀故障	更换压力释放阀
3	油流继电器无信号或信号错误，机械故障、不动作	油流继电器故障	更换油流继电器
4	温度继电器无信号或信号错误，机械故障、不动作	温度继电器故障	更换温度继电器
5	温度传感器无信号或信号错误，机械故障等	温度传感器故障	更换温度传感器
6	变压器烧损	短路、过压等	更换有故障变压器

六、TBQ34-3855/25 型牵引变压器拆卸

现场起重设备的额定起重量应大于变压器重量。起吊用钢丝绳须经严格检查，起吊时吊绳与铅垂线之间的夹角不大于 30°。先试吊，合格后才能正式起吊。列车必须同受电弓线路隔离，同辅助电源隔离，处于停用状态，变压器冷却后才能进行拆卸工作。起吊时，要由专人负责，四周要有人监视。

拆除变压器和储油柜之间的快速接头连接软管；拆除变压器、冷却器与车体的接地线；拆卸变压器出线套管连接母线上的螺栓；拆除变压器安装座与车体的安装螺栓；拆除变压器与外部的连线插头和电气连线；将变压器吊到预定位置。

油泵拆卸与安装：关闭油泵，确保不带电；打开端子盒，断开电缆；拆下电缆；关闭油泵前后的蝶阀；打开油泵上方联管放气塞；松开油泵的法兰连接件螺栓；拆下油泵，并更换；注意确保新油泵中正确的油流方向；确保新油泵的旋转方向正确；拧紧新油泵的法兰连接螺栓；缓慢打开油泵与冷却器之间的蝶阀。此时变压器油流入油泵；当放气塞处有变压器油流出时，关闭放气塞；此时完全打开油泵前后的两个蝶阀；验证油泵及其法兰连接螺栓是否紧固；用变压器油将储油柜注满到正确的油位；将电缆连接到油泵；用相序仪测试油泵的旋转方向以及循环泵油流方向；改变两个端子连接可以改变循环泵的旋转方向。

油流继电器拆卸与安装：准备一个油盆，放在油管下方；在更换油流继电器之前，先关闭油流继电器前后的蝶阀，蝶阀为铸铝结构，蝶阀的开关键具有防松功能，并可指示"开"和"关"的方向。转动蝶阀的开关键并指示在"关"的位置，确认蝶阀处于关闭状态；用干净棉布擦拭油流继电器以及安装连管周围污垢。用螺丝刀打开接线盒，拆开油流继电器的接线；用扳手慢慢拧开油流继电器在油管上的安装螺栓，让联管内变压器油徐徐流下。待不再有油流下时，拆除原油流继电器，安装油流继电器，注意把表面擦拭干净。

油流继电器安装时注意事项：油流叶片与油流方向垂直；安装油流继电器与油管的安装螺栓，注意密封可靠。接上油流继电器接线，接常闭触点；更换完毕后，打开油流继电器前后的蝶阀，确认一切无误后，启动油泵检查油流动作情况，表盘上的指针应指向满刻度。

温度传感器拆卸与安装：从端子盒取下插头；从温度计槽取出电阻温度计；验证温度计槽内充满其容量 2/3 的变压器油；将新电阻温度计用螺栓拧到温度计槽中；连接插头；将盖板用螺栓拧到电阻温度计上；测试温度计指示是否正确。

温度继电器拆卸与安装：扳下橡胶制接头盖，卸下导线；用扳手钳住压紧螺母后缓慢松开止动螺母；用手拿住温度计的指示部位松开压紧螺母，注意不可向温传感部位过分用力，轻轻地将其拔出；安装顺序相反，不得弯曲、拧扭传感器，不可向温传感部过分用力。

习 题

1. 变压器有哪些部件？各部件的作用是什么？
2. 变压器的原、副边绕组电动势极性相同的两个对应的端点，称为_____端。
3. 单相变压器的高压绕组出线端，以大写字母____和____标志。
4. 变压器的连接组别用_____来确定。
5. 单相变压器的连接组别只有_____和_____两种。
6. 电压互感器副边的额定电压一般为_____。
7. 电压互感器是一个_____运行的单相降压变压器。
8 电流互感器副边的额定电流一般为_____。
9. 电流互感器是一个_____运行的单相升压变压器。
10. 电流互感器在使用时副边不许_____。
11. 电压互感器在使用时副边不许_____。
12. 主变压器的基本结构由_____、_____、_____、_____和_____等部件组成。
13. 主变压器的器身由_____、_____、器身绝缘和_____等组成。
14. 主变压器的铁心结构形式有_____和_____两类。
15. 为了保证主变压器安全可靠运行，变压器绕组必须具有足够的_____、耐热强度和良好的_____。
16. 油箱是油浸式主变压器的外壳，变压器的_____就放在充满变压器油的油箱内。
17. 在油浸式变压器中，变压器油既是一种_____，又是一种_____。
18. 当变压器原边电压一定时，无论负载是否变化，主磁通基本_____。
19. 为什么变压器的铁心要用硅钢片叠成？用整块的铁心行不行？钢片里为什么要加入硅材料？
20. 有一台变压器在修理后，铁心出现气隙，这对于铁心的磁阻、工作磁通以及励磁电流有何影响？
21. 变压器能否用来变换直流电压？如果将变压器接到与它的额定电压相同的直流电源上，会产生什么后果？
22. 变压器的输出功率是否取决于变压器的容量？

第五章 动车组牵引电机

第五章数字资源

第一节 直流电机基础知识

直流电机是直流发电机和直流电动机的总称。直流电机具有可逆性，作直流发电机使用时，它将机械能转换成直流电能输出；作直流电动机使用时，则又将直流电能转换成机械能输出。

一、直流电机的工作原理

1. 直流电机的模型结构

图 5-1 所示为直流电机简单模型图。N、S 为定子上固定不动的两个主磁极，主磁极可以采用永久磁铁，也可以采用电磁铁，在电磁铁的励磁线圈上通以方向不变的直流电流，便形成一定极性的磁极。

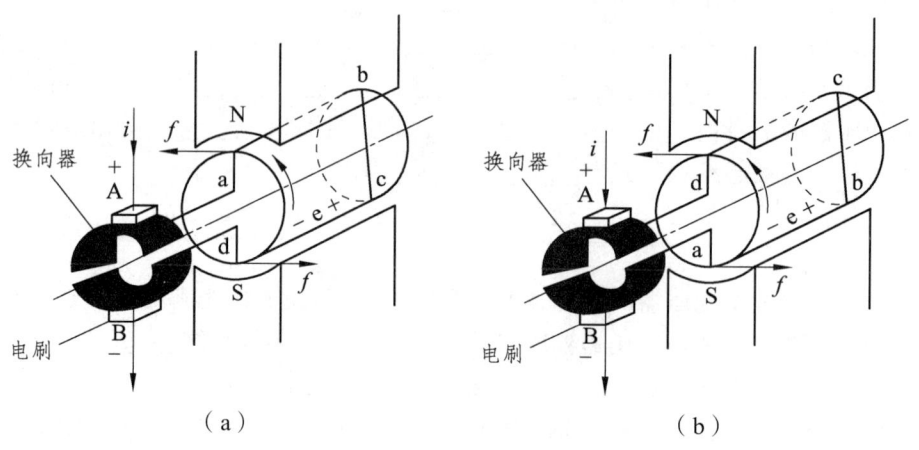

图 5-1 直流电机模型

在两个主磁极 N、S 之间装有一个可以转动的、由铁磁材料制成的圆柱体；圆柱体表面嵌有一线圈 abcd（称为电枢绕组），线圈首末两端分别连接到两个弧形铜片（称为换向片）上。换向片及间隙中的绝缘材料构成一个体，称为换向器，它固定在转轴上（但与转轴绝缘），随转轴一起转动，整个转动部分称为电枢。为了接通电枢内电路和外电路，在定子上装有两个固定不动的电刷 A 和 B，并压在换向器上，与其保持滑动接触。

2. 直流发电机工作原理

1）感应电动势的产生

当直流发电机的电枢被原动机拖动，并以恒速 v 逆时针方向旋转时，如图 5-1（a）所示，线圈两个有效边 ab 和 cd 将切割磁力线而感应产生电动势 e，其方向用右手定则确定。导体 ab 靠近 N 极，导体 cd 靠近 S 极，感应电动势方向分别为 b→a，d→c。若接通外电路，电流从换向片 1→A→负载→B→换向片 2。电流从电刷 A 流出，具有正极性，用"＋"表示；从电刷 B 流入，具有负极性，用"－"表示。

当电枢转过 90°时，线圈有效边 ab 和 cd 转到 N、S 极之间的几何中心线上，此处磁密为零，故这一瞬时感应电动势为零。当电枢转过 180°时，导体 ab 和 cd 及换向片 1、2 位置互换，如图 5-1（b）所示。导体 ab 靠近 S 极，导体 cd 靠近 N 极，线圈两个有效边产生的感应电动势方向分别为 a→b，c→d，电势方向恰与开始瞬时相反。外电路中流过的电流从换向片 2→A→负载→B→换向片 1。由此可见，电刷 A（B）始终与转到 N（S）极下的有效边所连接的换向片接触，故电刷极性始终不变，A 为"＋"，B 为"－"。由以上分析可知，线圈内部为一交变电动势，但电刷引出的电动势方向始终不变，为一单方向的直流电动势。

2）感应电动势的波形

根据电磁感应定律，每根导体产生的感应电势 e（V）为

$$e = B_x L v$$

式中　B_x——导体所在位置的磁通密度（T）；
　　　L——导体切割磁力线的有效长度（m）；
　　　v——导体切割磁力线的线速度（m/s）。

要想知道电动势的波形，先得找出磁密的波形，前已设电枢以恒速 v 旋转，v 为常数，L 在电机中不变，则 $e \propto B_x$，即导体电动势随时间的变化规律与气隙磁密的分布规律相同。设想将电枢从外圆某一点沿轴切开，把圆周拉成一直线作为横坐标，纵坐标表示磁通密度，而绘出的 B_x 分布曲线如图 5-2 所示，为一梯形波。由于 $e \propto B_x$，电动势波形与磁密波形可用同一曲线表示，只需换一坐标即可得到线圈内部交变电动势波形，如图 5-2 所示。通过电刷和换向器的作用，及时地将线圈内的交变电动势转换成电刷两端单方向的直流电动势，如图 5-3 所示，但它是一个大小在零和最大值之间变化的脉振电动势。

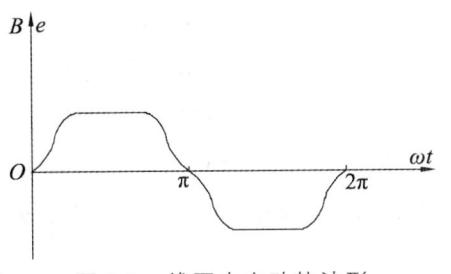

图 5-2　线圈内电动势波形

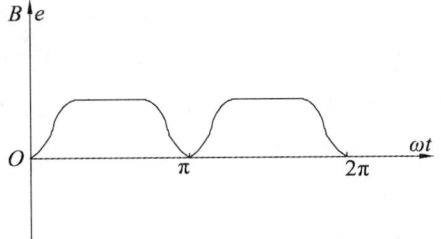

图 5-3　电刷两端的电动势波形

对于图 5-1 所示的直流电机简单模型，由于电枢上只嵌放了一个线圈，所以感应电动势数值小，波动大。为了减小电动势的脉动，实际电机中，电枢上放置许多线圈组成电枢绕组，这些线圈均匀分布在电枢表面，并按一定规律连接起来。图 5-4 表示一台两极直流电机，电枢上嵌放在空间互差 90°的两个线圈产生的电动势波形，由图可见，其脉动程度大大减小了。实践证明，若每极下线圈边数大于 8，电动势脉动的幅值将小于 1%，基本为一直流电动势，

如图 5-5 所示。

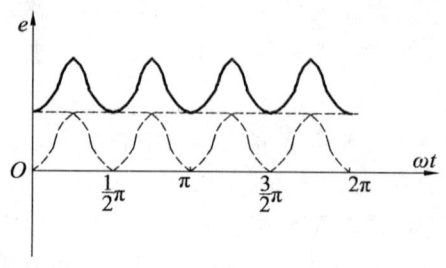

图 5-4 两个线圈换向后的电动势波形

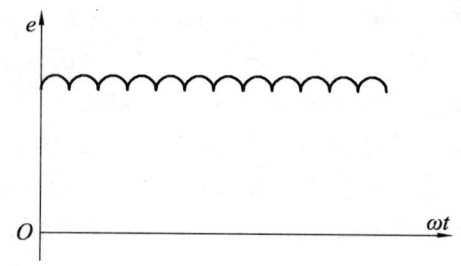

图 5-5 多个线圈电刷两端的电动势波形

3）直流发电机产生的电磁转矩

当直流发电机电刷两端获得直流电动势后，若接上负载，便有一电流流过线圈，电流 i 与电动势 e 的方向相同。同时，载流导体在磁场中必然产生一电磁力 f，其方向用左手定则确定。电磁力对转轴形成一电磁转矩 T，T 与电枢旋转的方向相反，起到了阻碍作用，故称为阻转矩。直流电机要维持发电状态，原动机就必须输入机械能克服电磁转矩 T，由此实现了将机械能转换成为电能。

3. 直流电动机工作原理

图 5-6 所示为两极直流电动机工作原理。直流电动机结构与直流发电机相同，不同的是电刷 A、B 外接一直流电源。图中瞬时电流的流向为 +→A→换向片 1→a→b→c→d→换向片 2→B→−。根据电磁力定律，载流导体 ab、cd 都将受到电磁力 f 的作用，其大小为

$$f = B_x Li$$

式中　i—— 导体中流过的电流（A）。

导体所受电磁力的方向用左手定则确定，在初期瞬时，ab 靠近 N 极，受力方向从右向左，cd 靠近 S 极，受力方向从左向右，电磁力对转轴便形成一电磁转矩 T。在 T 的作用下，电枢便逆时针旋转起来。当电枢转过 90°，电刷不与换向片接触，而与换向片间的绝缘片相接触，此时线圈中没有电流流过，$i=0$，故电磁转矩 $T=0$。但由于惯性，电枢仍能转过一个角度，电刷 A、B 则又将分别与换向片 2、1 接触。线圈中又有电流 i 流过，此时，导体 ab、cd 中电流改变了方向，即为 b→a，d→c，且导体 ab 转到 S 极，ab 所受的电磁力 f 方向从左向右，cd 转到 N 极，cd 所受的电磁力 f 方向从右向左。因此，线圈仍然受到逆时针方向电磁转矩的作用，电枢始终保持同一方向旋转。

在直流电动机中，电刷两端虽然加的是直流电源，但在电刷和换向器的作用下，线圈内部却变成了交流电，从而产生了单方向的电磁转矩，驱动电机持续旋转。同时，旋转的线圈中也将感应产生电动势 e，其方向与线圈中电流方向相反，故称为反电动势。直流电动机若要维持继续旋转，外加电压就必须高于反电动势，才能不断地克服反电动势而流入电流，正是这种"不断克服"，实现了将电能转换成为机械能。

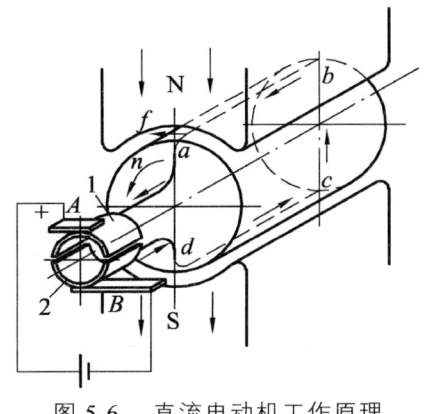

图 5-6　直流电动机工作原理

二、直流电机基本结构

1. 直流电机的额定值

每一台电机都有一块铭牌，上面标注各种额定数据，简要介绍这台电机的型号、规格、性能，是用户合理选择和正确使用电机的依据。根据国家标准要求设计和试验所得的一组反映电机性能的主要数据，称为电机的额定值。

1）额定功率 P_N

额定功率指电机按规定的工作方式运行时，所能提供的输出功率。发电机的额定功率是指接线端子处的输出功率；电动机的额定功率是指电动机转轴的有效机械功率，单位为千瓦（kW）。额定功率、额定电压和额定电流的关系为：发电机 $P_N = U_N I_N$，电动机 $P_N = U_N I_N \eta_N$

2）额定电压 U_N

额定电压指在额定输出时电机接线端子间的电压，单位为伏特（V）。

3）额定电流 I_N

额定电流指电机按照规定的工作方式运行时，电机绕组允许流过的最大安全电流，单位为安培（A）。

4）额定转速 n_N

额定转速指电机在额定电压、额定电流和额定输出功率时，电机的旋转速度，单位为转/分（r/min）。

此外，额定值还包括工作方式、励磁方式、额定励磁电压、额定温升、额定效率 η_N 等。

额定值是选用或使用电机的主要依据，人们一般希望电机按额定值运行。但实际上，电机运行时的各种数据可能与额定值不同，它们由负载的大小来确定。若电机的电流正好等于额定值，称为满载运行；若电机的电流超过额定值，称为过载运行；若比额定值小得多，称为轻载运行。长期过载运行将使电机过热，降低电机寿命甚至造成损坏；长期轻载运行又使得电机的容量不能充分利用。这两种情况都将降低电机的效率，都是不经济的。故在选择电机时，应根据负载的情况，尽可能使电机运行在额定值附近。

2. 直流电机的基本结构

直流电机由静止的定子和旋转的转子两大部分组成,在定子和转子之间有一定大小的间隙(称为气隙),如图 5-7 所示。

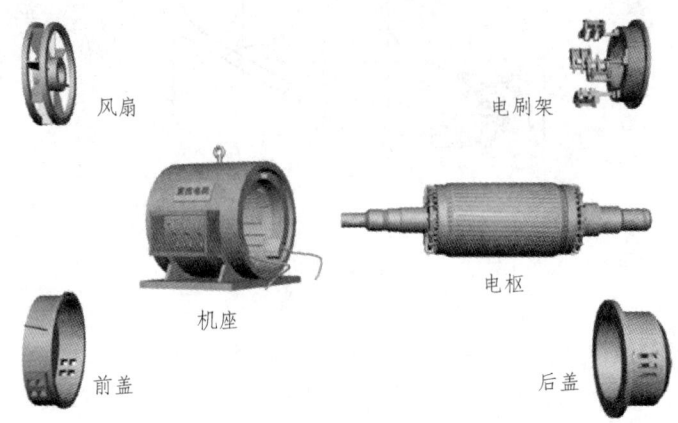

图 5-7 直流电机结构

1)定　子

直流电机定子的作用是产生磁场和作为电机的机械支撑。它主要由机座、主磁极、换向极和电刷装置等组成。

(1)机座。

机座兼有机械支撑和导磁磁路两个作用。它既是安装电机所有零件的外壳,又是联系各磁极的导磁铁轭。机座通常为铸钢件,也有采用钢板焊接而成的。对于换向要求较高的电机,可采用叠片结构的机座。

(2)主磁极。

主磁极如图 5-8 所示,由主极铁心和主极线圈两部分组成。主极铁心一般用 1~1.5 mm 厚的薄钢板冲片叠压后再用铆钉铆紧成一个整体。小型电机的主极线圈用绝缘铜线(或铝线)绕制而成,大中型电机主极线圈用扁铜线绕制,并进行绝缘处理,然后套在主极铁心外面。整个主磁极用螺钉固定在机座内壁。

(3)换向极。

换向极又称为附加极,它装在两个主极之间,用来改善直流电机的换向。换向极由换向极铁心和换向极线圈构成。换向极铁心大多用整块钢加工而成。但在整流电源供电的功率较大电机中,为了更好地改善电机换向,换向极铁心也采用叠片结构。换向极线圈与主极线圈一样也是用圆铜线或扁铜线绕制而成后,经绝缘处理再套在换向极铁心上,最后用螺钉将换向极固定在机座内壁。

(4)电刷装置。

电刷装置的作用是通过电刷与换向器表面的滑动接触,把转动的电枢绕组与外电路相连。电刷装置一般由电刷、刷握、刷杆、刷杆座等部分组成,如图 5-9 所示。电刷一般用石墨粉压制而成。电刷放在刷握内,用弹簧压紧在换向器上,刷握固定在刷杆上,刷杆装在刷杆座上,成为一个整体部件。

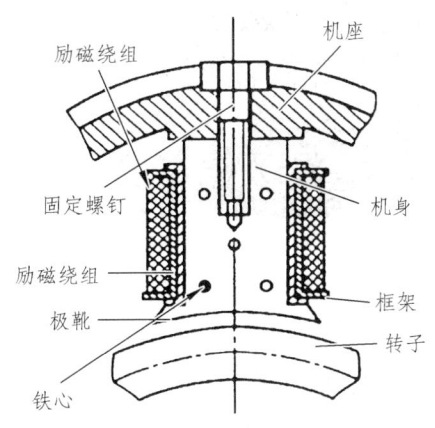
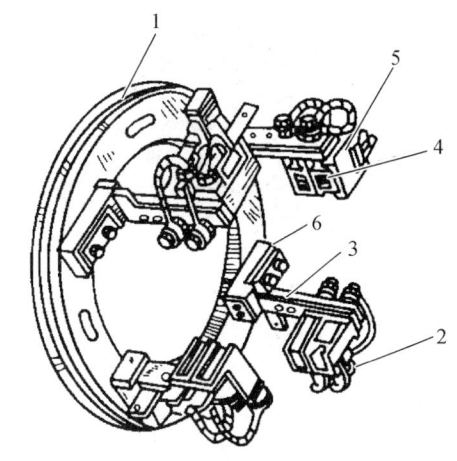

1—刷杆座；2—弹簧；3—刷杆；4—电刷；5—刷握。

图 5-8 主磁极　　　　　　　　图 5-9 电刷装置

2）转　子

转子又称为电枢，主要由转轴、电枢铁心、电枢绕组和换向器等组成。

（1）转轴。

转轴的作用是用来传递转矩的，一般用合金钢锻压而成。

（2）电枢铁心。

电枢铁心是电机磁路的一部分，也是承受电磁力作用的部件。当电枢在磁场中旋转时，在电枢铁心中将产生涡流和磁滞损耗，为了减小这些损耗的影响，电枢铁心通常用 0.5 mm 厚的电工钢片叠压而成，电枢铁芯固定在转子支架或转轴上。电枢铁芯冲片如图 5-10 所示，沿铁心外圈均匀地分布有槽，在槽内嵌放电枢绕组。

（3）电枢绕组

电枢绕组的作用是产生感应电势和通过电流产生电磁转矩，实现机电能量转换。它是直流电机的主要电路部分。电枢绕组通常都用圆形或矩形截面的导线绕制而成，再按一定规律嵌放在电枢槽内，上下层之间以及电枢绕组与铁心之间都要妥善地绝缘。为了防止离心力将绕组甩出槽外，槽口处需用槽楔将绕组压紧，伸出槽外的绕组端接部分用无纬玻璃丝带绑紧。绕组端头则按一定规律嵌放在换向器铜片的升高片槽内，并用锡焊或氩弧焊焊牢。

（4）换向器。

换向器的作用是机械整流，即在直流电动机中，它将外加的直流电流逆变成绕组内的交流电流；在直流发电机中，它将绕组内的交流电势整流成电刷两端的直流电势。换向器的结构如图 5-11 所示。换向器由许多换向片组成，换向片间用云母片绝缘。换向片凸起的一端称为升高片，用以与电枢绕组端头相连；换向片下部做成燕尾形，利用换向器套筒、V 形压圈及螺旋压圈将换向片、云母片紧固成一个整体。在换向片与换向器套筒、压圈之间用 V 形云母环绝缘，最后将换向器压装在转轴上。

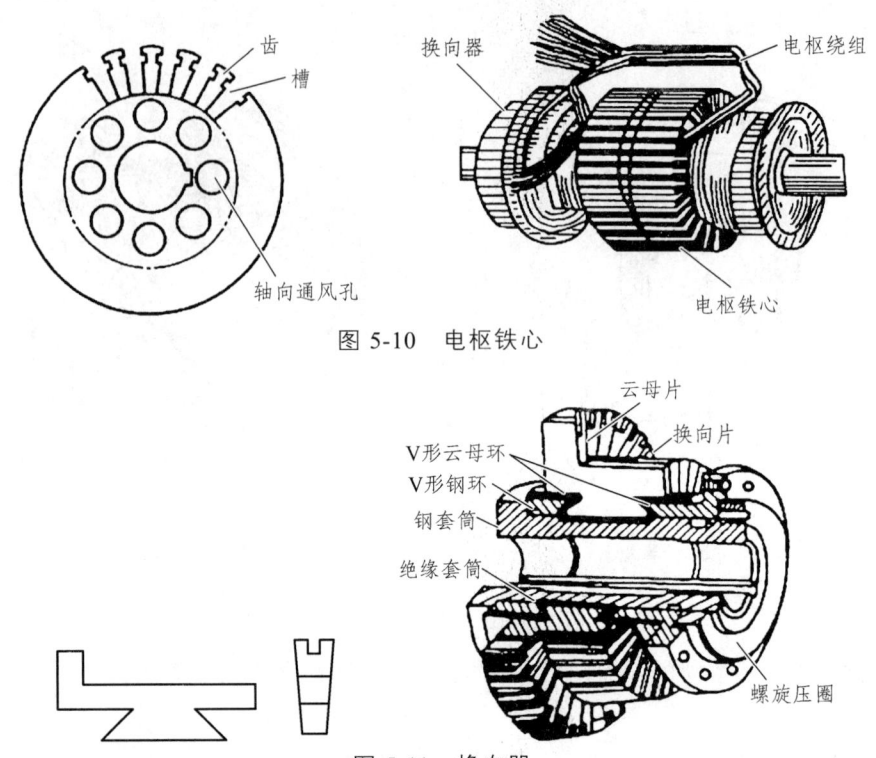

图 5-10 电枢铁心

图 5-11 换向器

三、直流电机的电枢绕组

电枢绕组是实现电能和机械能相互转换的枢纽，是直流电机的重要部件之一。绕组的型式与电机的性能、寿命和效率有很大的关系。研究直流电机电枢绕组，主要是找出绕组元件相互之间和元件与换向器之间的连接规律。不同类型的电枢绕组，具有不同的连接规律。直流电机的电枢绕组分为单叠绕组、复叠绕组、单波绕组、复波绕组等几种类型。

1. 电枢绕组概述

1）对电枢绕组的要求

电枢绕组是由许多形状相同的线圈，按一定规律连接起来的总称。对于电枢绕组，要求一定的导体数，应能产生较大的电势；通过一定大小的电流能产生足够大的电磁转矩。同时，应尽量节省有色金属和绝缘材料，且结构简单，运行安全可靠。

2）绕组元件

绕组元件是用绝缘铜导线绕制成的线圈，这些线圈是组成电枢绕组的基本单元，故称为绕组元件。一个元件有两个有效边，其中一个有效边嵌放在某个槽的上层（称为上元件边），另一个有效边嵌放在另一个槽的下层（称为下元件边），元件的首末端分别接于两个换向片上，如图 5-12 所示。元件在铁心槽内的部分称为有效部分，槽外两端仅起连接作用，称为端节部分。

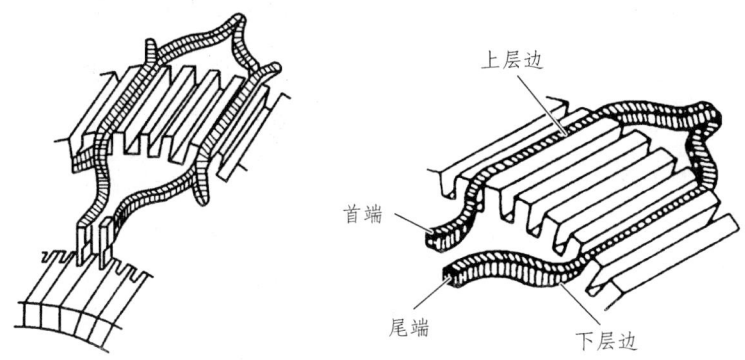

图 5-12　线圈与换向器

3）元件数 S、换向片数 K、虚槽数 Z_u 之间的关系

每个元件均有首末两端,而每个换向片总是焊接着一个元件的末端和另一个元件的首端。因此,元件数与换向片数相等,即 $S=K$。若每一个实槽内嵌放上下两个有效边,则称为一个单元槽或一个虚槽。但有些电机,一个实槽内上下层常并列嵌放多个元件边,如图 5-13 所示。这时,电枢总的虚槽数为

$$Z_u = uZ$$

式中　Z——电枢铁心实槽数;

u——一个实槽内所包含的虚槽数。

于是,可得 S、K、Z_u 的关系为

$$S = K = Z_u = uZ$$

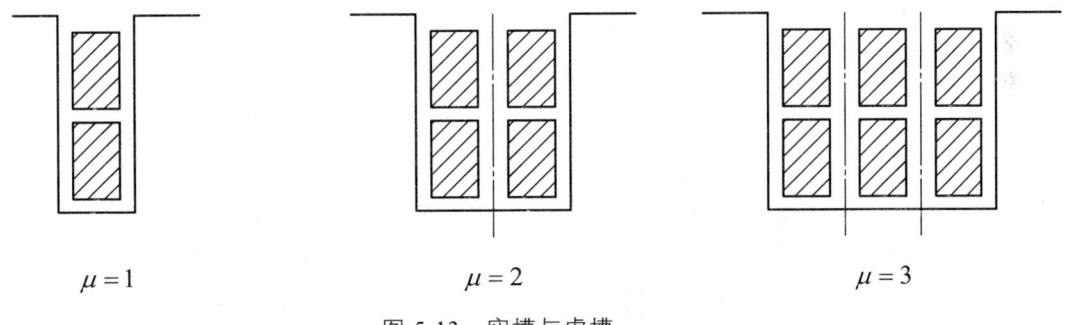

图 5-13　实槽与虚槽

4）极距 τ

它是电枢表面圆周上相邻两主磁极之间的距离,以长度表示为

$$\tau = \frac{\pi D_a}{2p}$$

以虚槽表示为

$$\tau = \frac{Z_u}{2p}$$

式中 D_a——电枢外径；

p——主磁极对数。

5）绕组的形式和节距

（1）绕组的基本形式。直流电机的电枢绕组最基本的有单叠绕组和单波绕组两大类，图 5-14 所示为单叠绕组的连接规律示意图。由图可见，单叠绕组的相邻绕组元件在电枢表面仅差一个槽，单个绕组元件的首端和末端之间相邻一个换向片。例如，图 5-14 中第一绕组元件从 N 极出发，绕到相邻的 S 极，通过换向器与 N 极下的第二绕组元件串联，直到所有的绕组元件都串联起来为止。

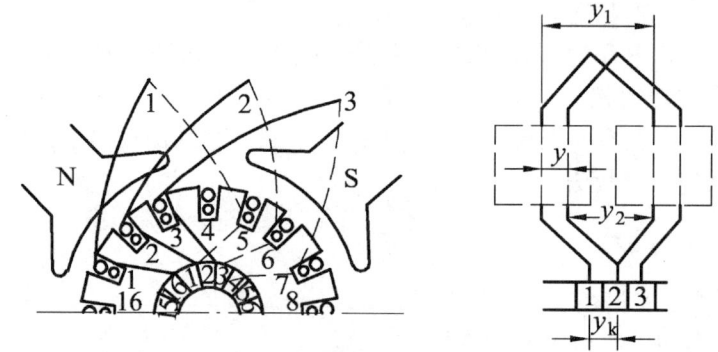

图 5-14 单叠绕组连接规律示意图

图 5-15 所示为单波绕组的连接规律示意图。由图可见，单波绕组的相邻绕组元件相隔约两个极距，第二绕组元件与第一绕组元件处在相同极性的两个磁极下，单个绕组元件的首端与末端相隔约两个极距。若电机有 p 对磁极，则连接 p 个元件后才回到出发元件的邻近，并相隔一个槽，以便第二周继续绕下去，直到所有的绕组元件都串联起来为止。

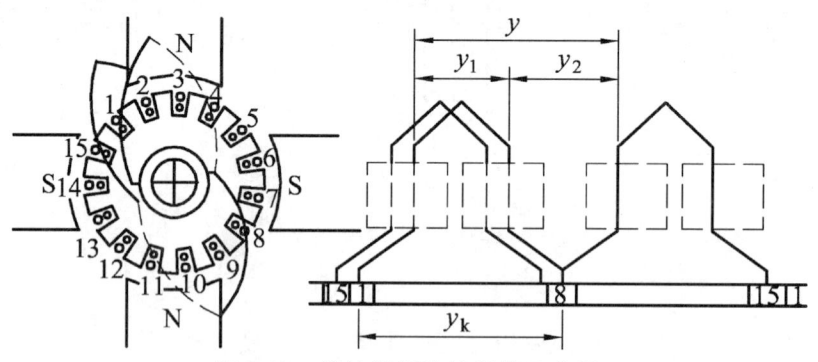

图 5-15 单波绕组连接规律示意图

（2）绕组的节距。各种绕组在电枢和换向器上的连接规律，由绕组的节距来确定。直流电机的节距有线圈节距（又称为第一节距）y_1，合成节距 y，换向器节距 y_k 和后节距（又称为第二节距）y_2 等。

① 线圈节距 y_1。

线圈节距 y_1 是指同元件两有效边在电枢表面所跨过的距离（见图 5-14），一般以虚槽数表示，即

$$y_1 = \frac{Z_u}{2p} \pm \varepsilon = 整数$$

式中，ε 是用来把 y_1 凑成整数的一个小数。当 $\varepsilon = 0$ 时，$y_1 = \tau$，为整距绕组；当 ε 取 "−" 号时，$y_1 < \tau$，为短距绕组；当 ε 取 "+" 号时，$y_1 > \tau$，为长距绕组。整距绕组可获得最大感应电势，短距和长距绕组感应电势略小。由于短距绕组比长距绕组能节省端部材料，同时短距绕组对换向有利，所以一般采用短距绕组。

② 合成节距 y。

合成节距 y 是指相连接的两个绕组元件的对应边在电枢表面所跨过的距离（见图 5-14）。

③ 换向器节距 y_k。

换向器节距 y_k 是指同一个绕组元件首末端所连接两换向片之间在换向器表面所跨过的距离（见图 5-14）。以换向片数表示：$y_k = y$。

④ 后节距 y_2。

后节距 y_2 是指相串联的两元件中，第一元件的下层有效边与所连接的第二元件的上层有效边之间在电枢表面所跨过的距离（见图 5-14）。其值取决于 y_1 和 y，并与绕组的类型有关。

单叠绕组 $y_2 = y_1 - y$。

单波绕组 $y_2 = y - y_1$。

2. 单叠绕组

单叠绕组的同一元件首末两端分别与相邻两换向片相接，第一只元件的末端与第二只元件的首端接在同一换向片上。两只相互串联的元件总是后一只紧叠在前一只上面，故称为叠绕组。其特征为：$y = y_k = \pm 1$，式中，取 "+" 为右行绕组，取 "−" 为左行绕组，左行绕组端部交叉，一般不予采用。为进一步分析单叠绕组的连接方法和特点，现以 $Z = S = K = 16$，$2p = 4$ 为例，绕制一单叠右行绕组。

1）计算节距

$y_1 = \frac{Z}{2p} \pm \varepsilon = \frac{16}{4} \pm 0 = 4$，为整距绕组。$y = y_k = 1$，为单叠右行绕组。

$y_2 = y_1 - y = 4 - 1 = 3$。

2）绕组展开图

根据求得的各种节距，可画出绕组展开图。先将电枢表面展开成平面，并将电枢槽、电枢元件及换向片编号。其中元件及换向片号与其上层边所在槽号相同，电枢槽号和换向片号之间的相对位置，用如下方法确定：为了使元件的端接对称，应使每一元件所接的两个换向片的分界线与其轴线重合。图 5-16 所示为单叠右行绕组展开图，图中元件上层边

画成实线，下层边画成虚线。第一元件的首端接在换向片 1 上，它的一边放在 1 号槽的上层，另一边放在 5 号槽的下层（$y_1=4$），末端接在换向片 2 上（$y_k=1$）；第二元件的首端接到换向片 2 上，它的一边放在 2 号槽的上层，另一边放在 6 号槽的下层，末端接到换向片 3 上；依次连接第三，四……直到第十六元件。第十六元件的末端又接到换向片 1 上，组成一个闭合回路。

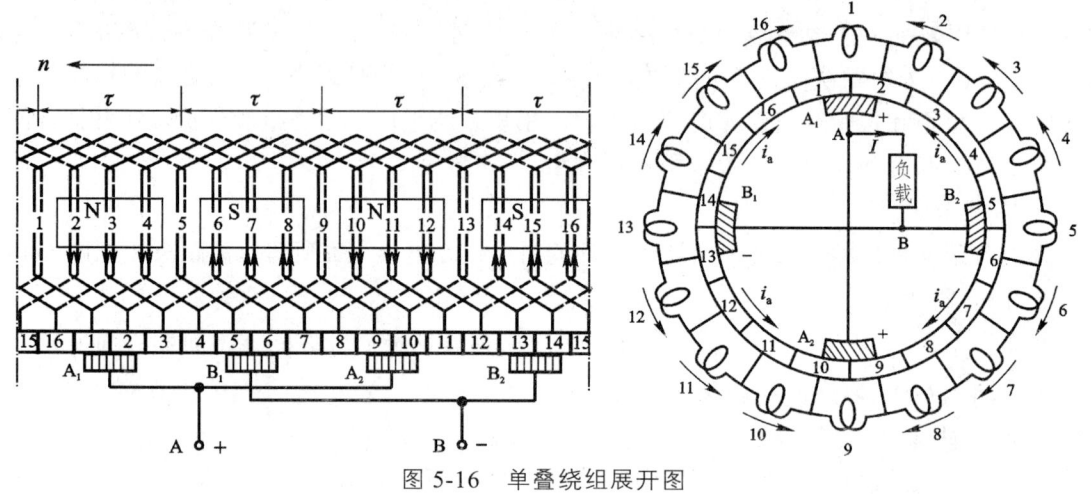

图 5-16　单叠绕组展开图

3）主磁极的位置

为了确定电枢绕组中感应电动势的方向，需假定电枢的转向，同时画出主磁极的位置和极性。电机主极在圆周上是对称均匀分布的，极靴宽度一般为 $0.6\sim0.7\tau$。在展开图上对称均匀划分极距，并在每极距内画上磁极并假设极性，N 极表示磁力线方向进入纸面，S 极表示磁力线方向离开纸面。根据右手定则，可以确定各导体中感应电动势的方向，用元件边上的箭头表示，在 N 极下的元件边中电动势方向均向下；在 S 极下元件边中的电动势方向均向上。由于几何中心线处的磁密为零，故此处元件边中电动势为零，即 1、5、9、13 号元件中电动势为零。因此，电枢电动势的分界线是磁场的分界线。

4）电刷位置和极性

电刷在换向器上的位置是根据空载时在正负电刷之间能获得最大电动势这一原则来确定的。为了获得最大电动势，电刷应与电动势为零的电枢元件所连接的换向片相接触。电动势为零的元件所处的位置，用下述方法判断：若是整距绕组（$y_1=\tau$），如图 5-17（a）所示，当两元件边位于几何中心线时，元件电动势为零，元件轴线与主极轴线重合。如果是短距绕组（$y_1<\tau$），如图 5-17（b）所示，当元件轴线与主极轴线重合时，两元件边不在几何中心线上，而处在同一极性下左右对称。此时，两元件边电动势大小和方向都相同，互相抵消，元件电动势也为零。由此可见，只要元件的轴线与主极轴线重合，感应电动势即为零。此时，元件所接的两个换向片的分界线与主极轴线重合，所以电刷必须放在主极轴线下的换向片上。对应一个主极，便可放置一组电刷。本例中 $2p=4$，则应有四组电刷。电刷的宽度通常等于

换向片宽度的 1.5～3 倍。在分析电机电枢绕组时，为简便起见，电刷只画成一个换向片宽。电刷的极性由线圈内电势的方向来确定，当电枢转向和主极极性一定时，通过换向片跨接在任何两相邻电刷间的元件中电动势方向是一定的，因此电刷的极性固定不变。图 5-18 中 A 电刷为正，B 电刷为负。电机中将同极性电刷相连后引出正负两接线端。

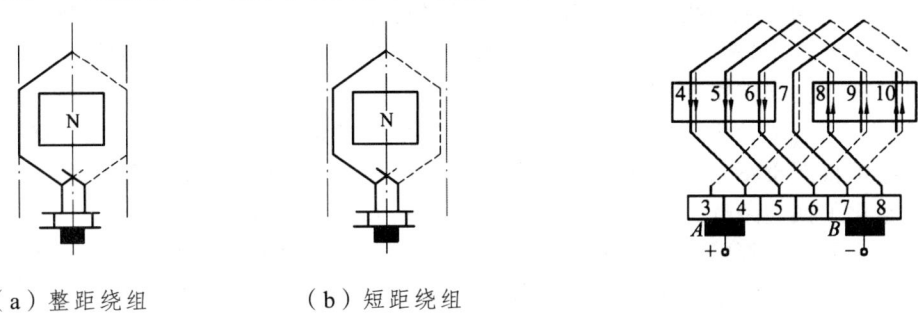

（a）整距绕组　　　（b）短距绕组

图 5-17　电刷放置法　　　　　　图 5-18　电刷极性

5）并联支路数

将图 5-16 中的元件依次连接，可得单叠绕组的瞬间电路图，如图 5-19 所示。由图可见，有 4 条支路并联于正负电刷之间。每一支路都是由上层边处在同一主极下的元件串联而成，一个主极对应一条支路，则单叠绕组的并联支路数恒等于电机的主极数。所以支路对数 a 等于主极对数 p，即 $a=p$。

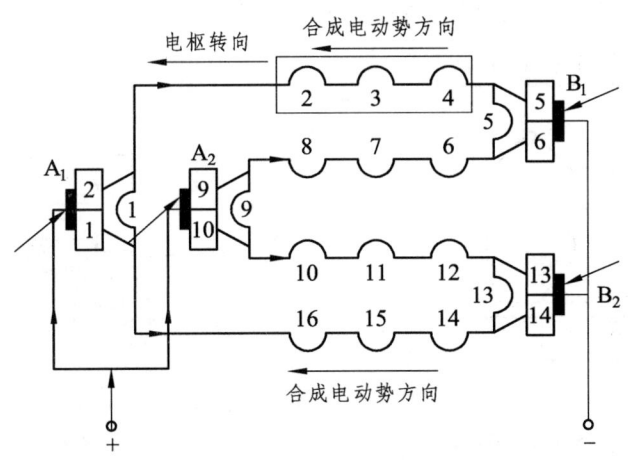

图 5-19　单叠绕组的瞬间电路

电枢旋转时，各元件的位置随着移动，构成各支路的元件在交替更换，由于电刷位置是固定的，所以组成一条支路的元件数不变，感应电动势大小不变，从电刷外面看绕组时，永远是一个具有 $2a$ 条并联支路的电路。电刷两端接通负载或电源时，产生电枢电流，由于电刷两侧的感应电动势方向相反，则电刷两侧的电流方向相反，所以电枢电流的分界线是电刷。单叠绕组的电枢电动势 E_a 等于一条支路的电动势，电枢电流 I_a 等于各支路电流 i_a 之和，即 $I_a = 2a \cdot i_a$。

6. 单叠绕组的均压线

在多极（$2p>2$）电机的单叠绕组中，各支路的元件边处在不同的磁极下，如果各极下的气隙、磁通量都相等，电机运行正常，那就是理想的情况。但实际上由于磁性材料不均匀，磁路的磁阻可能有所不同；或由于制造上的偏差（如铸件中的气孔，安装时的误差），再由于运行造成的原因（如轴承磨损使气隙不均匀）等都会导致各极磁通量不相等，即使绕组排列得完全对称（绕组每对支路中的对应元件在磁场中所处的位置相同），也会使各支路中感应电势有所不同，从而在绕组中引起环流。该环流的数值仅受支路电阻和接触电阻的限制，而这些电阻值都很小，所以较小的电动势不平衡就会产生相当大的环流。当电枢带负载后，各并联支路的电流也将严重不对称。环流的存在使电机损耗加大，更重要的是环流加重了某些电刷的负载，恶化了换向条件，很容易在电刷下发生危害电机运行的火花。

为了在一定程度上消除环流的不良影响，可将电枢绕组中理论上电位相等的点用均压线连接起来，如图5-20所示。实际电机的均压线（a–b）是连接在对应的换向片上，所以均压线节距y_p可用一对极内的换向片数表示，并且由于在单叠绕组中$p=a$，所以：$y_p = \dfrac{K}{p} = \dfrac{K}{a}$ 上例中$2p=4$，$Z=S=K=16$，$y_p = \dfrac{K}{p} = \dfrac{16}{2} = 8$，即换向片1—9, 2—10, 3—11……间都可连接均压线。如每个换向片上都连接均压线，共有$\dfrac{K}{a} = \dfrac{16}{2} = 8$根，称为全额均压线。一般电机，可以采用1/2或1/3的全额均压线。均压线可制成与电枢绕组端部同样形状，包上与电枢绕组同等级的绝缘，然后按照均压线节距接到换向片上。均压线放置位置如图5-21所示，将均压线接在换向片上后绑扎固定，然后再嵌放电枢绕组。

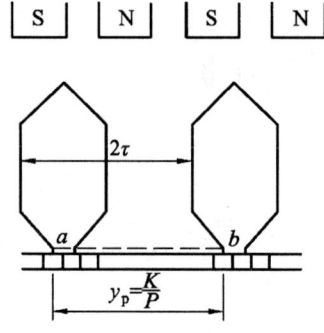

图5-20 单叠绕组的均压线

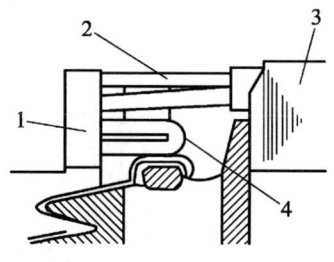

1—换向片；2—电枢绕组；3—电枢铁心；4—均压线。

图5-21 单叠绕组的瞬间电路

3. 单波绕组

单波绕组每一元件两条边之间的距离（y_1）与单叠绕组一样，即$y_1 = \dfrac{Z}{2p} \pm \varepsilon =$ 整数。单波绕组每一元件的首末端要接到相距约为两个极距的换向片上，每嵌放一个元件时，其相应元件边在电枢表面上移动约两个极距的槽，所以$y = y_k \approx 2\tau$。第二只元件与第一只元件处在相同极性的两个磁极下，感应电动势方向相同。当依次串联p个元件，在电枢表面环绕一周后，第p只元件的末端要接到第一只元件的首端所接的换向片1相邻换向片上，以便第二周继续绕下去,所以 $p \cdot y_k = K \pm 1$。因此,单波绕组的换向器节距为 $y_k = \dfrac{K \pm 1}{p}$ = 整数。当采用 $K+1$ 时,p 个元件串联后,接到换向片 2 上,称右行绕组,此时端接交叉,很少采用。一般采用 $K-1$,称为左行绕组。现以 $Z = S = K = 15$,$2p = 4$ 为例,绕制一单波左行绕组。

1) 计算节距、画绕组展开图

$$y_1 = \frac{Z}{2p} \pm \varepsilon = \frac{15}{4} - \frac{3}{4} = 3$$

$$y = y_k = \frac{K-1}{p} = \frac{15-1}{2} = 7$$

$$y_2 = y - y_1 = 7 - 3 = 4$$

根据求得的各种节距,可画出单波绕组的展开图,如图 5-22 所示。从图中可看出元件连接的顺序是:1—8—15—7—14—6—13—5—12—4—11—3—10—2—9—1,也构成一闭合绕组。确定主极位置、电刷位置的原则与单叠绕组相同。

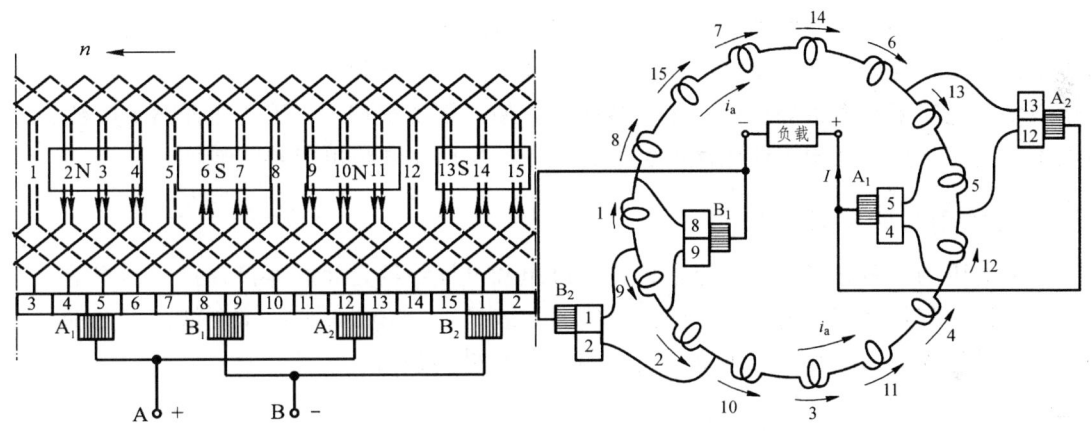

图 5-22 单波绕组展开图

2) 单波绕组的支路对数

根据图 5-22 可画出单波绕组的瞬间电路图,如图 5-23 所示。由图可见,单波绕组是将所有上层边在 N 极下的元件串联成一条支路(4、11、3、10、2),将上层边在 S 极下的元件串联成另一条支路(15、7、14、6、13),其余元件被电刷短路。显然,单波绕组的支路数 $2a$ 和主极数目无关,即 $a \equiv 1$。由于单波绕组只有两条并联支路,只要一正一负两组电刷即可工作。但在极数较多时,由于电刷的载流量很大,使换向器尺寸加大,因此一般仍采用与极数相等的电刷组数(全额电刷)。单波绕组的电枢电势仍为一支路电动势,电枢电流为两支路电流之和。

4. 单叠与单波绕组的区别

单叠与单波绕组是直流电机基本的绕组形式,其主要区别是并联支路数不同。单叠绕组 $a = p$,可以通过增加磁极对数来增加并联支路数,适用于低电压、大电流的电机。单波绕组

$a=1$,在元件数相同的情况下,每条支路串联的元件较多,适用于小电流、较高电压的电机。

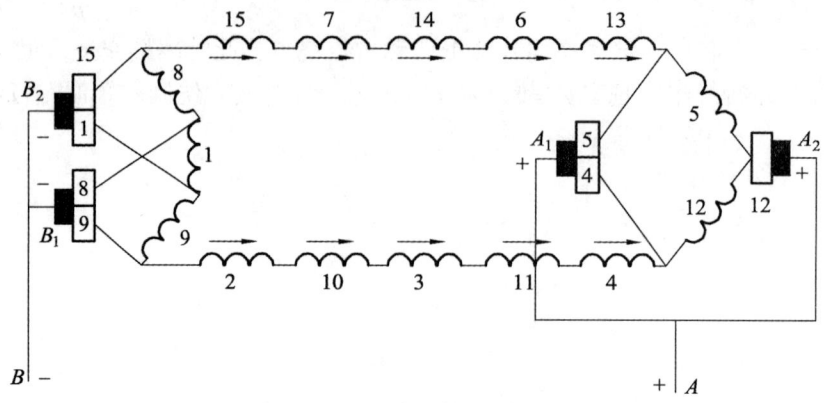

图 5-23　单波绕组瞬时电路

四、直流电机的磁场

从直流电机基本工作原理的分析可知,发电机将机械能转换为电能,电动机将电能转换为机械能,其必要条件之一是必须具有气隙磁通。因此,必须在直流电机主磁极的励磁绕组中通以励磁电流来产生磁势,以产生气隙磁通。使电枢绕组切割气隙磁通而感应电势;或者由电枢电流与气隙磁通相互作用而产生电磁转矩,从而实现机电能量的转换。

1. 直流电机的励磁方式

直流电机的励磁方式是指直流电机励磁绕组和电枢绕组之间的连接方式。不同励磁方式的直流电机,其特性有很大差异,因此,励磁方式是选择直流电机的重要依据。直流电机的励磁方式可分为他励、并励、串励、复励四类,如图 5-24 所示。

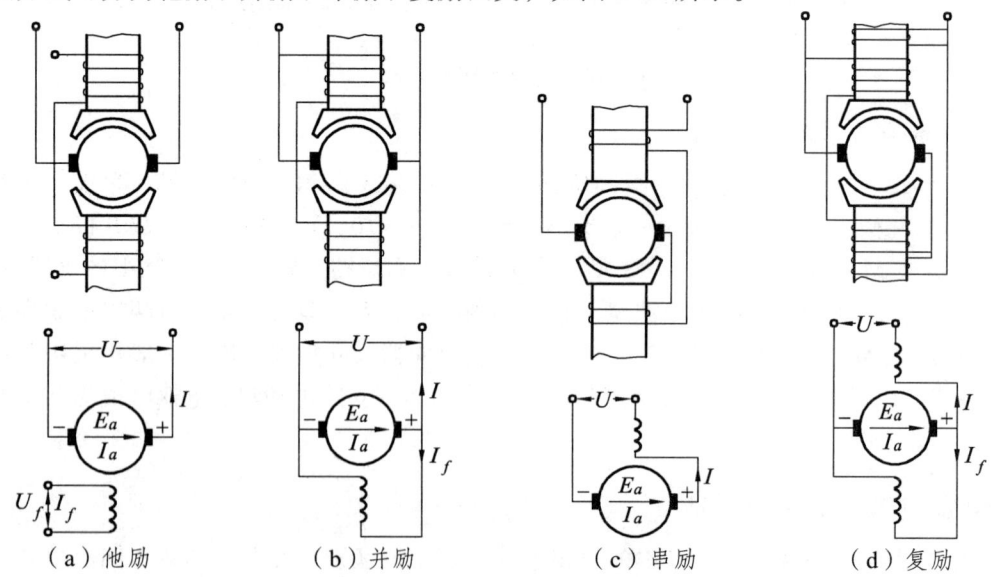

（a）他励　　（b）并励　　（c）串励　　（d）复励

图 5-24　直流电机的励磁方式

1)他励电机

励磁绕组和电枢绕组各自分开,励磁绕组由独立的直流电源供电,如图5-24(a)所示。励磁电流I_f的大小只取定于励磁电源的电压和励磁回路的电阻,而与电机的电枢电压大小及负载无关。用永久磁铁作主磁极的电机可当作他励电机。

2)并励电机

励磁绕组和电枢绕组相并联,如图5-24(b)所示。励磁电流一般为额定电流的5%,要产生足够大的磁通,需要有较多的匝数,所以并励绕组匝数多,导线较细。

3)串励电机

励磁绕组与电枢绕组相串联,如图5-24(c)所示。励磁电流与电枢电流相同,数值较大,因此,串励绕组匝数很少,导线较粗。

4)复励电机

电机至少有两个励磁绕组,其中之一是串励绕组,其他为并励(或他励)绕组,如图5-24(d)所示。通常并励绕组起主要作用,串励绕组起辅助作用。若串励绕组和并励绕组所产生的磁势方向相同,称为积复励;若串励绕组和并励绕组所产生的磁势方向相反,称为差复励。并励绕组匝数多,导线细;串励绕组匝数少,导线粗,外观上有明显的区别。

直流电机各类绕组接线后,其引出线的端头要加以标记,根据IEC国际标准规定的各绕组线端符号见表5-1。

表5-1 直流电机各绕组线端符号

绕组名称	电枢绕组	换向极绕组	补偿绕组	串励绕组	并励绕组	他励绕组
线端符号	A_1 A_2	B_1 B_2	C_1 C_2	D_1 D_2	E_1 E_2	F_1 F_2

2. 直流电机的空载磁场

直流电机空载时,电枢电流为零,只有励磁绕组中存在电流。因此,空载时电机的气隙磁场完全由励磁绕组的电流产生。

1)空载磁场的分布

励磁绕组中通入励磁电流I_f后,各主磁极依次为N极和S极,由于电机磁路对称,不论极数多少,每对极下的磁通分布是相同的,因此,可以讨论一对极下的情况。图5-25所示为直流电机的空载磁场,主磁通Φ由N极出来,经空气隙和电枢齿槽,便分左右两路经过电枢轭、电枢齿槽和空气隙进入相邻的S极,然后从定子磁轭回到N极而自成闭路。主磁通Φ同时匝链着励磁绕组和电枢绕组,是实现能量转换的关键。从图中还可看出,在N极和S极之间,还存在着一小部分磁通,它们不进入电枢铁心,不与电枢绕组匝链,称为主极漏磁通$\Phi_{\sigma 1}$。主磁通磁路的空气隙较小,磁阻较小;漏磁通磁路的空气隙较大,磁阻较大,所以,在同样的磁势作用下,漏磁通要比主磁通小得多。一般电机的主极漏磁通约为主磁通的15%~20%。

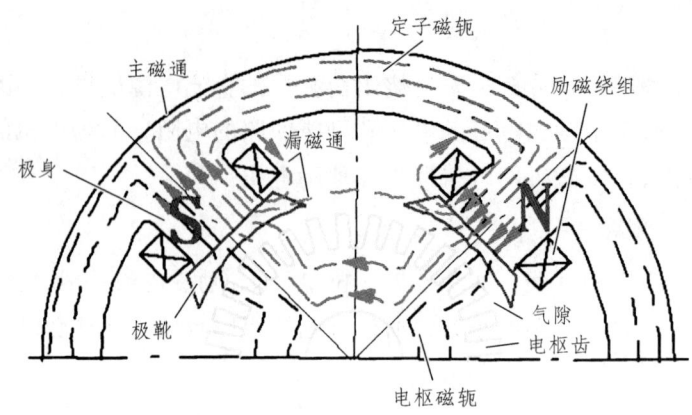

图 5-25 直流电机的磁路和磁分布

2）电机的磁化曲线

电机的磁化曲线是指电机主磁通 Φ 与励磁磁势 F_f 的关系曲线 $\Phi = f(F_f)$。

电机运行时，要求每一个磁极下应具有一定的磁通量，这就要求有一定的励磁磁势 $F_f = I_f N_f$，而在实际电机中，励磁绕组匝数 N_f = 常数，则 $F_f \propto I_f$，即励磁磁势与励磁电流成正比，故磁化曲线又可表示 $\Phi = f(I_f)$。而电机中主磁通 Φ 所经过的路径绝大部分由铁磁材料构成，当铁磁材料磁化时具有饱和现象，导磁系数不为常数，磁阻是非线性的。所以，$\Phi = f(I_f)$ 曲线与铁磁材料的 $B-H$ 曲线相似，如图 5-26 所示。磁化曲线起始一段是直线，因为在 Φ 不大时，铁磁材料的磁路未饱和，磁阻数值很小，磁通与磁势成正比，即 $\Phi \propto F_f$（或 $\Phi \propto I_f$）。当 Φ 逐渐增加时，磁路逐渐饱和，磁阻增加，则使 Φ 通过这部分磁阻所需的磁势 F_f（或 I_f）也随之增加，曲线逐渐弯曲变平。当磁路饱和以后，磁阻很大，为了增加很少一点磁通 Φ，就必须增加很大的磁势 F_f，即增加很大的励磁电流。因此，为了最经济地利用材料，设计电机时，一般使额定工作点位于曲线开始弯曲的（所谓"膝点"）附近。

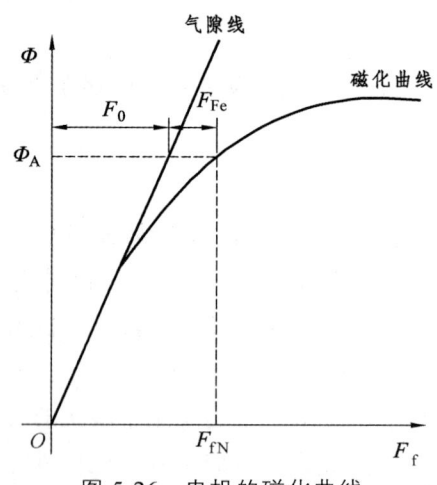

图 5-26 电机的磁化曲线

3）气隙磁密分布曲线

在电机中，电枢导体切割气隙磁通而产生感应电势 $e = B_x L v$，当转速恒定时，$e \propto B_x$。因此，在研究电机时，不但要知道每极磁通 Φ 的大小，还需要知道主极下气隙中每一点磁密 B_x 的大小，即气隙磁密的分布情况。根据磁路欧姆定律，气隙某处磁通或磁密的大小，取决于该处的磁势和磁路磁阻的大小。忽略铁心材料磁阻，可认为磁势全部消耗在气隙中，直流电机的主极气隙是不均匀的，极下部分气隙大小相等且数值很小，因此在极下部分磁密的大小相等且数值较大。靠近极尖处气隙逐渐增加，磁密明显减小，在两极之间的几何中心线上，磁密等于零。若不考虑电枢表面齿和槽的影响，在一个极距范围内，电枢各点垂直分量的磁密分布为近似梯形，如图 5-27 所示。主极磁场在主极轴线两侧对称分布，因此主极磁场的轴线为主极轴线。磁密 B_x 曲线所包围的面积，即为主极磁通 Φ。由于磁通 Φ 是有方向的，所以 B_x 也有正、负，一般定为 S 极下磁密为正，N 极下磁密为负。

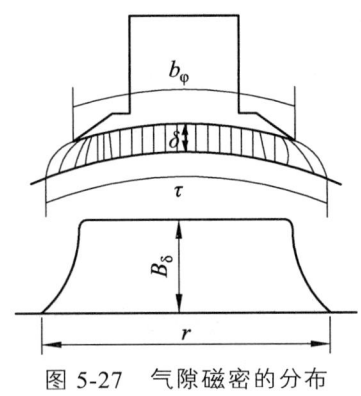

图 5-27 气隙磁密的分布

3. 直流电机的电枢磁场

直流电机负载运行时，电枢绕组中通过电流，所产生的磁场称为电枢磁场。电枢磁场沿电枢表面的分布情况，与电枢电流的分布情况有关。在直流电机中，电枢电流方向的分界线是电刷，在电刷轴线两侧对称分布，所以电枢磁场的分布情况与电刷的位置有关。电刷的正常位置，应在主极轴线下的换向片上，这时与电刷相连接的电枢元件位于几何中心线上或附近。在分析电枢磁场示意图时，常省去换向器，把电刷画成与线圈的导体直接相连，所以在正常情况下，电刷直接画在几何中心线上。

1) 电刷在几何中心线上

此时，电枢电流的方向以电刷为分界线，相邻两电刷间的电枢圆周上的导体电流方向都相同，而每一电刷两侧的导体电流方向相反。因此，只要电刷不动，不论电枢是静止或者旋转，电枢表面电流分布总是不变的，所以电枢电流产生的电枢磁场在空间总是静止的。图 5-28 所示为两极电机的电枢电流方向和电枢磁场分布情况。电枢磁通的方向与电枢导体电流方向符合右手螺旋定则，这时电枢可以看成是一个电磁铁，它的 N 极和 S 极位于电刷轴线上，因此电枢磁场的轴线为电刷轴线。与主极磁场轴线在空间垂直的称为交轴电枢磁场。主极磁场轴线称为 d 轴，电枢磁场轴线称为 q 轴。

电枢磁势在空间的分布情况，可应用全电流定律进行分析。将图 5-28 展开成图 5-29，图 5-29（a）表示电枢电流和磁通的分布。由图可见，电枢支路的中点对应在主极轴线上，电枢磁通环绕支路中点向两边对称分布。以支路中点为基准，任取一磁通管，通过磁通管所形成

的回路磁势 F_a 等于此回路中所包含的全电流。因此，对应主极中心点，回路磁势为零；而通过电刷轴线的回路磁势最大。假定电枢表面导体均匀而又连续分布，则电枢磁势的分布为一三角形，如图 5-29（b）所示。三角形分布的电枢磁势将产生怎样的磁密分布呢？由图 5-29（a）可见，每一电枢磁通都经过电枢铁心、气隙和主极铁心形成闭合回路，由于铁磁物质的磁阻相对空气磁阻数值很小，所以，上述闭合磁路中的磁势全部降在两个气隙上。因此，电枢磁势产生磁场的磁通密度 B_a 为

$$B_a = \mu_0 \frac{F_a}{\delta'}$$

式中　　μ_0 —— 空气的磁导率；

　　　　δ' —— 有效气隙长度。

在磁极下面，气隙的长度基本不变，可以认为 B_a 随 F_a 的增加而增加；但在极间区域，由于空气隙变得很大，虽然 F_a 继续增加，但 B_a 反而减少，所以 B_a 的分布曲线为马鞍形，如图 5-29（b）所示。

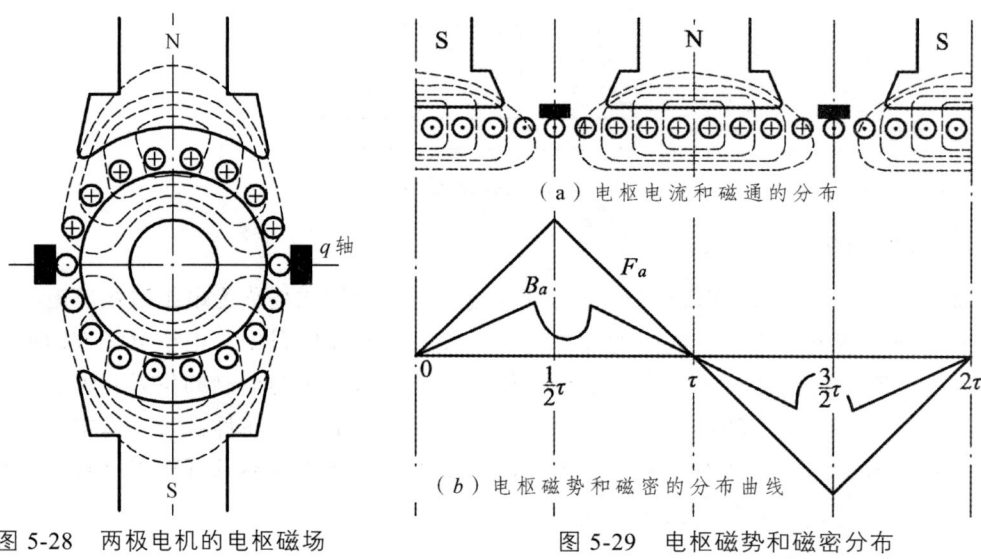

图 5-28　两极电机的电枢磁场　　　　图 5-29　电枢磁势和磁密分布

综上所述，当电刷在几何中心线上时，电枢磁场有以下特点：① 在空间静止不动；② 电枢磁场轴线与主极磁场轴线垂直，为交轴电枢磁场；③ 电枢磁密 B_a 在空间分布呈马鞍形。

2）电刷偏离几何中心线

电刷偏离几何中心线的原因是电刷安装位置不准确。图 5-30（a）所示为电刷偏离几何中心线一个角度时的情况，相当于电刷在电枢表面移动一段距离 b。由于电枢导体中电流的分布仍以电刷为界，故电枢磁势的轴线也将随之移动，此时电枢磁场轴线和主极磁场中心线不再是垂直关系。为研究方便，将电枢磁势分为两部分：一部分由 $\tau-2b$ 范围内的电枢导体电流形成，如图 5-30（b）所示，这部分磁势与主极磁势轴线在空间垂直，称为交轴电枢磁势 F_{aq}；另一部分由 $2b$ 范围内的电枢导体电流形成，如图 5-30（c）所示，这部分磁势与主极磁势的

轴线重合，称为直轴电枢磁势 F_{ad}。

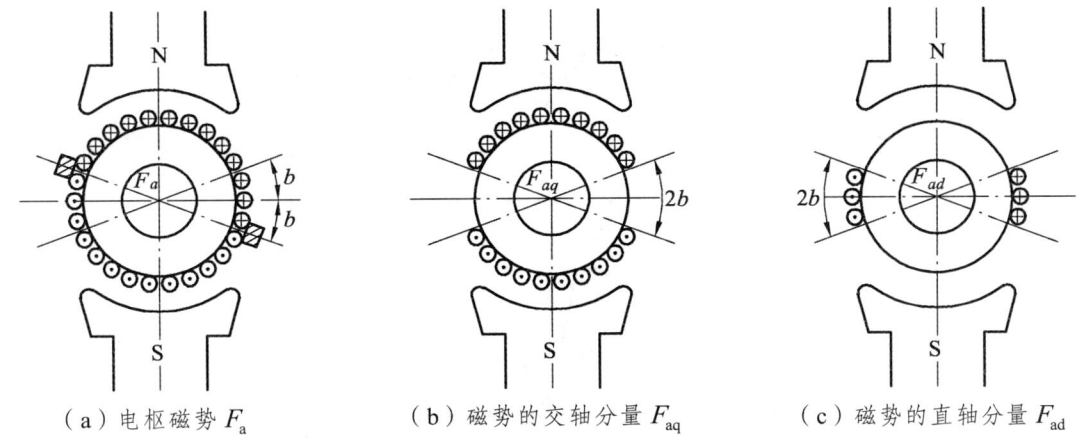

（a）电枢磁势 F_a　　　（b）磁势的交轴分量 F_{aq}　　　（c）磁势的直轴分量 F_{ad}

图 5-30　电刷不在几何中心线上时的电枢磁场

由上述分析可知，电刷在几何中心线上时，只有交轴电枢磁势；电刷不在几何中心线上时，除交轴电枢磁势外，还有直轴电枢磁势。

4. 直流电机的电枢反应

电机负载运行时，电枢磁场对主极磁场的影响称为电枢反应。交轴电枢磁势对主极磁场的影响称为交轴电枢反应；直轴电枢磁势对主极磁场的影响称为直轴电枢反应。

1）交轴电枢反应

一般情况下，电刷总是位于几何中心线上，电枢磁势全部为交轴电枢磁势，只有交轴电枢反应，此时电机的磁场由主极磁势建立的磁场和电枢磁势建立的磁场叠加而成。图 5-31（b）中 B_0 表示电机空载时主磁场沿电枢表面的分布曲线（梯形），图 5-31（c）中 B_a 表示电机负载时由交轴电枢磁势单独建立的电枢磁场沿电枢表面的分布曲线（马鞍形）。当电机磁路不饱和时，磁路磁阻为常值，将 B_0 和 B_a 相加，即可得到负载后合成磁场沿电枢表面分布曲线 B_δ，如图 5-31（c）中实线所示。实际上电机的磁路往往是饱和的，由于合成磁通在增加的那一半极面中饱和程度的增加，使该部分的磁阻增大，磁密减少，如图 5-31（c）中虚线所示。

综上所述，交轴电枢反应有以下影响。

（1）气隙磁场发生畸变。每个主极下的磁场，一半被削弱，另一半被加强，使气隙磁密分布曲线由平顶形变成尖顶形。

（2）气隙磁场畸变后，会使电枢绕组一条支路中各串联线圈间电势分布不均匀。如图 5-32 所示，在极尖处的磁密大大增加，线圈处在这个部位时，感应电势很大，使所接两个换向片间电压很大，可能超过换向片间的安全电压，产生火花或电弧，使电机损坏。

（3）每级磁通减少和气隙平均磁密下降。在磁路不饱和时，因主磁场被削弱的数量等于被加强的数量，所以气隙磁通量和平均气隙磁密没有变化。实际上，由于磁路饱和的影响，一半极面下磁通增加的量小于另一半极面下磁通减少的量，因此负载时的每极磁通量比空载时每极磁通量有所减少，则平均磁密有所下降；即交轴电枢磁场对主极磁场起去磁作用，这种去磁作用是通过磁路饱和作用而产生的。

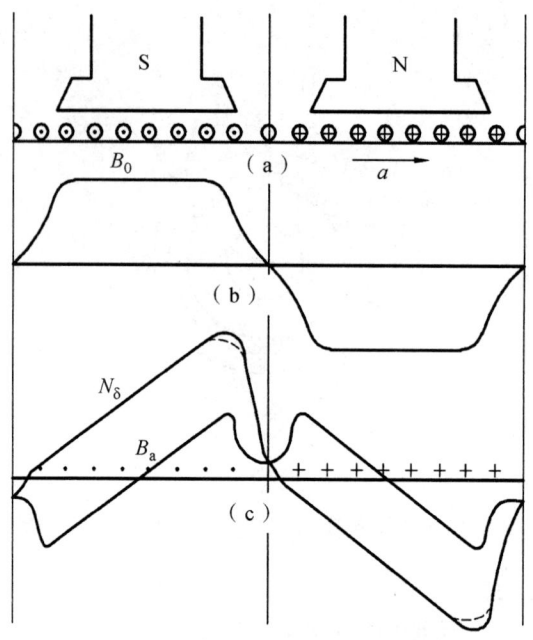

图 5-31 直流电机负载时的合成磁场

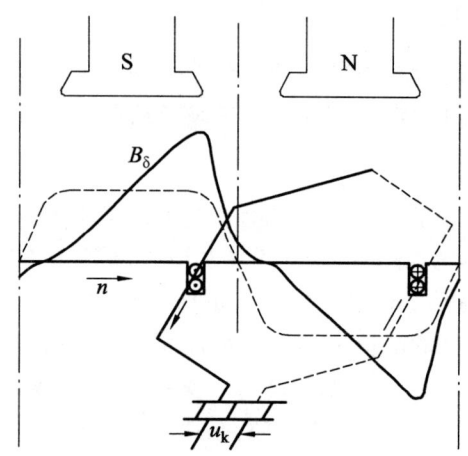

图 5-32 电枢反应使片间电压增大

2）直轴电枢反应

电刷不在几何中心线时，电枢磁势中包含有交轴和直轴电枢磁势两个分量，将同时出现交轴电枢反应和直轴电枢反应。直轴电枢磁势 F_{ad} 与主极轴线重合，若 F_{ad} 与主极磁势方向相同，起增磁作用，增磁作用将引起电机换向恶化。若 F_{ad} 与主极磁势方向相反，起去磁作用，去磁作用使电机的每极磁通量下降，导致电枢电势显著降低。

五、直流电机的感应电动势和电磁转矩

1. 直流电机的感应电动势

直流电机的感应电动势是指电机正负电刷间的电动势。当电机的气隙中有磁场存在，且

电枢旋转使电枢导体切割磁力线时，在电枢绕组中会产生感应电动势。感应电动势的大小，不仅取决于磁通量的大小和转速的高低，还和绕组的导体数和连接方法有关。从电刷看进去，电枢绕组由 2a 条并联支路组成，电刷间电动势即为一条支路电动势，而支路电动势等于支路中各串联导体的感应电动势之和。不同的绕组形式，其连接方式不同，支路数和串联导体数也不同，感应电动势大小则不同。

设电枢绕组线圈数为 S，一个线圈的匝数为 N_a，则电枢导体总数 N 为 $N = 2SN_a$ 每一支路中串联的导体数为 $\frac{N}{2a}$。电机空载运行时，气隙磁密分布如图 5-33 所示。由图中可见，由于电枢表面各点的磁密不相等，导致各导体中感应电动势的数值也不相等，使电枢电动势公式的推导相当复杂，为此，引入磁密和导体感应电动势的平均值 B_{av} 和 e_{av} 进行分析。

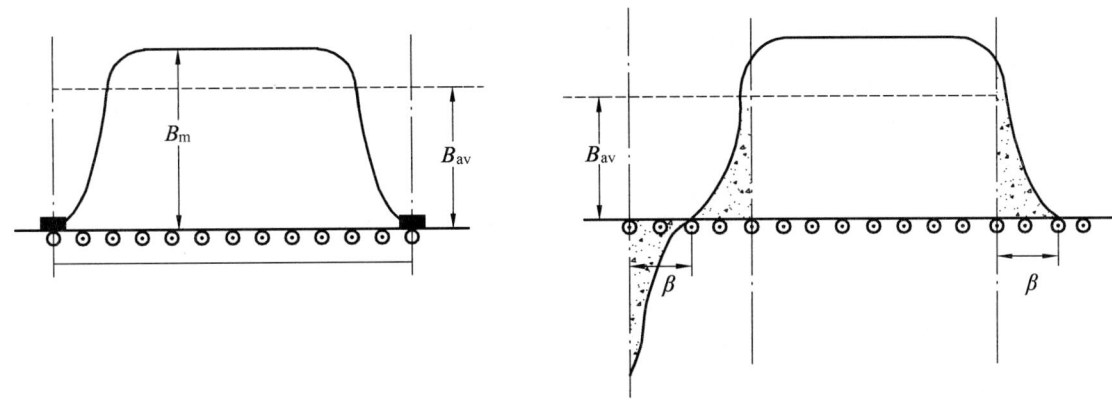

（a）电刷在几何中心线时　　　　　　（b）电刷移过 β 角度时

图 5-33　支路内各导体在气隙磁场中的位置

主极极距为 τ，导体在磁场中轴向有效长度为 L，每极磁通为 Φ，则平均气隙磁密为 $B_{av} = \frac{\Phi}{L\tau}$，导体的平均电动势为

$$e_{av} = B_{av} \cdot L \cdot v$$

式中　v——电枢表面线速度。

若电机转速为 n，电枢直径为 D_a，主极数为 $2p$，电枢表面周长 $\pi D_a = 2p\tau$，则 $v = \frac{2p\tau n}{60}$ 因此，支路电动势即电机的感应电动势为

$$E_a = \frac{N}{2a} e_{av} = \frac{N}{2a} \cdot \frac{\Phi}{\tau L} \cdot L \cdot \frac{2p\tau n}{60} = \frac{pN}{60a} \cdot \Phi \cdot n = C_e \Phi n$$

式中　Φ——每极磁通量（Wb）；

n——电机转速（r/min）；

C_e——电机电动势常数，$C_e = \frac{pN}{60a}$。

对于给定的电机，p、N、a 均为定值，所以，在一个给定的电机中 C_e 是一个常数。

从以上分析可知：

（1）直流电机的感应电动势，是指电枢表面圆周上固定位置（电刷间）的电枢线圈中感应电势之和，它仅与电刷间磁通的大小、电枢转速及电机的结构有关。对于给定的电机，C_e 为常数，则感应电势 E_a 的大小随着磁通和转速的变化而不同。

（2）感应电动势的大小，仅和磁通的大小有关，而和磁密的分布无关。磁密分布形状改变，使每一导体的感应电势大小发生变化，只要保持总磁通量不变，电刷间的电动势不变。计算空载或负载电势时，要分别代入空载或负载时的磁通值。当励磁绕组中无电流时，气隙磁场由主极剩磁产生，将剩磁磁通量代入公式可求出电机的剩磁电动势。

（3）公式是在整距绕组时导出的，若为短距绕组，在线圈的两边都处在同一磁极下的瞬间，两线圈边中感应电动势方向相反，互相抵消，使感应电动势减少。在直流电机中，不允许将节距短得过多，可不考虑对电动势的影响。

（4）如电刷偏离几何中心线时，则电刷间所包含的总磁通量有所减少，如图 5-33（b）所示，使感应电动势相应减少。

2. 直流电机的电磁转矩

电枢绕组通过电流时，在磁场中将受到电磁力的作用，电磁力在电枢轴上产生的转矩称为电磁转矩。电磁转矩的大小，可根据电磁力定律求得。电枢绕组的支路电流为 i_a 时，作用在任一根导体上的平均电磁力 f_{av} 为

$$f_{av} = B_{av} \cdot L \cdot i_a$$

导体产生的电磁转矩为

$$T_{av} = f_{av} \frac{D_a}{2}$$

由于每极下导体的电流方向相同，故同一极下各导体产生的电磁转矩方向相同，相邻极下的磁场和导体电流方向同时相反，转矩方向保持不变，如图 5-34 所示。因此，电磁转矩 T 应为电枢表面所有导体产生的 f_{av} 之和，即

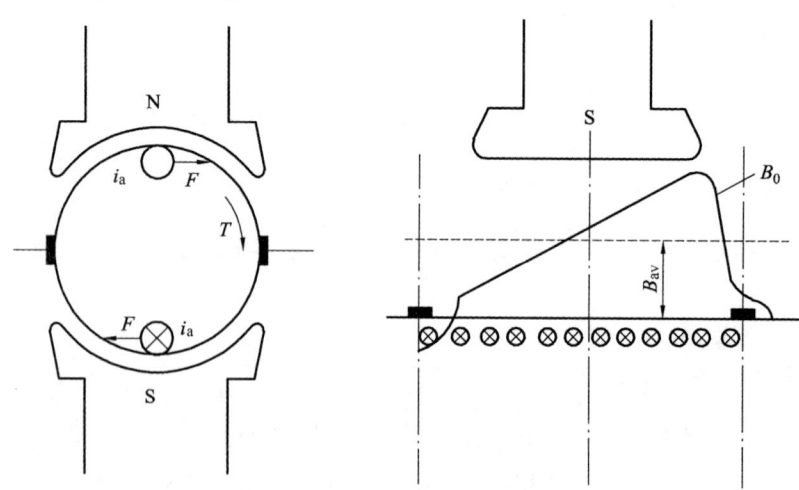

图 5-34　直流电机的电磁转矩

$$T = f_{av}\frac{D_a}{2}N = B_{av} \cdot L \cdot i_a \cdot \frac{D_a}{2} \cdot N = \frac{\Phi}{\tau L} \cdot L \cdot \frac{I_a}{2a} \cdot \frac{p\tau}{\pi} \cdot N = \frac{pN}{2\pi a} \cdot \Phi \cdot I_a = C_T \Phi I_a$$

式中 I_a —— 电枢电流（A），$I_a = 2ai_a$；

C_T —— 电机转矩常数，$C_T = \dfrac{pN}{2\pi a}$。

对于已制成的电机，p、N、a 均为定值，所以，指定电机中 C_T 也是一个常数。

感应电动势 $E_a = C_e \Phi n$ 和电磁转矩 $T = C_T \Phi I_a$ 是直流电机的两个重要公式。对同一台直流电机，电动势常数 C_e 和转矩常数 C_T 有一定的关系。

因为 $C_e = \dfrac{pN}{60a}$，$C_T = \dfrac{pN}{2\pi a}$

所以 $C_T = \dfrac{60}{2\pi} \cdot \dfrac{pN}{60a} \approx 9.55 C_e$

六、直流电机的基本方程

从直流电机可逆原理可知，无论是发电机还是电动机，在实现能量转换过程中，都伴随有感应电动势、电流、电磁转矩产生。电机稳态运行时，即电机的负载、励磁电流以及转速达到稳定值时，各种电压、转矩和功率之间存在的平衡关系，称为电机的平衡方程式。这些平衡关系应分别符合电学、力学及能量守恒定律。

1. 电动势平衡方程式

无论是发电机还是电动机，当电枢旋转时，电枢绕组切割磁力线都产生感应电动势，其大小为 $E_a = C_e \Phi n$，方向可用右手定则判定。在发电机里，电枢绕组接负载后，感应电动势驱动电流流动，所以电枢电流与感应电动势同方向，如图 5-35 所示。在电动机里，电枢绕组经电刷接外电源，外加电压是驱动电流流动的原因，所以电枢电流与电源电压同方向。此时，感应电动势与电枢电流方向相反，称为反电动势，如图 5-36 所示。

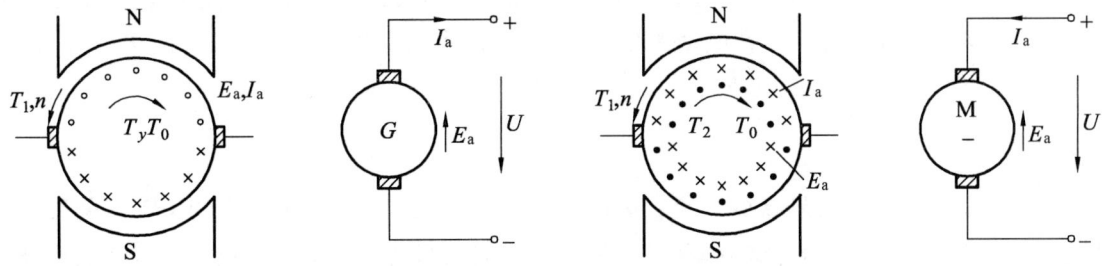

图 5-35 直流发电机的电动势、转矩平衡关系　　图 5-36 直流电动机的电动势、转矩平衡关系

设 U 为直流电机的端电压，取 U、E_a、I_a 的实际方向作为正方向，可得电枢回路的电势平衡方程式为

发电机：
$$U = E_a - I_a R_a$$
电动机：
$$U = E_a + I_a R_a$$

式中，R_a 为电枢回路总电阻，包括电枢回路中各串联绕组的电阻和电刷与换向器之间的接触电阻。上式适用于各种励磁方式的直流电机，在计算时，要注意各种励磁方式中 R_a 所包含的内容不完全相同。

以上两式表明，直流发电机和电动机在运行时都存在电枢电动势 E_a 和端电压 U，在发电机中，$E_a > U$，电枢电流 I_a 的方向与 E_a 的方向一致；在电动机中，$U > E_a$，电枢电流 I_a 的方向与 U 的方向一致，E_a 表现为反电动势。

2. 转矩平衡方程

无论是发电机还是电动机，当电枢绕组有电流流过时，电枢电流和磁场相互作用都产生电磁转矩，其大小为 $T = C_T \Phi I_a$，方向可用左手定则判定。在发电机（见图 5-35）里，外加转矩 T_1 为驱动转矩使电枢旋转，电磁转矩 T 与转向相反为阻力转矩，同时还存在电机的空载阻力转矩 T_0。在电动机（见图 5-36）里，电磁转矩 T 使电枢转动为驱动转矩，与电动机转向相同，此时轴上的负载转矩 T_2 和 T_0 均为阻力转矩。

电机的转速恒定时，加在电机轴上的驱动转矩应与阻力转矩相等，所得转矩平衡方程式为

发电机：
$$T_1 = T + T_0$$
电动机：
$$T = T_2 + T_0$$

以上两式表明，在电机稳定运行时，电磁转矩和外转矩都同时存在并达到平衡。在发电机里，$T_1 > T$，作为驱动转矩的是外转矩 T_1，电机的转向取决于 T_1 的方向，电磁转矩 T 是阻力转矩，起平衡外转矩的作用；在电动机里，$T > T_2$，作为驱动转矩的是电磁转矩 T，电机的转向取决于 T 的方向，电磁转矩带动负载转动而达到平衡。

3. 功率平衡方程

电机是实现机电能量转换的装置，因而功率关系是电机运行中最基本的关系。电机运行过程中，存在输入功率、输出功率和各种损耗，它们之间满足能量守恒定律。若将电机进行能量转换过程中的各种损耗抽出，则可用一耦合磁场来表述电机，如图 5-37 所示。图中机械系统为原动机或机械负载，电系统为电源或电负载，由耦合磁场产生 T 和 E_a，以实现能量的转换。P_{Cu}、P_s、P_{Fe}、P_Ω 分别表示电机的各种损耗。机械系统的机械功率等于转矩乘以旋转角速度；电系统的电功率等于电压乘以电流；经磁场转换的功率称为电磁功率。

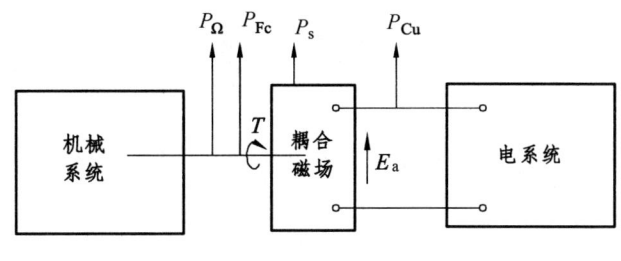

图 5-37 电机中的能量平衡

1）电机的损耗

（1）铜耗 P_{Cu}。

铜损耗是由于电机的各种绕组中流过电流而产生的电阻损耗，铜耗随负载而变化，又称为可变损耗。

（2）铁耗 P_{Fe}。

由于铁心中的磁滞、涡流而产生的损耗称为铁耗。

（3）机械损耗 P_Ω。

由于各种机械摩擦、通风而产生的损耗称为机械损耗。

铁耗和机械损耗在电机空载时就存在，其大小与电机负载无关，合称为空载损耗（又称为不变损耗），用 P_0 表示，即 $P_0 = P_{Fe} + P_\Omega$。

（4）附加损耗 P_s。

产生附加损耗的原因很多，如电枢反应使气隙磁场畸变而引起铁耗的增加，电枢表面电流分布不均而引起铜耗的增加，均压电流造成的损耗等。P_s 中一部分空载时已存在，另一部分随负载而变化。附加损耗一般不易计算，而估计为电机输出功率的 0.5%～1%。

综上所述，电机的总损耗 $\sum P$ 为

$$\sum P = P_{Cu} + P_{Fe} + P_\Omega + P_s$$

2）电磁功率

在电机中，把通过电磁作用传递的功率称为电磁功率，用 P_M 表示。从图 5-37 可以看出电磁功率的意义和计算方法。

对发电机而言，输入机械功率 $P_1 = T\Omega$，克服空载损耗后，其余部分转换为电磁功率，即 $P_M = P_1 - P_0$ 转换而来的电功率不能全部输出，必须克服电机的铜耗 P_{Cu} 后才能供给负载，输出给负载的电功率 $P_2 = UI$，即 $P_2 = P_M - P_{Cu} = UI$。

对电动机而言，输入的电功率为 $P_1 = UI$，此功率不能全部转换为机械功率，必须克服电机本身的铜耗 P_{Cu} 后才能进行电磁转换，即 $P_M = P_1 - P_{Cu}$ 转换而来的机械功率不能全部输出，必须克服电机的空载损耗 P_0 后才能输出，其轴上的输出机械功率 $P_2 = T_2\Omega$，即 $P_2 = P_M - P_0 = T_2\Omega$。

电磁功率既可看成机械功率，又可看成电功率。从机械功率的角度看，P_M 是电磁转矩 T 和旋转角速度 Ω 的乘积，即 $P_M = T\Omega$ 从电功率的角度看，P_M 是电枢电势 E_a 和电枢电流 I_a 的乘

积，即 $P_M = E_a I_a$ 根据能量守恒定律，两者相等，即 $P_M = T\Omega = E_a I_a$。

因此，无论是发电机还是电动机，电磁功率均指电机能够利用电磁感应原理进行能量转换的这部分功率，可以表示为机械功率的形式，也可以表示为电功率的形式。由于电磁功率具有这样的物理意义，所以在实际计算中，经常把它作为从机械量计算电量或从电量计算机械量的桥梁。

3）功率平衡方程式

电机的输入功率为 P_1，输出功率为 P_2，总损耗为 $\sum P$ 时，根据能量守恒定律，可得功率平衡方程式，即

$$P_1 = P_2 + \Sigma P$$

4. 电机的效率

电机输出功率 P_2 与输入功率 P_1 之比的百分数，称为电机的效率 η，即

$$\eta = \frac{P_2}{P_1} = \frac{P_1 - \Sigma P}{P_1} = \frac{P_2}{P_2 + \Sigma P} \times 100\%$$

直流电机的基本方程式，把电机中电、磁、机械等物理量联系起来，是分析直流电机运行特性的基础。

七、直流电动机的工作特性

当电压和励磁电流恒定时，直流电动机的工作特性是指电动机的转速 n、转矩 T、效率 η 与输出功率 P_2 之间的关系曲线，即 $n = f(P_2)$，$T = f(P_2)$，$\eta = f(P_2)$。在实际运行中，测量电枢电流 I_a 比测量 P_2 容易，且 I_a 随着 P_2 的增加而增加，所以工作特性也可表示为电枢电流的函数，即 $n = f(I_a)$、$T = f(I_a)$ 和 $\eta = f(I_a)$。电动机的机械特性是指电动机转速和电磁转矩之间的关系曲线 $n = f(T)$。

不同励磁方式的电动机具有不同的特性。直流电动机可分为他励、并励、串励和复励 4 种，他励电动机特性和并励电动机相同，因此只需分析并励、串励和复励 3 种电动机的特性。

1. 转速特性 $n = f(I_a)$

直流电动机的转速对电枢电流的变化关系可根据直流电动机电势平衡方程式求得，即

$$U_N = E_a + I_a R_a = C_e \Phi n + I_a R_a$$

式中，U_N——加在电动机上的端电压（V）；

I_a——电枢电流（A）；

R_a——电枢回路电阻（Ω）；

Φ——每极磁通量（Wb）。

由上式可解得

$$n = \frac{U_N - I_a R_a}{C_e \Phi}$$

从上式可以看出，当 U 和励磁电流 I_f 都为常值时，影响电动机转速的因素有两个：
① 电枢回路电阻压降 $I_a R_a$ 的变化；
② 磁通 Φ 的变化。
各种励磁方式电动机的转速特性如图 5-38 所示。

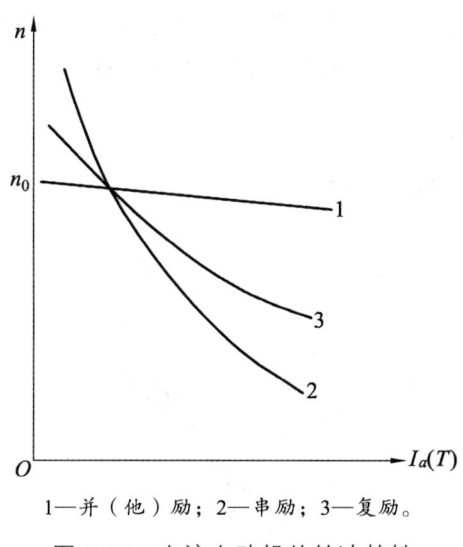

1—并（他）励；2—串励；3—复励。

图 5-38 直流电动机的转速特性

（1）并励电动机，空载时 $P_2 = 0$，$I_a \approx 0$，此时转速为空载转速 $n_0 = \frac{U_N}{C_e \Phi}$。随着 I_a 的增加，电阻压降增加，使转速趋于下降；电枢反应的去磁作用使磁通略为减少，又使转速趋于上升。由于两种因素对转速的影响部分抵消，所以电动机的转速变化很小。转速特性曲线可能是略为下垂，也可能是略为上翘。实际上，为保证电动机稳定运行，常使并励电动机具有略为下降的转速特性（见图 5-38 中曲线 1）。

空载转速 n_0 与额定转速 n_N 之差，用额定转速 n_N 的百分数表示，称为电动机的转速变化率 Δn，即 $\Delta n = \frac{n_0 - n_N}{n_N} \times 100\%$ 并励电动机在负载变化时转速变化很小，其转速变化率只有 2%～8%，所以基本上是一种恒速电动机。

（2）串励电动机当 I_a 增加时，一方面 $I_a R_a$ 增大，另一方面由于 $I_f = I_a$，使磁通 Φ 也增大。这两方面的作用都可使转速降低，因此转速随电枢电流的增加而迅速下降（见图 5-38 中曲线 2）。如果负载很轻，I_a 和 Φ 都很小，电机转速很高。空载时 $\Phi \approx 0$，理论上电动机的转速将趋于无穷大，实际上可达 (5～6) n_0。这样高的转速会使转子损坏，因此串励电动机不允许在空载或很轻的负载下运行，也不允许使用皮带、链条传动，以免皮带或链条滑脱时，成为空载。由于串励电动机不允许空载运行，其转速变化率的定义为

$$\Delta n = \frac{n_{1/4} - n_N}{n_N} \times 100\%$$

式中　　$n_{1/4}$——$P_2=\frac{1}{4}P_N$ 时电动机转速。

（3）复励电动机具有并励和串励两套绕组，通常接成积复励。两套绕组的磁势比例不同，可得到不同的特性。在设计时，可以灵活也安排它的两种励磁成分，使其特性介于并励和串励电动机特性之间（见图 5-38 中曲线 3）。

2. 转矩特性 $T=f(I_a)$

转矩特性的关系可由转矩平衡方程式推出。当忽略空载转矩后，电动机输出的转矩等于电磁转矩，故转矩特性可以直接由电磁转矩公式求出，即

$$T=C_T\Phi I_a$$

各种励磁方式下电动机的转矩特性如图 5-39 所示。

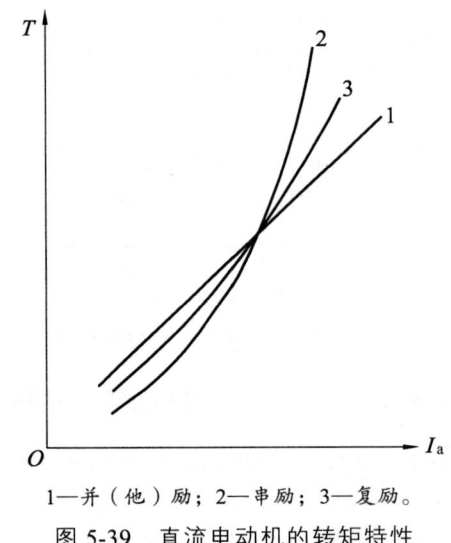

1—并（他）励；2—串励；3—复励。

图 5-39　直流电动机的转矩特性

并励电动机中，磁通不随电枢电流变化，转矩与电枢电流成正比，$T=f(I_a)$ 为一直线（见图 5-39 中曲线 1）。实际上，由于电枢反应的去磁作用，使电动机的转矩在电枢电流较大时，稍有下降。

对于串励电动机，在轻载时磁路不饱和，可以认为 $\Phi\propto I_a$，则 $T=C_T\Phi I_a\propto I_a^2$，所以 $T=C_T\Phi I_a$ 是一条抛物线（见图 5-39 中曲线 2）。当负载增加时，随着电枢电流的增大，磁路逐渐饱和，磁通基本不变，$T=C_T\Phi I_a$ 是一条直线。积复励电动机的转矩特性介于并励和串励的之间（见图 5-39 中曲线 3）。

3. 效率特性 $\eta=f(I_a)$

电机实现能量转换的过程中会引起损耗，按负载变化对损耗的影响，可将损耗分为两类：

（1）铜耗 P_{Cu} 和附加损耗 P_s。它们都随电流变化而变化，且与电流的平方成正比，这类损耗称为变值损耗，用 KI^2 表示。

（2）铁耗 P_{Fe} 和机械损耗 P_Ω。其总和几乎与负载变化无关，这类损耗称为定值损耗，用 K

表示。

因此，电机总损耗可表示为 $\Sigma P = K'I^2 + K$，则电机的效率为

$$\eta = \frac{UI - (K'I^2 + K)}{UI}$$

当电压恒定时，按公式绘成曲线，就可得到电机的效率特性，如图 5-40 所示。

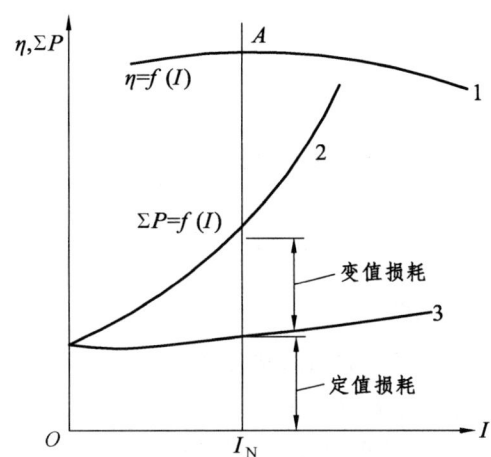

1— $\eta = f(I)$ 曲线；2— $\Sigma p = f(I)$ 曲线；3—定值损耗曲线。

图 5-40 直流电动机的效率特性

效率特性曲线的形状取决于定值损耗和变值损耗之间的比例关系。由图 5-40 可见，效率特性曲线上有一个最大值 $\eta_{\max}$（曲线 A 点），它出现在 $\frac{\mathrm{d}\eta}{\mathrm{d}I} = 0$ 处。对电机的效率公式微分并令 $\frac{\mathrm{d}\eta}{\mathrm{d}I} = 0$，即

$$\frac{\mathrm{d}\eta}{\mathrm{d}I} = \frac{UI(U - 2K'I) - U(UI - K'I^2 - K)}{U^2 I^2} = 0$$

化简后得

$$K'I^2 = K$$

可见当 $K'I^2 = K$ 时，即变值损耗等于定值损耗时，电机效率最高。因此，在设计电机时可用控制变值损耗和定值损耗比例关系的方法，使电机在额定电流时或经常工作的电流附近具有最高效率，使电机在一定的负载变化范围内，能获得最优越、最合理的效率。

4. 机械特性 $n = f(T)$

机械特性表征了电动机中最重要的两个物理量——转速和电磁转矩之间的关系，在电力拖动中具有重要意义，是决定电动机能否稳定运行及分析比较各种电动机性能的依据。

因为电磁转矩 T 和电枢电流 I_a 有比例关系（$T = C_T \Phi I_a$），所以机械特性具有与转速特性相似的曲线形状（见图 5-38）。他励和并励电动机，速度变化范围较小，称为硬特性；串励电动机，速度变化范围大，称为软特性。

八、直流牵引电动机的启动、反转、调速和制动

1. 直流牵引电动机的启动

电动机由静止状态达到正常运转状态的过程称为启动过程。直流电动机在启动过程中不仅转速发生变化,而且转矩、电流等也发生变化。

当忽略电枢绕组电感时,电枢电流 I_a 为

$$I_a = \frac{U - E_a}{R_a}$$

在启动开始瞬间,由于转速 $n = 0$,故电枢感应电动势 $E_a = 0$,此时的电流称为启动电流,用 I_{st} 表示,即

$$I_{st} = \frac{U}{R_a}$$

由于电枢绕组电阻 R_a 很小,如果直接加额定电压启动,启动电流 I_{st} 很大,可达额定电流的十几倍。这样大的启动电流将带来以下不良影响。

① 使电动机换向恶化,产生严重的火花,导致电刷和换向器表面烧损。
② 产生很大的电磁转矩,使传动机构和生产机械受到强烈冲击而损坏。
③ 使电网电压波动,影响供电的稳定性。为此,启动时必须设法限制启动电流 I_{st}。

为限制启动电流,可降低电动机外加电源电压或增大电枢回路的电阻,这时通常采用的两种启动方法。

1) 降低电源电压启动(降压启动)

在启动瞬间,给电动机加较低的直流电压;随着电动机转速的升高,电枢电势 E_a 逐渐增加,同时端电压 U 也人为地不断增加,U 与 E_a 的差值使启动过程中电枢电流保持在允许范围内,直到电动机端电压上升到额定值,电动机启动完毕。采用降低电源电压的方法启动并励电动机时必须注意:启动时必须加上额定励磁电压,使磁通一开始就有额定值,否则电动机启动电流虽然比较大,但启动转矩却较小,电动机仍无法启动。降压启动的优点是在启动过程中无电阻损耗,并可达到平稳升速,但需要专用电源设备,多用于要求经常启动的大中型直流电动机。

2) 电枢回路串电阻启动(变阻启动)

直流电动机在电枢回路串入适当的启动电阻 R_{st},按照把启动电流 I_{st} 限制在 $1.5 \sim 2.5 I_N$ 的范围内来选择启动电阻的大小。在启动过程中,随着转速 n 的升高,电枢电势 E_a 也升高,电枢电流相应地减小。为了保持一定的转矩,应逐渐将启动电阻切除,直到启动电阻全部切除,电动机启动完毕,达到额定转速稳定运行。变阻启动能有效地限制启动电流,所需启动设备简单、广泛应用于各种中小型直流牵引电动机,如工矿机车、城市电车上多采用电阻启动。但变阻启动过程中能量消耗大,不适用于经常启动的大中型直流牵引电动机。

2. 改变直流电动机转向的方法

直流电动机的旋转方向取决于电磁转矩方向，而电磁转矩 T 的方向取决于磁通 Φ 与电枢电流 I_a 相互作用的方向，故改变电动机转向的方法有两种：

① 改变磁通（即励磁电流）的方向；

② 改变电枢电流的方向。若同时改变磁通方向及电枢电流的方向，则直流电动机的转向会维持不变。直流电动机常采用励磁绕组反接法，如图 5-41 所示。

由图 5-41 可见，利用电器触头 H、a 的闭合与断开将励磁绕组进行反接，改变励磁绕组中电流的方向即改变了磁通的方向，可以达到实际改变直流牵引电动机转向的目的。

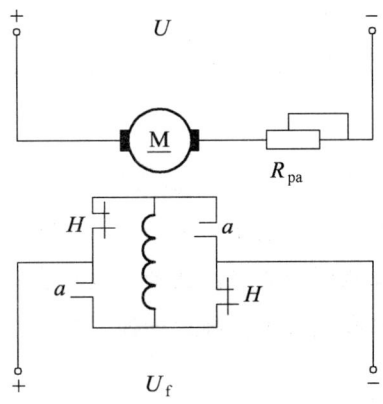

图 5-41 励磁绕组反接

3. 直流牵引电动机的调速

在电动机机械负载不变的条件下，用人为方法调节电动机转速的行为叫作调速。

电动机转速公式为

$$n = \frac{U - I_a(R_a + R_{pa})}{C_e \Phi}$$

式中　R_{pa}——电枢回路串接的电阻。

由上式可知，影响电动机转速的 3 个因素是电源电压 U、电枢回路串接的电阻 R_{pa} 和气隙主磁通 Φ。只要改变以上 3 个因素中任何一个，都能达到调节电动机转速的目的。

1）电枢回路串接电阻调速

图 5-42 所示为串励电动机电枢串接电阻时的机械特性。在某一负载下，电阻越大转速越低。

这种调速方法的优点是只需增设电阻和切换开关，设备简单，控制方便。缺点是能耗较大，经济性差，且速度调节是有级的，调速平滑性差。

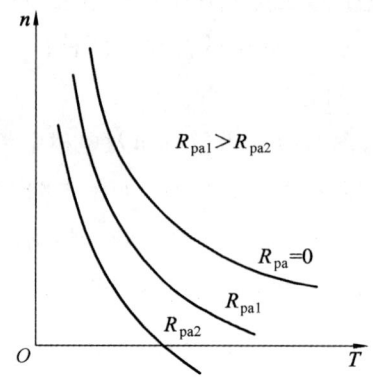

图 5-42 串励电动机电枢串接电阻时的机械特性

2）改变电源电压调速

图 5-43 所示为串励电动机电压降低时的机械特性。在某一负载下，电压越低转速也越低。为保证电机安全运行，电压只能以额定电压为上限下调，也称为降压调速。

这种调速方法的优点是电源电压如能平滑调节，就可实现无级调速；调速中无附加能量损耗。缺点是需要专用的调压电源，成本较高；转速只能调低，不能调高。

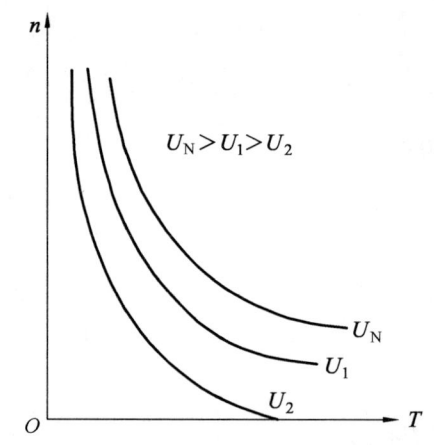

图 5-43 串励电动机电压降低时的机械特性

3）改变主磁通调速

图 5-44 所示为串励电动机磁通减弱时的机械特性。在某一负载下磁通越弱转速越高。一般电机的额定磁通已设计得使铁心接近饱和，改变磁通只能在额定磁通下减弱磁通，因此又称为削弱磁场调速。削弱磁场需要在励磁绕组的两端并联电阻，一般电动机励磁功率只有电机容量的 1%～5%，因此用于削弱磁场的并联电阻容量也很小。这种调速方法设备简单、控制方便、功率损耗小，可以提高电机的转速，是直流牵引电动机常用的调速方法之一。

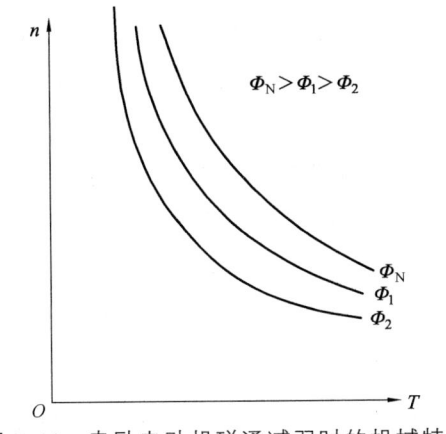

图 5-44　串励电动机磁通减弱时的机械特性

直流电动机为扩大调速范围，可以将几种方法配合使用。

4. 直流电动机的制动

电动机在运行过程中，有时需要尽快使电动机停转或从高速运行转换到低速运行，这就需要在电动机轴上加一个与转向相反的转矩（称为制动转矩）来实现，称为电动机的制动。

制动转矩若是由机械制动闸产生的摩擦转矩，称为机械制动；而若是电动机本身产生的电磁转矩，称为电气制动。直流电动机的电气制动可分为能耗制动和再生制动两种。

1）能耗制动

图 5-45 所示为串励牵引电动机采用能耗制动的电路。电气制动时，励磁绕组由单独的励磁电源供电，并保持励磁电流方向不变（磁通方向不变），将电枢绕组从电源上断开并立即接到一个制动电阻 R_L 上。这时电枢绕组外加电压 $U=0$，而电机转子靠惯性继续旋转，切割方向未变的磁通，所感应的电势仍存在且方向不变，因此，产生的电枢电流（制动电流）为

$$I_a = \frac{U - E_a}{R_a + R_L} = \frac{-E_a}{R_a + R_L} = \frac{-C_e \Phi n}{R_a + R_L}$$

由此可见，电枢电流 I_a 改变了方向，而磁通 Φ 的方向未变，电磁转矩 T 则改变了方向。因此，T 与 n 的方向相反，T 成为制动转矩，使电机转速很快下降。

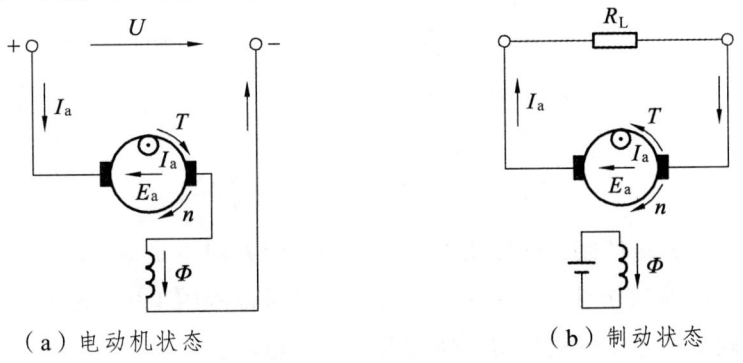

（a）电动机状态　　　　　　（b）制动状态

图 5-45　能耗制动时的电路原理接线

在制动过程中，电机靠惯性继续旋转，在磁场不变情况下，产生感应电动势方向不变并输出电流，变成一台他励发电机，把动能转换成电能，消耗在制动电阻上，故称为能耗制动。

调节制动电阻 R_L 或调节励磁电流改变磁通的大小，都可以改变制动电流的大小，以调节制动转矩的大小。另外，电机的转速越高，制动转矩越大，制动的效果越好；而低速时，制动转矩相应变小，需要配用机械制动，使电机迅速停转。

能耗制动所需设备简单、成本低、操作方便。其不足之处是动能转换为电能后消耗在制动电阻上，变成热能散发到大气中，没有被利用；不易迅速制停，因为当电机转速 n 较小时，E_a 较小，I_a 也较小，制动转矩相应较小，此时，应采用减小制动电阻 R_L 来增大电枢电流 I_a，以提高低速区的制动转矩。

2）回馈制动

由于外界原因，有时电动机的转速会大于理想的空载转速。如动车组在下坡时，重力加速度的作用使车列速度增高，电动机感应电动势 E_a 随之增大，若 $E_a = U$，则 $I_a = 0$，电机就不需要从电网输入电能，由本身的位能自动滑行并继续加速。转速继续升高，将使 $E_a > U$，则 I_a 反向，电机自动转换为发电运行状态。此时，动车组下坡的位能，通过电机转换成电能，回馈给电网，因此称这种制动为回馈制动。

由于此时电枢电流 I_a 反向，电磁转矩也随之反向，起到制动作用，车速越高，制动转矩越大，如图 5-46 所示。转速增高到一定程度，下坡时的位能产生的动力转矩与牵引电机的制动转矩和摩擦阻转矩相平衡时，将恒速稳定运行（b 点）。

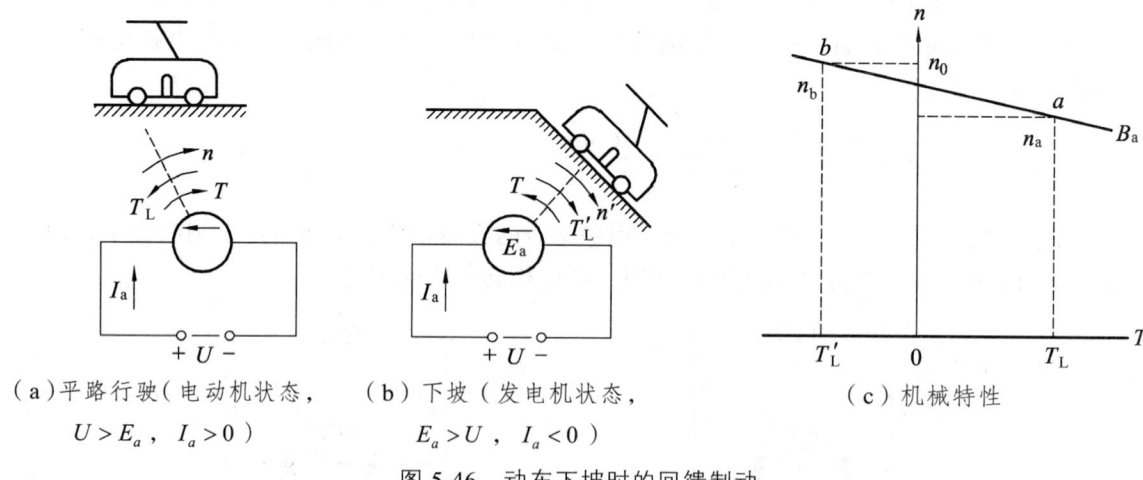

（a）平路行驶（电动机状态，$U > E_a$，$I_a > 0$）
（b）下坡（发电机状态，$E_a > U$，$I_a < 0$）
（c）机械特性

图 5-46 动车下坡时的回馈制动

他励和复励电动机回馈制动时，需要保持励磁电流方向不变，电枢回路的接线不变。串励牵引电动机进行回馈制动时，由于串励发电机在许可范围内工作不稳定，需要将串励绕组改接为他励，由较低的电压供电以得到所需要的励磁电流。

第二节 交流电机基础知识

一、交流电动机的基本结构

1. 交流电动机的分类

(1) 交流电动机按定子相数差异可分为三相、单相和两相异步电动机3类（见图5-47）。除约200 W以下的电动机多做成单相异步电动机外，现代动力用电动机大多数都为三相异步电动机。两相异步电机主要用于微型控制电机。

（a）单相　　　　　　　　（b）两相　　　　　　　　（c）三相

图5-47　异步电动机外形

(2) 按照转子形式不同，异步电机可分为鼠笼型转子和绕线型转子两大类（见图5-48）。鼠笼转子又分为普通鼠笼转子、深槽型鼠笼转子和双鼠笼转子3种。

图5-48　鼠笼型转子和绕线型转子异步电动机

(3) 根据机壳不同的保护方式，异步电动机可分为开启式、防护式、封闭式和防爆式等（见图5-49）。防护式异步电动机具有防止外界杂物落入电机内的防护装置，而且一般在转轴上装有风扇，冷空气进入电机内部冷却定子绕组端部及定子铁心后再将热量带出来。J2系列是鼠笼式转子防护式异步电动机，JR系列是绕线转子防护式异步电动机。封闭式异步电动机的内部和外部的空气是隔开的。它的冷却是依靠装在机壳外面转轴上的风扇吹风，借机座上的散热片将电机内部发散出来的热量带走。这种电机主要用于尘埃较多的场所，如在机床上使用（JOR系列及Y系列电机就属于这种类型）。防爆式异步电动机为全封闭式，它将内部与外界的易燃、易爆性气体隔离。这种电机多用于有汽油、酒精、天然气、煤气等气体较多的地方，如矿井或某些化工厂等处。

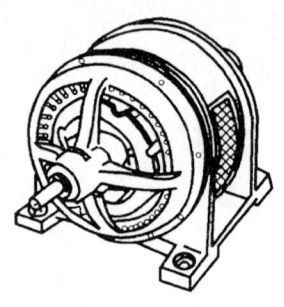 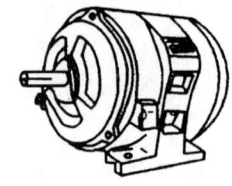 

（a）开启式　　　　　　（b）防护式　　　　　　（c）封闭式

图 5-49　开启式、防护式、封闭式异步电动机外形

2. 交流电动机的铭牌和额定值

每台交流电动机机壳上都装有铭牌，把它的运行额定值印刻在上面，如图 5-50 所示。

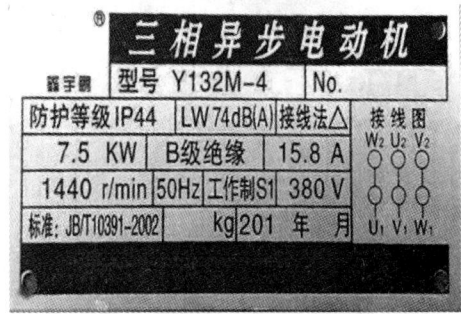

图 5-50　交流电机铭牌

电机按铭牌上所规定的条件运行时，就称为电机的额定运行状态。根据国家标准规定，异步电动机的额定值主要有以下几种。

（1）额定功率 P_N：电动机在制造厂（铭牌）所规定额定运行状态下运行时，轴端输出的机械功率（W 或 kW）。

（2）定子额定电压 U_N：电动机在额定状态下运行时，定子绕组应加的线电压（V 或 kV）。

（3）定子额定电流 I_N：电动机在额定电压下运行，输出额定功率时流入定子绕组的电流（A）。

对于三相异步电动机，额定功率为

$$P_N = \sqrt{3} U_N I_N \eta_N \cos\varphi_N$$

式中　η_N——额定运行时异步电动机的效率；

　　　$\cos\varphi_N$——额定运行时异步电动机的功率因数。

（4）额定转速 n_N：电动机在额定状态下运行时，转子的转速（r/min）。

（5）额定频率 f_N：我国使用前交流电的工频为 50 Hz。

（6）额定功率因素 $\cos\varphi_N$：电动机在额定负载时，定子边的功率因素。

（7）绝缘等级与温升。

除上述数据外,铭牌上有时还标明定子相数和绕组接法、额定运行时电机的效率、定额、转子额定电动势 E_{2N}(指定子绕组加额定电压、转子绕组开路时,集电环之间的线电势)和转子额定线电流 I_{2N}。

电动机的额定输出转矩可以由额定功率 P_N、额定转速 n_N 计算:

$$T_{2N} = 9\,550 \frac{P_N}{n_N}$$

式中,功率的单位符号是 kW,转速的单位符号是 r/min,转矩的单位是 N·m。

下面对绕组接法、温升和定额做简要说明。

(1)绕组接法:三相异步电动机的定子绕组可接成星形或三角形,视额定电压和电源电压的配合情况而定。例如,星形接法时额定电压为 380 V,则改为三角形时就可用 220 V 的电源上。为了满足这种改接的需要,通常把三相绕组的 6 个端头都引到接线板上,以便于采用两种不同接法,如图 5-51 所示。

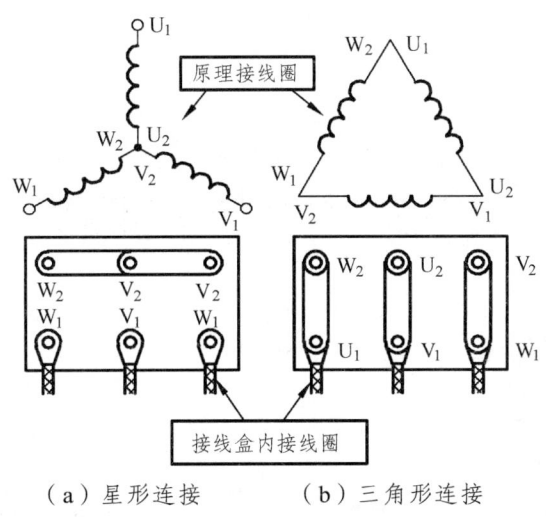

(a)星形连接　　(b)三角形连接

图 5-51　三相异步电动机的接线板

(2)温升:电机按规定方式运行时,绕组容许的温度升高,即绕组的温度比周围空气温度高出的数值。容许温升的高低取决于电机所使用的绝缘材料。例如,Y 系列电机一般采用 B 级绝缘,其最高容许温度为 130 ℃,如周围空气温度按 40 ℃ 计算,并计入 10 ℃ 的裕量,则 B 级绝缘的容许温升为 130 ℃ -(40 ℃ + 10 ℃)= 80 ℃。

(3)定额:我国电机的定额分为 3 类,即连续定额、短时定额和断续定额。连续定额是指电机按铭牌规定的数据长期连续运行。短时定额和断续定额均属于间歇运行方式,即运行一段时间后就停止运行一段时间。可见,短时定额和断续定额方式下,有一段时间电机不发热,因此容量相同时这类电机的体积可以做得小一些;或者连续定额的电机用作短时定额或断续定额运行时,所带的负载可以超过铭牌上规定的数值。但是,短时定额和断续定额的电机不能按其容量连续运行,否则会使电机过热而损坏。

3. 三相交流电动机的基本结构

图 5-52 所示是一台三相鼠笼式异步电动机的结构。它主要是由定子和转子两大部分组成的，定转子中间是气隙。此外，还包括端盖、轴承、机座、风扇等部件。

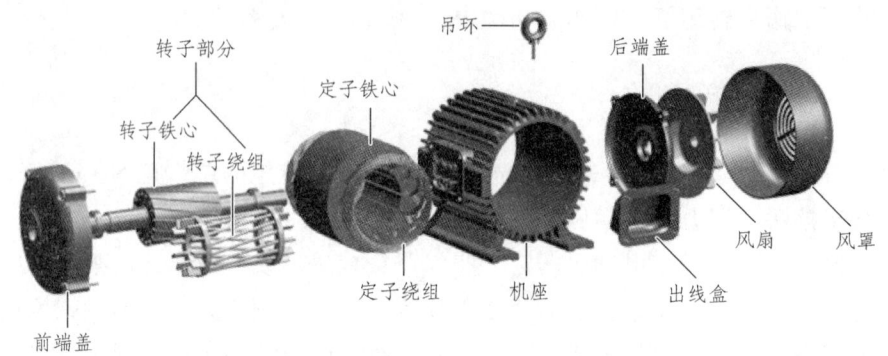

图 5-52　三相鼠笼式异步电动机组成部件

1）定　子

定子由定子三相绕组、定子铁心和机座组成。

（1）定子三相绕组是电机定子部分的电路，在异步电动机的运行中起着很重要的作用，是把电能转换为机械能的关键部件。定子三相绕组的结构是对称的，一般有 6 个出线端 U_1、U_2、V_1、V_2、W_1、W_2 置于机座外侧的接线盒内，根据需要接成星形（Y）或三角形（△），如图 5-53 所示。

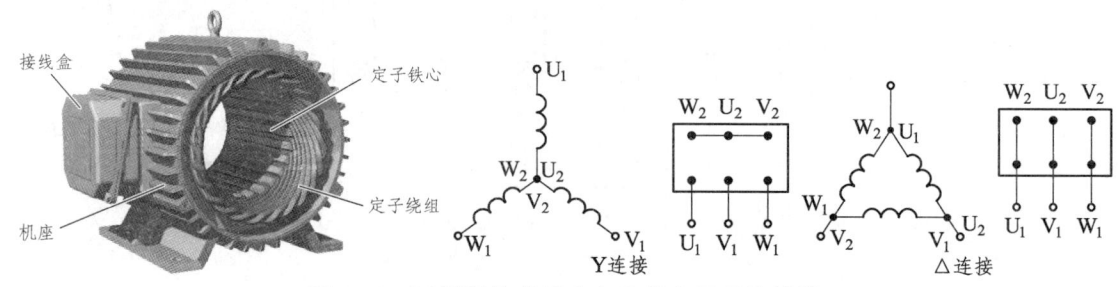

图 5-53　三相鼠笼式异步电动机定子及接线端

（2）定子铁心（见图 5-54）是异步电动机磁路的一部分。由于主磁场以同步转速相对定子旋转，为减小在铁心中引起的损耗，铁心采用 0.5 mm 厚的高导磁电工钢片叠成，电工钢片两面涂有绝缘漆以减小铁心的涡流损耗。中小型异步电机的定子铁心一般采用整圆的冲片叠成，大型异步电机的定子铁心一般采用扇形冲片拼成。在每个冲片内圆均匀地开槽，使叠装后的定子铁心内圆均匀地形成许多形状相同的槽，用以嵌放定子绕组。槽的形状由电机的容量、电压及绕组的型式而定。绕组的嵌放过程在电机制造厂中称为下线。完成下线并进行浸漆处理后的铁心与绕组成为一个整体一同固定在机座内。

（3）机座又称机壳，它的主要作用是支撑定子铁心，并通过机座的底脚将电机安装固定。全封闭式电机的定子铁心紧贴机座内壁，故机座外壳上的散热筋是电机的主要散热面。中、小型电机的机座一般采用铸铁制成。大型电机因机身较大浇注不便，常用钢板焊接成型。

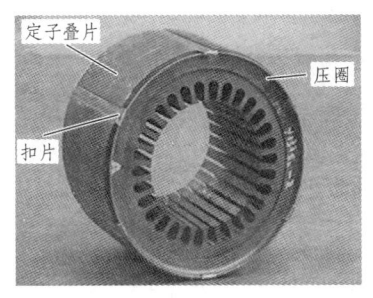
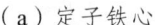
（a）定子铁心

（b）异步电机冲片

（c）机座

图 5-54 定子铁心、定子铁心冲片、机座

2）转 子

异步电动机的转子由转子铁心、转子绕组及转轴组成。

（1）转子铁心也是电机磁路的一部分，也是用 0.5 mm 厚的电工钢片叠成。与定子铁心冲片不同的是，转子铁心冲片是在冲片的外圆上开槽，叠装后的转子铁心外圆柱面上均匀地形成许多形状相同的槽，用以放置转子绕组。

（2）转子绕组是异步电动机电路的另一部分，其作用为切割定子磁场，产生感应电势和电流，并在磁场作用下受力而使转子转动。其结构可分为鼠笼式转子绕组和绕线式转子绕组两种类型。鼠笼式转子结构简单、制造方便、经济耐用；绕线式转子结构复杂、价格贵，但转子回路可引入外加电阻来改善启动和调速性能。

鼠笼式转子绕组结构与定子绕组大不相同。在转子铁心外圆有槽，每槽内放一根导条，在铁心两端用两个端环把所有的导条都连接起来，形成自行闭合的回路。如果去掉铁心，整个绕组的形状就像一个鼠笼，如图 5-55 所示。导条与端环的材料可为铜或铝。如果是用铜的，就是事先把做好的裸铜条插入铁心槽中，再用铜端环套在两端铜条的头上，并用铜焊或银焊把它们焊在一起，如图 5-55（a）所示。对中、小型电机一般都采用铸铝转子，是用熔化了的铝液直接浇铸在转子铁心槽内，连同端环以及风叶等一次铸成，如图 5-55（b）所示。

（a）铜条绕组

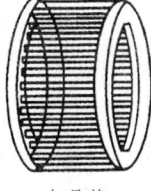

（b）铸铝绕组

图 5-55 鼠笼转子绕组

绕线式转子绕组（见图 5-56）是用绝缘导线组成，嵌放在转子铁心槽内的三相对称绕组三相一般为星形接法，三根引出线分别接到固定在转轴上并互相绝缘的三个集电环上，再通

过安装在端盖上的电刷装置与集电环接触把电流引出来。这种转子的特点是可以通过集电环和电刷在转子回路中接入附加电阻，用以改善电动机的启动性能，或调节电动机的转速。有的绕线转子异步电动机还装有一种提刷短接装置，当电动机启动完毕不需要调节转速时，移动手柄使电刷被举起而与集电环脱离接触，同时使三只集电环彼此短接起来，这样可以减少电刷与集电环间的磨损和摩擦损耗，提高运行可靠性。与鼠笼式转子比较，绕线转子的缺点是结构复杂，价格较贵，运行的可靠性也较差。因此，绕线转子异步电动机只用在要求启动电流小、启动转矩大或需要调节转速的场合，如用来拖动频繁启动的起重设备。

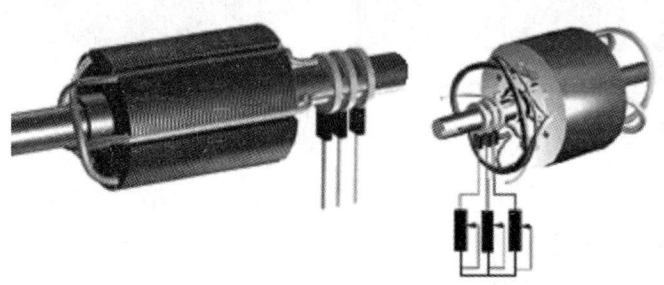
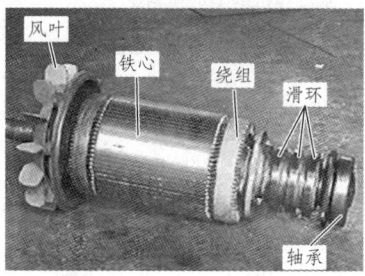

图 5-56　绕线式转子绕组

（3）转轴（见图 5-57）是整个转子部件的安装基础，又是力和机械功率的传输部件，转子靠轴和轴承被支撑在定子铁心内腔中。转轴一般用中碳钢或合金钢制成。

3）气　　隙

异步电机的气隙是很小的，中小型电机一般为 0.2~2 mm。气隙越大磁阻越大，要产生同样大小的磁场，就需要较大的励磁电流。由于气隙的存在，异步电机的磁路磁阻远比变压器为大，因而异步电机的励磁电流也比变压器的大得多。变压器的励磁电流约为额定电流的3%，异步电机的励磁电流约为额定电流的 30%。励磁电流是无功电流，因而励磁电流越大，功率因数越低。为提高异步电机的功率因数，必须

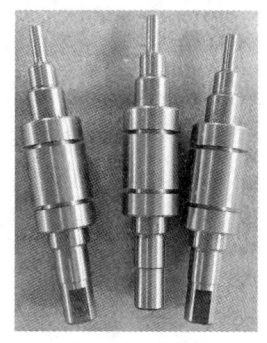

图 5-57　转轴

减少它的励磁电流，最有效的方法是尽可能缩短气隙长度。但是，气隙过小会使装配困难，还有可能使定、转子在运行时发生摩擦或碰撞。因此，气隙的最小值由制造工艺以及运行安全等因素来决定。

4）其他部件

（1）端盖：安装在机座的两端，一般为铸铁件。端盖上的轴承室里安装了轴承来支撑转子，以使定子和转子得到较好的同心度，保证转子在定子内腔里正常运转。端盖除了起支撑作用外，还起着保护定子、转子绕组的作用。

（2）轴承：连接转动部分与不动部分，目前都采用滚动轴承以减少摩擦。

（3）轴承端盖：用于保护轴承，使轴承内的润滑油不致溢出。

（4）风扇：用于冷却电动机。

二、交流电机的工作原理

1. 异步电机模型

异步电机模型如图 5-58 所示。当转动磁铁时，铝壳和指针也随着转动，而且与磁铁的转动方向相同。这是因为转动磁铁时在铝壳中产生了涡流，涡流受到磁铁的作用也随着磁铁转动。

由这个模型可知异步电机能正常工作有两个条件：① 要有一个旋转的磁场；② 转子跟着磁场转动。

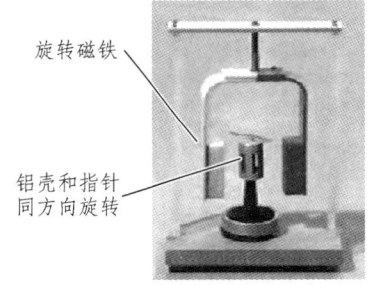

图 5-58 异步电机模型

2. 异步电机工作原理

1）旋转磁场的产生

定子三相绕组通入三相交流电（星形连接），规定："＋"表示首端流入，尾端流出；"·"表示尾端流入，首端流出。定子绕组通入三相电流，三相电流合成磁场的分布情况：三相电流产生的合成磁场是一旋转的磁场，即一个电流周期，旋转磁场在空间转过 360°（见图 5-59）。

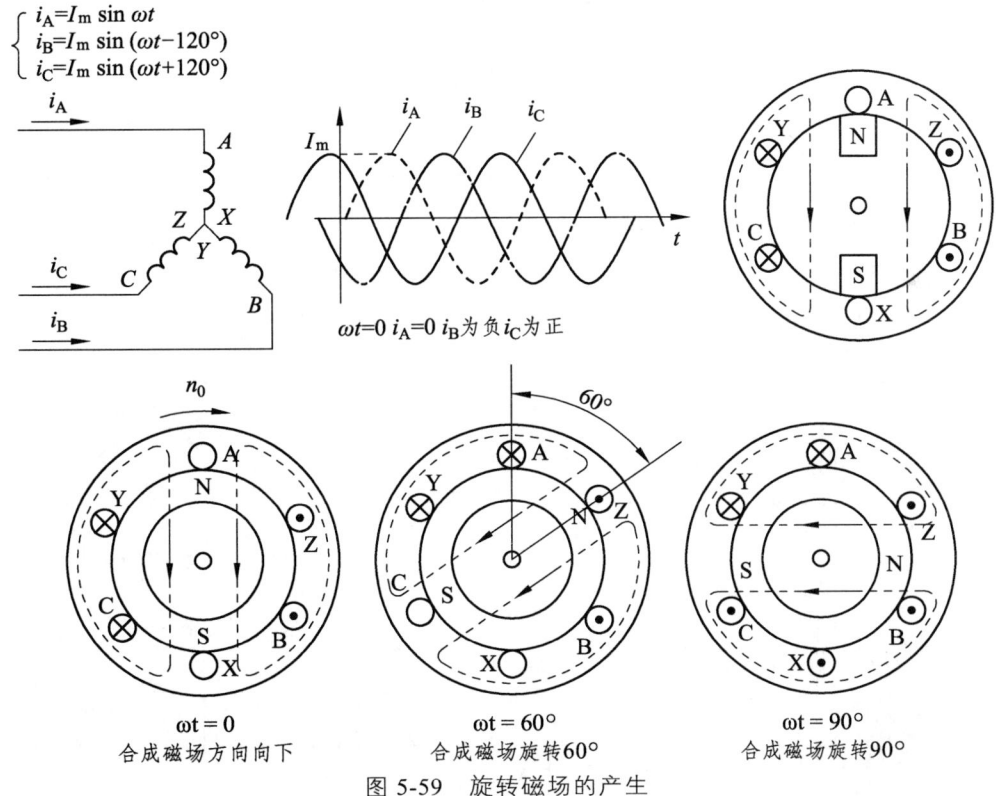

图 5-59 旋转磁场的产生

2）旋转磁场的旋转方向

旋转磁场的旋转方向取决于三相电流的相序，如图 5-60 所示。

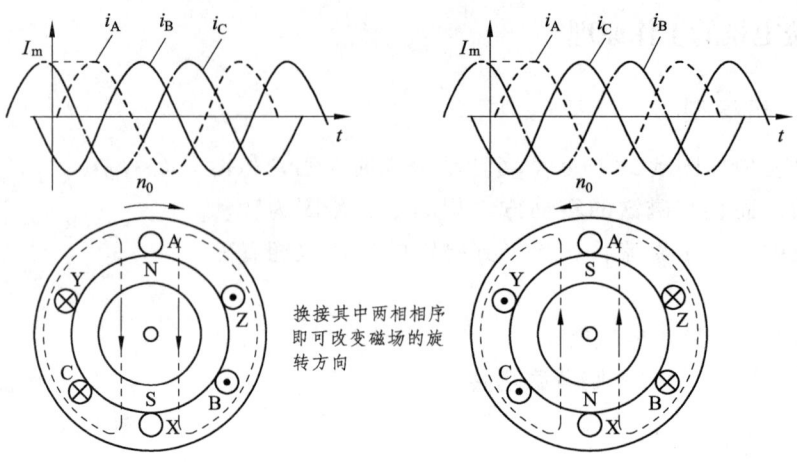

图 5-60 旋转磁场的旋转方向

3）三相异步电动机的正、反转

将与电源相接的任意两相互换（改变相序），就可实现反转，如图 5-61 所示。

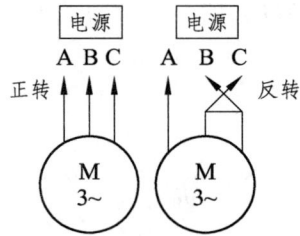

图 5-61 三相异步电动机的正、反转

4）旋转磁场的极对数 p

当三相定子绕组按图 5-62 排列时，产生一对磁极的旋转磁场，即 $p=1$。若定子每相绕组由两个线圈串联，绕组的始端之间互差 $60°$，将形成两对磁极的旋转磁场。

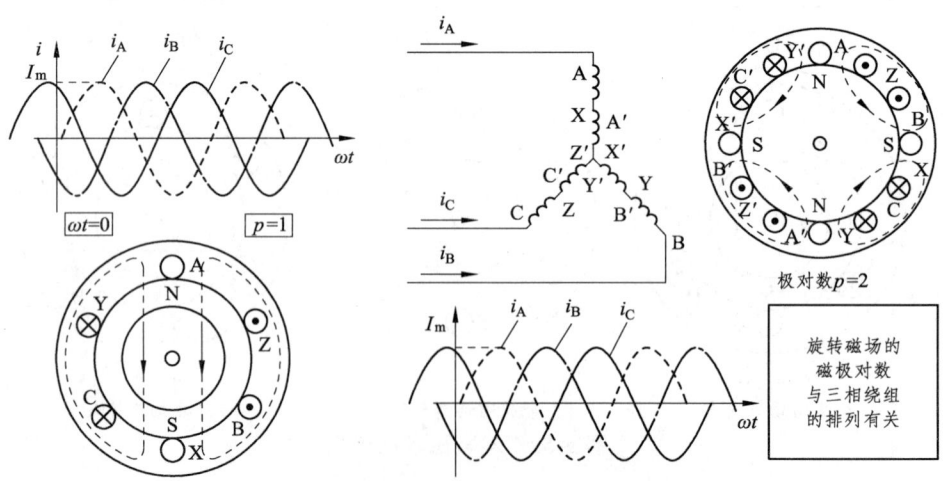

图 5-62 旋转磁场的极对数

5）旋转磁场的转速 n_0

旋转磁场的转速取决于磁场的极对数，如图 5-63 所示。旋转磁场转速 n_0 与极对数 P 的关系：

$$n_0 = \frac{60 f_1}{p} \text{（r/min）}$$

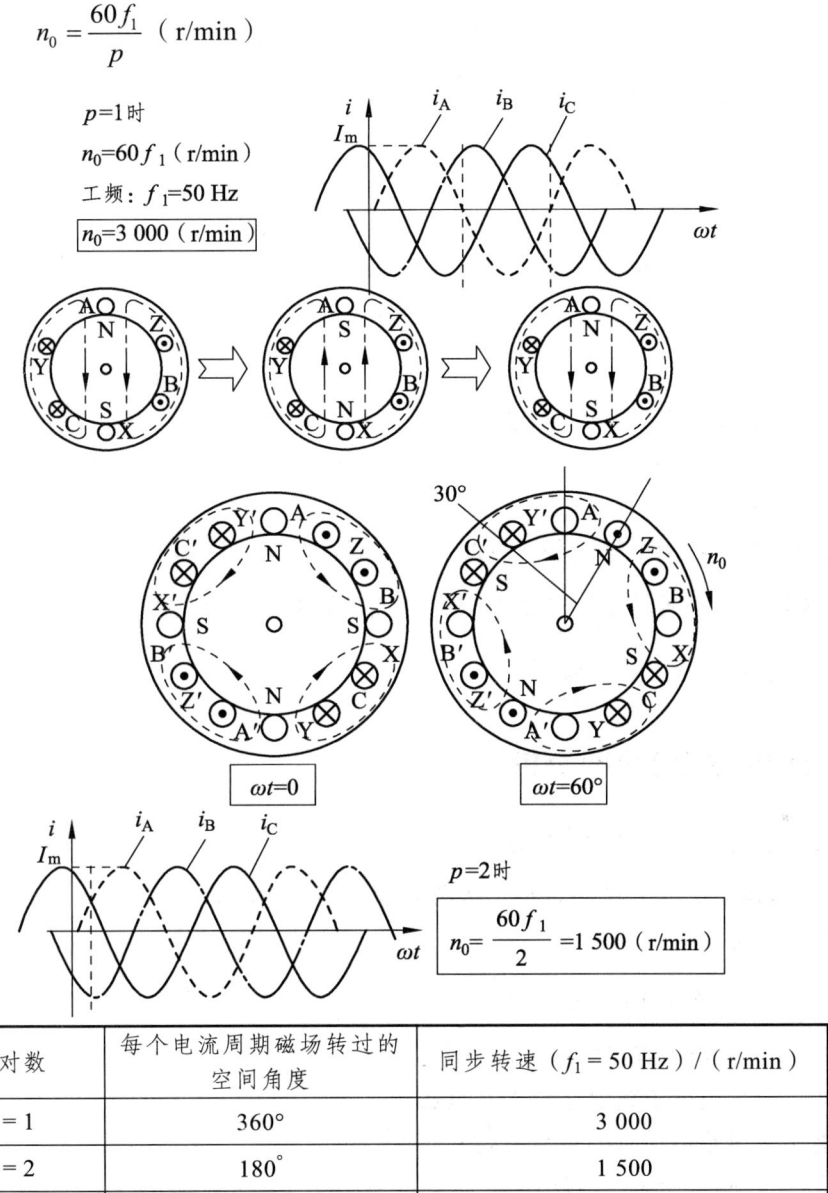

极对数	每个电流周期磁场转过的空间角度	同步转速（$f_1 = 50$ Hz）/（r/min）
$p = 1$	360°	3 000
$p = 2$	180°	1 500
$p = 3$	120°	1 000
$p = 4$	90°	750

图 5-63 旋转磁场的转速

6）电动机的转动原理

电动机的转动原理如图 5-64 所示。

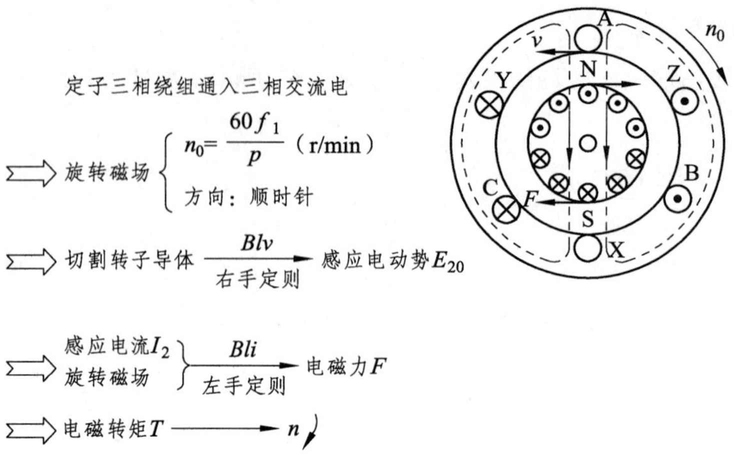

定子三相绕组通入三相交流电

⇨ 旋转磁场 $\begin{cases} n_0 = \dfrac{60 f_1}{p} \text{ (r/min)} \\ \text{方向：顺时针} \end{cases}$

⇨ 切割转子导体 $\xrightarrow[\text{右手定则}]{Blv}$ 感应电动势 E_{20}

⇨ $\begin{matrix} \text{感应电流} I_2 \\ \text{旋转磁场} \end{matrix} \xrightarrow[\text{左手定则}]{Bli}$ 电磁力 F

⇨ 电磁转矩 $T \longrightarrow n$

图 5-64 电动机的转动原理

7）转差率

电动机转子转动方向与磁场旋转的方向一致，但转子转速 n 不可能达到与旋转磁场的转速 n_0 相等，即 $n<n_0$，所谓异步即指旋转磁场的转速与转子转速不同步。如果 $n = n_0$，转子与旋转磁场间没有相对运动，磁通不切割转子导条，导致无转子电动势，无转子电流，转子不能产生电磁转矩，转子不能转动。因此，转子转速与旋转磁场转速间必须要有差别。旋转磁场的同步转速和电动机转子转速之差与旋转磁场的同步转速之比称为转差率 s。$s = \dfrac{n_0 - n}{n_0}$，异步电动机运行中 $s = 1\% \sim 9\%$。

三、交流电机运行特性分析

1. 三相异步电动机的电路分析

三相异步电动机的电磁关系与变压器类似，根据电磁感应定律，三相异步电动机定子绕组的相电势 E_1 为

$$E_1 = 4.44 f_1 N_1 \Phi_m K_w$$

式中　　f_1——三相定子绕组中电流的频率；

N_1——每相定子绕组总的串联匝数；

Φ_m——异步电动机的每极磁通；

$K_w = K_y K_q$——绕组因数；

K_y——节距因数，它的数值与线圈节距有关，表示短距线圈和长距线圈电势的减小程度，短距线圈和长距线圈的置 $K_y < 1$，整距线圈的 $K_y = 1$；

K_q——分布因数，它的数值与线圈分布有关，表示分布线圈电势的减小程度，分布线圈的 $K_q < 1$，集中线圈的 $K_q = 1$。

定子导体与旋转磁场间的相对速度固定，而转子导体与旋转磁场间的相对速度随转子的转速不同而变化，所以旋转磁场切割定子导体和转子导体的速度不同，因此定子感应电势频

率 $f_1 \neq$ 转子感应电势频率 f_2。转子感应电势频率 $f_2 = \dfrac{n_o - n}{60} p = \dfrac{n_o - n}{n_o} \times \dfrac{n_o p}{60} = s f_1$。转子感应电动势 $E_2 = 4.44 s f_1 N_2 1$。转子转动时，转子电路中的各量均与转差率 s 有关，即与转速 n 有关。

定子电流和转子电流之间的关系与变压器相似，即 $\dfrac{I_1}{I_2} = \dfrac{1}{k_i}$。式中 K_i 为异步电动机的电流变换系数，与定子绕组和转子绕组的结构有关。上式说明，定子电流随转子电流的变化而变化。当电动机启动时，$n = 0$，$s = 1$，相当于变压器副边短路，所以电流 I_1、I_2 都很大。此时定子电流 I_1 为异步电动机的起动电流，约为额定电流的 5~7 倍。当电动机空载运行时，$s \approx 0$，转子电流 I_2 很小，定子电流 I_1 也很小，由于电动机定子、转子之间有气隙，磁阻很大，电动机的空载定子电流比变压器的空载电流要大得多，一般为额定电流的 20%~40%。当电动机加上负载后，电动机要减速，转差率 s 增大，转子电流 I_2 也增大，定子电流 I_1 随之增大。

2. 三相异步电动机的功率和转矩平衡关系

1）功率平衡方程式

异步电动机从电源获取电功率，即输入功率为

$$P_1 = 3 U_1 I_1 \cos \varphi_1$$

式中　U_1——三相异步电动机定子绕组相电压；

I_1——三相异步电动机定子绕组相电流；

φ_1——相电压 U_L 与相电流 I_L 之间的相位角；

$\cos \varphi_1$——三相异步电动机功率因数。

输入功率中的一小部分将消耗于定子绕组的电阻上，该部分称为定子绕组铜耗 P_{Cu1}，即

$$P_{Cu1} = 3 I_1^2 r_1$$

式中　r_1——三相异步电动机定子绕组相电阻。

输入功率的另外一小部分将消耗于定子铁心上，该部分称为铁耗 P_{Fe}。

转子铁心损耗可忽略不计。这是因为正常运行时，三相异步电动机转子转速接近旋转磁场的同步转速，转差率 s 很小，转子铁心中磁通变化的频率很小，再加上转子铁心和定子铁心都是用硅钢片叠成，因而转子铁心中铁耗很小。所以，三相异步电动机的铁耗主要是定子铁心损耗。

输入功率减去定子铜耗和铁耗以后，余下的功率全部送入转子，这部分功率称为电磁功率 P_M，即

$$P_M = P_1 - P_{Cu1} - P_{Fe}$$

电磁功率是借助电磁感应作用通过气隙旋转磁场由定子传递到转子的。

传递到转子的电磁功率，一部分将消耗于转子绕组中的电阻上，这部分功率称为转子绕组铜耗 P_{Cu2}，即

$$P_{Cu2} = 3 I_2^2 r_2$$

式中　I_2——三相异步电动机转子绕组相电流；
　　　r_2——三相异步电动机转子绕组相电阻。

传递到转子的电磁功率减去转子铜耗 P_{Cu2} 后余下的功率称为全机械功率 $P_全$。$P_全 = P_M - P_{Cu2}$。全机械功率实际上是传递到电机转轴上的机械功率，它是转子绕组中的电流与旋转磁场相互作用产生电磁转矩，带动转子以转速 n 旋转时所对应的功率。

电机转子转动时，会产生轴承摩擦及风阻等阻力转矩，为克服此阻力转矩将消耗一部分功率，这部分功率称为机械损耗 P_Ω。

定子及转子绕组中流过电流时，除产生基波磁通外，还产生高次谐波磁通及其他漏磁通，这些磁通穿过导线、定子及转子铁心、机座、端盖等金属部件时，在其中感应电势和电流并引起损耗，这部分称为杂散损耗 P_s。杂散损耗的大小与气隙的大小和制造工艺等因素有关。

全机械功率减去机械损耗和杂散损耗以后，就是三相异步电动机转轴上输出的机械功率 P_2。用 $p_{\Omega+s}$ 表示机械损耗和杂散损耗之和，则 $P_2 = P_全 - P_{\Omega+s}$。

铁耗 P_{Fe}、定子绕组铜耗 P_{Cu1}、转子绕组铜耗 P_{Cu2} 都属于电磁损耗，这 3 项损耗主要与电的电磁负荷有关，即与电机中的磁场强度、绕组中的电流大小、铁心和绕组的几何尺寸等有关。机械损耗 P_Ω 主要与电机的转速、摩擦系数等因素有关。以上 4 项损耗属于电机的基本损耗。杂散损耗 P_s 的值很小，一般可以忽略不计。

三相异步电动机从电网吸收电功率，从转轴上输出机械功率，其功率流程如图 5-65 所示。

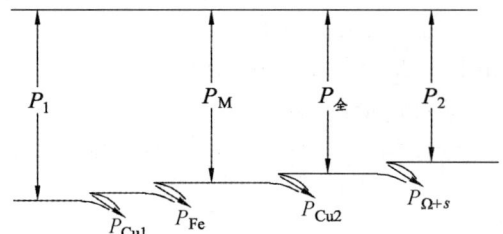

图 5-65　三相异步电动机功率流程

从三相异步电动机功率流程图可见三相异步电动机的功率平衡方程：

$$P_1 = P_{Cu1} + P_{Fe} + P_{Cu2} + P_{\Omega+s} + P_2 = \sum P + P_2$$

电动机的总损耗：

$$\sum P = P_{Cu1} + P_{Fe} + P_{Cu2} + P_{\Omega+s}$$

电磁功率：

$$P_M = P_{Cu2} + P_{\Omega+s} + P_2$$

全机械功率：

$$P_全 = P_{\Omega+s} + P_2$$

除以上功率关系外，还可以证明，三相异步电动机的转子绕组铜耗与电磁功率之间存在着一定的关系。转子绕组铜耗与电磁功率之比等于异步电机的转差率，即

$$P_{Cu2} = sP_M$$

上式说明，转差率越大，电磁功率中转变为转子铜耗的部分就越大。转子电阻越大时转子的铜耗便越大，因此转差率也越大，转速便越低。

根据三相异步电动机功率流程图和以上各式可知，全机械功率与电磁功率之间的关系为

$$P_{\text{全}} = P_M - P_{Cu2} = (1-s)P_M$$

2）转矩平衡方程

在三相异步电动机中，输入定子的电能转换为转子上的机械能输出是通过转子上产生电磁力（载流导体在磁场中的受力），由电磁力产生电磁转矩使转子旋转而实现的。因此，电磁转矩是电机中能量形态变换的基础。

对于已制造好的异步电动机，电磁转矩的大小与旋转磁场磁通的大小及转子电流大小密切相关。通过数学分析可知，电磁转矩 T 的大小与旋转磁场的每极磁通 Φ_m 及转子电流 I_2 正比，可用公式表示为

$$T = C_T \Phi_m I_2 \cos\varphi_2$$

式中　C_T——电机常数之一；

$\cos\varphi_2$——转子的功率因数。

从动力学知道，作用在旋转体上的转矩等于旋转体的机械功率除以它的机械角速度。因此，在三相异步电动机的功率关系式 $P_{\text{全}} = P_{\Omega+s} + P_2$ 中，两边都除以转子的机械角速度 Ω，便得到三相异步电动机的转矩平衡方程式，即

$$T = T_0 + T_2$$

式中，电磁转矩 $T = \dfrac{P_{\text{全}}}{\Omega}$，也就是说，在三相异步电动机中，转子转轴上的电磁转矩等于全机械功率除以转子机械角速度；$T_0 = \dfrac{P_{\Omega+s}}{\Omega}$ 为三相异步电动机的空载转矩，它等于机械损耗与杂散损耗之和除以转子机械角速度；$T_2 = \dfrac{P_2}{\Omega}$ 为三相异步电动机的输出转矩，它等于输出功率除以转子机械角速度。三相异步电动机的转矩平衡方程表明，电动机稳定运行时，电磁转矩减去空载转矩后，才是电动机转轴上的输出转矩。

由于全机械功率 $P_{\text{全}} = (1-s)P_M$，转子的机械角速度 $\Omega = (1-s)\Omega_1$，Ω_1 为旋转磁场的同步角速度，则可以得到 $T = \dfrac{P_{\text{全}}}{\Omega} = \dfrac{P_M}{\Omega_1}$。

上式说明，作用在转子上的电磁转矩与通过气隙旋转磁场传递到转子的电磁功率成正比。

电磁转矩既可以用转子的全机械功率除以转子的机械角速度来计算，也可以用电磁功率除以旋转磁场的同步角速度来计算。前者是从转子本身产生机械功率这一概念导出，由于转子本身的机械角速度为 Ω，所以 $T = \dfrac{P_{\text{全}}}{\Omega}$。后者则是从旋转磁场对转子做功这一概念出发，由于旋转磁场以同步角速度 Ω_1 旋转，而旋转磁场为了带动转子旋转，通过气隙传到转子的总功率就是电磁功率，所以 $T = \dfrac{P_M}{\Omega_1}$。

3. 异步电动机工作特性分析

异步电动机从定子边吸取电能，从转子轴端输出机械能。从使用方面来说，机械负载需要它有一定的转矩和转速；从电网方面来说，要求电动机具有一定的效率、功率因数，并应限制其启动电流。为了保证电动机能可靠、经济地运行，在设计和制造时，必须保证电动机的性能满足国家标准所规定的技术指标。三相异步电动机的运行特性反映了一些重要技术指标的变化规律。

三相异步电动机的运行特性是指在额定电压及额定频率时，转速 n、电磁转矩 T、定子电流 I_1、定子功率因数 $\cos\varphi_1$，以及效率 η 随着输出功率 P_2 而变化的关系曲线。

1）转速特性

三相异步电动机在额定电压及额定频率下，输出功率 P_2 变化时，转速 n 的变化规律曲线 $n = f(P_2)$ 称为转速特性。

空载时，输出功率 $P_2 = 0$，转子电流很小，转子铜耗 P_{Cu2} 很小，转差率 $s \approx 0$，转子转速接近同步转速。随着负载的增大，转速会略有下降，这样旋转磁场便以较大的转差 $\Delta n = n_1 - n$ 切割转子导体，使转子导体中的感应电势及电流增加，而转子电流的增加，会产生较大的电磁转矩，从而与机械负载的阻力转矩相平衡。转速特性 $n = f(P_2)$ 曲线形状如图 5-66 所示，是一条微微下倾的曲线。

随着负载的增大，转子电流增大，转子铜耗及电磁功率也相应增大。但是，转子铜耗与转子电流的平方成正比，而电磁功率近似与转子电流的一次方成正比，转子铜耗比电磁功率增大得快。而电动机的转差率 $s = \dfrac{P_{Cu2}}{P_M}$，所以，随着负载的增大，转差率 s 也增大，即转速 n 稍有下降。对一般的三相异步电动机，为保证有较高的效率，转子铜耗 P_{Cu2} 不能过大，所以转差率 s 的数值很小。在额定负载时的转差率为 $s_N = 0.01 \sim 0.07$（其中小的数字对应于容量大的电机），这表明额定转速仅比同步转速低 1%~7%。

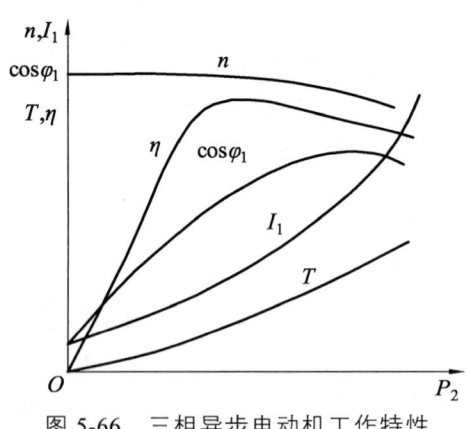

图 5-66　三相异步电动机工作特性

2）转矩特性

三相异步电动机在额定电压及额定频率下，输出功率 P_2 变化时，电磁转矩 T 变化规律

$T=f(P_2)$ 曲线称为转矩特性。由三相异步电动机的转矩平衡方程式可知 $T=T_0+T_2=T_0+\dfrac{P_2}{\Omega}$。

从空载到额定负载之间，空载转矩 T_0 可认为不变，假设电动机的转速也不变，则转矩特性 $T=f(P_2)$ 为一条直线。实际上，随着 P_2 的增加，电动机的转速略有下降，所以，转矩特性 $T=f(P_2)$ 是一条比直线略有上翘的曲线，如图 5-66 所示。

3）定子电流特性

三相异步电动机在额定电压及额定频率下，输出功率 P_2 变化时，定子电流 I_1 变化规律曲线 $I_1=f(P_2)$ 称为定子电流特性。

空载运行时，转子电流 $I_2\approx 0$，此时定子电流 I_1 几乎全部为励磁电流。励磁电流是定子电流中用来产生旋转磁场主磁通的电流分量；定子电流中的另一部分称为定子电流有功分量，定子电流有功分量用来与转子电流相平衡。

当负载增加以后，输出功率增大，转子转速下降，转子电流增加，以产生足够的电磁转矩与负载转矩相平衡，通过电磁感应关系，定子电流也随着增加，输入功率增大，从而满足功率平衡方程的要求。定子电流特性 $I_1=f(P_2)$ 的曲线形状如图 5-66 所示。

4）功率因数特性

三相异步电动机在额定电压及额定频率下，输出功率 P_2 变化时，定子功率因数 $\cos\varphi_1$ 的变化规律曲线 $\cos\varphi_1=f(P_2)$ 称为功率因数特性。

对电网来说，三相异步电动机是一个感性负载，它从电网中吸取无功功率，因此三相异步电动机的功率因数是滞后的。

空载运行时，定子电流中的大部分是励磁电流，由于励磁电流中的主要成分是无功的磁化电流，所以空载时的功率因数很低，通常为 $\cos\varphi_0<0.2$。加上负载后，由于要输出一定的机械功率，因此，定子电流中的有功分量增加，电动机的功率因数逐渐提高。一般电动机在额定功率附近，功率因数将达到最大数值，额定功率因数 $\cos\varphi_N=0.7\sim 0.9$。功率因数特性 $\cos\varphi_1=f(P_2)$ 曲线形状如图 5-66 所示。

5）效率特性

三相异步电动机在额定电压及额定频率下，输出功率 P_2 变化时，效率 η 的变化规律曲线 $\eta=f(P_2)$ 为效率特性。三相异步电动机的效率 η 为输出功率与输入功率之比，即

$$\eta=\frac{P_2}{P_1}=\frac{P_2}{P_2+\sum P}$$

空载时，输出功率 $P_2=0$，故 $\eta=0$。随着负载的增大，输出功率逐步增大，效率也相应增大。

异步电动机在运行过程中的转速及气隙磁通是近似不变的，故机械损耗与定子铁耗之和基本上是常数，称为不变损耗；定、转子铜耗与电流平方成正比，随电流的变化而变化，称为可变损耗。如同变压器与直流电机中的情况一样，当不变损耗与可变损耗相等时，出现最大效率。

出现最大效率后，若负载继续增大，电动机的效率就要下降，效率特性 $\eta=f(P_2)$ 曲线形

状如图 5-66 所示。

由于额定功率附近的功率因数和效率都比较高,因此总希望电动机在额定功率附近运行。如果电机长时间在低负荷下运行,此时的效率和功率因数都很低,很不经济。因此,选用电动机时,应使电动机的机械容量与机械负载相匹配。

4. 三相异步电动机的机械特性

异步电动机输出机械功率主要表现在输出转矩和转速上,因此转速或转差率是异步电动机的基本变量之一。当三相异步电动机的外加定子电压及频率不变,转差率 s 变化时,电磁转矩 T 的变化规律曲线 $T=f(s)$ 称为机械特性。通过数学分析,可以得到用参数表示的电磁转矩 T 的计算公式如下:

$$T = \frac{3pU_1^2 r_2'/s}{2\pi f_1[(r_1 + r_2'/s)^2 + (x_{1\sigma} + x_{2\sigma}')^2]}$$

式中　　p——极对数;
　　　　U_1——电动机相电压;
　　　　f_1——定子频率;
　　　　r_1, $x_{1\sigma}$——定子绕组的电阻和电抗;
　　　　r_2', $x_{2\sigma}'$——转子绕组的折算电阻和电抗。

当异步电机的定子电压、频率及各参数都为定值时,改变转差率 s 的大小,根据用参数表示的电磁转矩计算公式可算出相应的电磁转矩 T,可作出机械特性 $T=f(s)$ 曲线,如图 5-67 所示。

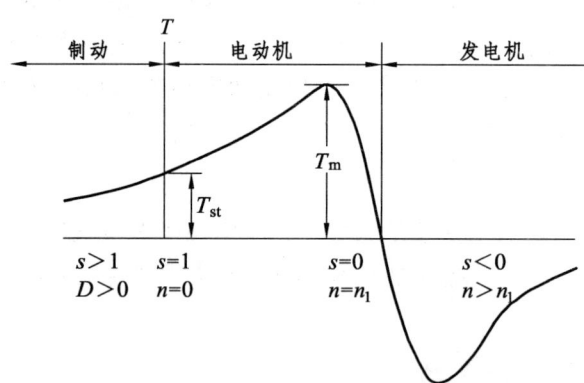

图 5-67　三相异步电动机的机械特性

由图可见,当时,电磁转矩和转子的转速都为正,转子转速小于磁场的同步转速,电机处于电动机运行状态;当 $s<0$ 时,转子的转速为正,转子转速大于磁场的同步转速,电磁转矩为负,电机处于发电机运行状态;当 $s>1$ 时,转子的转速为负,电磁转矩为正,电机处于制动运行状态。

通过机械特性曲线,可以看到三相异步电动机具有以下一些特点。

（1）在启动的瞬间,即 $s=1$ 时的电磁转矩称为启动转矩 T_{st}。通过数学分析的方法可知,启动时，电动机的启动电流很大，但转子功率因数很小，而 $T = C_\mathrm{T}\Phi_\mathrm{m}I_2\cos\varphi_2$，故启动转矩 T_st 并不很大。

（2）如果转子达到同步转速，即 $s=0$，则转子电流 $I_2=0$，此时的电磁转矩 $T=0$。

（3）当转差率 s 达到某一值时，电磁转矩达到最大值，称为最大转矩 T_m，对应于此时的转差率称为临界转差率 s_m，一般异步电动机的 $s_\mathrm{m}=0.04\sim0.14$。通过数学分析的方法可得到临界转差率 s_m 和最大转矩 T_m 的数学表达式如下：

$$s_\mathrm{m} = \frac{r_2'}{\sqrt{r_1 + (x_{1\sigma} + x_{2\sigma}')^2}}$$

$$T_\mathrm{m} = \frac{3pU_1^2}{4\pi f_1\left[r_1 + \sqrt{r_1^2 + (x_{1\sigma} + x_{2\sigma}')^2}\right]}$$

可见，三相异步电动机的最大转矩与电网电压的平方成正比，最大转矩与转子电阻无关；临界转差率 s_m 与转子电阻成正比。

（4）转子电阻对 $T=f(s)$ 曲线的影响。异步电机转子回路中的电阻不同，其相应的机械特性 $T=f(s)$ 曲线的形状也不同，启动转矩的大小也不同。当 $s_\mathrm{m}<1$ 时，随着转子电阻的增加，启动转矩变大；要使启动转矩达到最大转矩 $T_\mathrm{st}=T_\mathrm{m}$，则 $s_\mathrm{m}=1$，即

$$s_\mathrm{m} = \frac{r_2' + r_\mathrm{st}'}{\sqrt{r_2' + (x_{1\sigma} + x_{2\sigma}')^2}} = 1$$

此时，在转子回路中应串入电阻的折算值为

$$r_\mathrm{st}' = \sqrt{r_1' + (r_1' + (x_{1\sigma} + x_{2\sigma}')^2} - r_2'$$

若转子回路串入的电阻超过该值，$s_\mathrm{m}>1$，说明电动机的启动转矩变小。

（5）对应于额定负载时的转矩称为额定转矩 T_N，相应的转差率称为额定转差率 s_N。

（6）最大转矩与额定转矩之比，称为电动机的过载能力 K_m，它是衡量电动机过载能力的一个重要指标。$K_\mathrm{m} = \dfrac{T_\mathrm{m}}{T_\mathrm{N}}$，一般三相异步电动机的过载能力 $K_\mathrm{m}=2\sim2.2$。

（7）启动转矩与额定转矩之比，称为电动机启动转矩倍数 K_st，$K_\mathrm{st} = \dfrac{T_\mathrm{st}}{T_\mathrm{N}}$，人们希望 K_st 尽量大一些为好。JO2 系列电动机的 $K_\mathrm{st}=0.9\sim2$，Y 系列电动机的 $K_\mathrm{st}=1.8\sim2.2$。

四、三相异步电动机的启动、反转、调速和制动

1. 三相异步电动机的启动

三相异步电动机的启动是指从电动机接入电网开始转动，到达正常运转时为止的这一过程。一般衡量三相异步电动机启动性能的好坏，主要有 4 点：① 启动电流尽可能小；② 启

动转矩要足够大；③启动所需用的设备简单、经济、操作方便；④启动过程中的功率损耗要尽量小。

异步电动机在启动时存在着两种矛盾：电动机的启动电流大而供电线路承受冲击电流的能力有限；电动机的启动转矩小而负载又要求有足够的转矩才能启动。在不同的情况下，应采取不同的启动方法。

对于容量不大，又是在空载情况下启动的异步电动机，如一般机床上用的电动机，启动电流虽大，但在很短时间内就下降了，只要车间里许多机床不是同时启动，对供电线路不会造成太大影响。其启动转矩即使比电机的额定转矩还小，只要是空载启动，也是够用的，转起来之后，仍能承担额定负载。因此，在这种情况下，可以采用直接启动。

对于经常满载启动的电动机，如电梯、起重机等，当启动转矩小于负载转矩时，不能正常工作，当然就无法工作了。对于几百千瓦以上的中、大容量电动机，额定电流有好几百安培，启动电流达数千安培，供电网能否承受这样大的电流冲击主要看电网和供电变压器的容量。电动机的启动电流流过具有一定内阻抗的发电机、变压器和供电线路，总会造成电压的瞬时降低。变压器容量越小，内阻抗值就越大，启动电流引起的瞬时电压降落也越大。供电电压的瞬时降低，不仅会使这台要启动的电机不能正常工作，在同一条供电母线上的其他设备也要受到冲击，电灯会变暗，数控设备失常，带着重载的电动机甚至会停下来。在这种情况下，变电所的欠电压保护可能会跳闸，造成停电事故。因此，大容量的异步电动机是不允许直接启动的。具体来讲，异步电动机主要有以下4种启动方法。

1）小容量电动机空载或轻载启动——直接启动

小容量电动机空载或带轻载时，可以直接启动。直接启动就是将电动机定子绕组直接接到具有额定电压的电网上。这种启动方法的优点是操作和启动设备都简单。直接启动时电流较大，如果负载的惯量较大，启动时间可能较长。为了保证电动机启动时不引起太大的电网压降，电动机应满足下列经验公式的要求：

$$\frac{I_{st}}{I_N} \leqslant \frac{3}{4} + \frac{供电变压器的容量}{4 \times 电动机额定容量}$$

电动机能否采用直接启动方法，这不仅取决于电动机本身的容量大小，而且还与供电电网容量、供电线路长短、启动次数及其他用户的要求有关。

供电电网容量越大，允许直接启动的电动机容量也越大；电动机与供电变压器之间的距离越长，启动时线路电压降也就越大，则电动机的端电压就越低，有可能使电机无法启动。这种情况下应降低允许直接启动的电动机容量。频繁启动的电动机，由同一台变压器供电的其他设备，如果都是动力用户，即都是电动机，则对允许直接启动的电动机容量的要求就放松一些，如果还有照明用户和其他对电源电压波动很敏感的用户，则对允许直接启动的电动机容量的要求就更严一些。

有关小容量电动机直接启动的具体规定，可查阅有关书籍或电工手册。通常以下两种情况可以采用直接启动：容量在 7.5 kW 以下的三相异步电动机；电动机在启动瞬间造成的电网电压降不大于电压正常值的 10%，对于不经常启动的电动机可放宽到 15%。

2）中、大容量电动机空载或轻载启动——降压启动

凡电动机容量超过第 1 种方法的要求时，就不能直接启动。在这种情况下，如果仍是空载或轻载启动，则启动时的主要问题就是启动电流大而电网允许的冲击电流有限，因此必须降低启动电流。要降低启动电流，最有效的措施就是降压启动。

降压启动是指电动机在启动时降低加在定子绕组上的电压，启动结束后再加上额定电压运行。降压启动可以有效地降低电动机的启动电流，感应电动机的启动转矩和电压的关系为

$$T_{st} = \frac{1}{2\pi f_1} \frac{3pU_1^2 r_2'}{(r_1 + r_2')^2 + (x_{1\sigma} + x_{2\sigma}')^2}$$

由上式可知，感应电动机的启动转矩和电压的平方成正比，降压启动时，电动机的启动转矩也相应降低，因此降压启动只适用于电动机空载或轻载启动。常用的降压启动方法有星三角降压启动、自耦变压器降压启动、定子绕组串电阻或电抗降压启动、延边三角形降压启动。以下仅介绍前两种降压启动方法。

（1）星三角（Y/△）降压启动。

星三角降压启动指在额定电压下正常运行时为三角形接法的电动机，在启动时采用星形接法从而使三相定子绕组所承受的每相相电压降低为额定电压（电源线电压）的 $1/\sqrt{3}$ 倍。其原理线路如图 5-68 所示。

启动时，先将转换开关 S_2 置于"启动"位，这时定子三相绕组为星形连接然后将开关 S_1 合上，电动机开始启动；待电动机转速升高到一定值后，再把 S_2 置于"运行"位，此时定子三相绕组为三角形连接，电动机就在额定电压下正常运行。

当定子绕组接成星形启动时，每相绕组所加电压为 $\frac{U_1}{\sqrt{3}}$，设电动机启动时每相阻抗为 Z_{st}，则启动时的线电流为 $I_{st(Y)} = \frac{U_1}{\sqrt{3}|Z_{st}|}$。如用三角形直接启动时，每相所加电压为 U_1，此时线电流为 $I_{st(\triangle)} = \sqrt{3}\frac{U_1}{|Z_{st}|}$。两种接线方法启动电流的比值是 $\frac{I_{st(Y)}}{I_{st(\triangle)}} = \frac{1}{3}$。

由此可见，用星三角降压启动，启动电流为采用三角形接法直接启动时的 1/3，对降低启动电流很有效，由于启动转矩 T_{st} 正比于 U_1^2，启动转矩也相应降低为采用三角形接法直接启动时的 1/3，即启动转矩也降低很多，故这种方法只能用于空载或轻载启动的设备上。该方法的最大优点是所需设备简单、价格低，因而获得了广泛的应用。这种方法只能用于正常运行时三相定子绕组为三角形接法的电动机，因此我国生产的 JO2 及 Y 系列三相鼠笼式异步电动机，功率在 4 kW 及以上者正常运行时都采用三角形接法。

（2）自耦变压器降压启动。

自耦变压器降压启动也称为启动补偿器启动，这种启动方法是利用自耦变压器来降低启动时加在定子三相绕组上的电压，其原理线路如图 5-69 所示，它由三相自耦变压器和控制开关等组成。

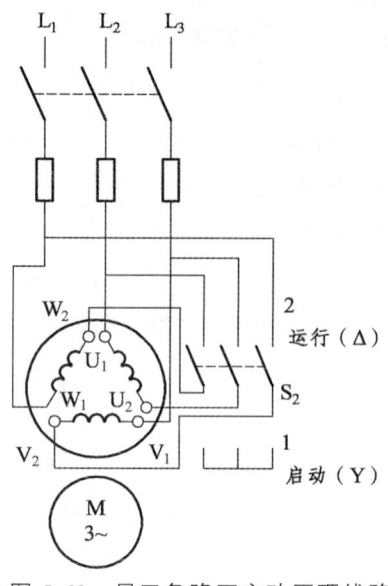
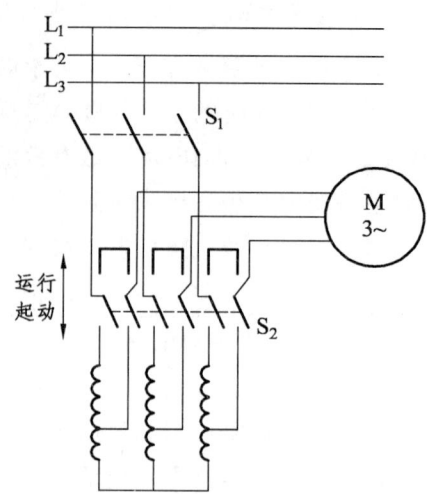

图 5-68　星三角降压启动原理线路　　　　图 5-69　自耦变压器降压启动原理线路

启动时，先将开关 S_1 闭合，然后再将开关 S_2 置于"启动"位，这时经过自耦变压器降压后的交流电压加到电动机三相定子绕组上，电动机开始降压启动，待电动机转速升高到一定值后，再把开关 S_2 置于"运行"位，电动机就在额定电压下正常运行，此时自耦变压器已从电网上被切除。

设自耦变压器的变比为 K，原边电压为 U_1，则副边电压为 $U_2=\dfrac{U_1}{K}$，副边电流（即通过电动机定子绕组的线电流）也减小为额定电压下直接启动时启动电流的 $\dfrac{1}{K}$ 倍。又因为变压器原副边的电流关系是 $I_1=\dfrac{I_2}{K}$，可见原边的电流（即电源供给电动机的启动电流）比直接流过电动机定子绕组的电流还要小，即此时电源供给电动机的启动电流为直接启动时的 $\dfrac{1}{K^2}$ 倍，因此用自耦变压器降压启动对限制启动电流很有效。但采用此种方法降低启动电流的同时，启动转矩也会相应降低到直接启动的 $\dfrac{1}{K^2}$ 倍。

这种启动方法的优点是可以按容许的启动电流和所需的启动转矩选择自耦变压器的变比从而实现降压启动，而且不论电动机定子绕组采用星形接法还是三角形接法都可使用；缺点是投资较大，设备体积大。

3）小容量电动机重载启动—鼠笼电机的特殊形式

小容量电动机重载启动时，启动的主要问题是启动转矩不足。针对这种情况，解决的办法有两个：① 按启动的要求，选择容量更大的电动机；② 选用启动转矩较高的特殊形式的电动机，这种电动机的机械特性与普通鼠笼式电动机的机械特性形状比较如图 5-70 所示。

启动转矩较高的特殊形式的电动机主要是指以下 3 种：① JQ 型电动机，适用于一般重载启动，如皮带运输机等，其特殊的机械特性是由于转子参数（双鼠笼式异步电动机和深槽型异步电动机）设计制造成能够自动随转速变化。② JH 型电动机，它的转子电阻设计得偏大，因此机械特性较软，适用于冲压机这一类带冲击负载的机械，它们常常带着机械惯性较大的飞轮，在冲击负载来到时，转速降落大，由飞轮释放出来的动能可以帮助电机克服高峰负载。③ JZ 型电动机，它的转子电阻设计得更大，启动转矩也相应更大，机械特性更软，适用于频繁启动的起重机和冶金机械。

4) 中、大容量电动机重载启动——绕线电动机启动

中、大容量电动机重载启动时，启动的两种矛盾同时起作用，问题最尖锐。可以先用特殊形式的鼠笼电机进行试验，如果不行，则只能选用绕线转子电机。绕线电机常用转子串接电阻或转子串接频敏变阻器的方法来改善启动性能。绕线电机转子串接电阻时，如果阻值选择合适，可以既增大启动转矩，又减小启动电流，使两对矛盾都得到解决，但投入的设备较多，成本较高。

另外，对于频繁启动、制动的电机来说，即使容量不大，但启动、制动的时间占整个电机工作时间的比例较大，大电流持续时间长，发热严重。如果选用鼠笼电动机，哪怕只是空载，来回启动、制动次数过多也会过热。这时也应采用绕线电机，利用转子外接电阻来控制启动、制动，启动时大部分热量产生在电机外面，电机本身的发热也就小得多。

2. 三相异步电动机的调速

三相异步电动机的调速是指用人为的方法来改变三相异步电动机的转速。异步电动机在结构简单、价格便宜、运行可靠、维护方便等方面优于直流电动机，在容量、电压、转速等级上也比直流电动机高，但在调速和控制性能上较直流电动机差。异步电动机的转速是可以调节的，但目前人们还没有找到调速范围广、精度高、动态性能好，而又价廉、可靠、能够完全取代直流电机的交流调速系统，这是一个备受瞩目的研究课题。

异步电动机的转速为

$$n = n_1(1-s) = \frac{60f_1}{p}(1-s)$$

从上式可知，异步电动机可通过改变定子绕组的极对数 p（见图 5-71）、改变电源频率 f_1 和改变转差率 s 进行调速。

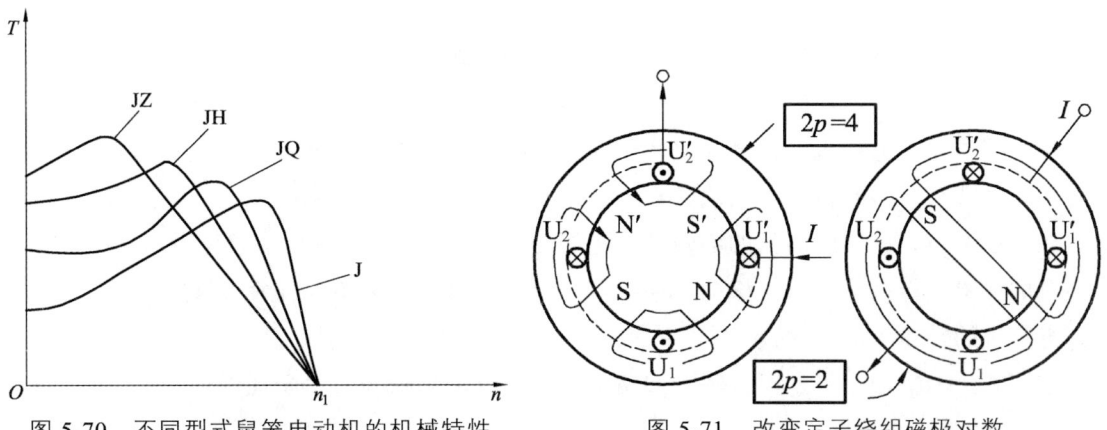

图 5-70　不同型式鼠笼电动机的机械特性　　图 5-71　改变定子绕组磁极对数

1）变极调速

变极调速就是改变电动机定子绕组的极对数 p 来调速。如果电源频率 f_1 固定不变，只要改变电机绕组的极对数 p，则同步转速和转子转速 n 也会随着改变。而且，电机的同步转速 n_1 与极对数 p 成反比变化，如当 $f_1 = 50$ Hz 时，把极对数从 $p=1$ 变到 $p=2$，得到的同步转速将为 $n_1 = 3\ 000$ r/min 和 $n_1 = 1\ 500$ r/min 两种。

变极调速的异步电动机一般采用鼠笼式转子，因为鼠笼式转子的极对数能自动地随着定子极对数的改变而改变，使定、转子磁场的极对数总是相等而产生平均电磁转矩。若为绕线型转子，则定子极对数改变时，转子绕组必须相应地改变接法以得到与定子相同的极对数，很不方便。

变极调速常用的方法是在定子上只装一套绕组，而利用改变绕组接法来获得两种或多种极对数，称为单绕组变极。变极原理如图 5-71 所示，图中 U 相绕组由 U_1U_1' 和 U_2U_2' 两个线圈组成，如果两个线圈串联，向绕组通入电流后将产生 4 个磁极即 $2p=4$；如果两个线圈并联（即将 U_1' 和 U_2' 连接，U_1 和 U_2 连接），向绕组通入电流后将产生 2 个磁极即 $2p=2$。可见，磁极对数发生了改变。

图 5-72 所示是变极双速异步电动机的接线示意图。当电源从 1、2、3 端引入时（4、5、6 悬空），定子绕组为三角形接法。由图中实线箭头表示的电流方向可见，此时一相绕组的两个线圈串联，磁极数为 $2p=4$；当电源从 4、5、6 端引入时（1、2、3 端相连），定子绕组为 YY 接法，由图中虚线箭头表示的电流方向可见，一半线圈中的电流改变了方向，此时磁极为 $2p=2$。这种变极方法称为 YY/△ 接法，目前被广泛采用。可以改变磁极对数的异步电动机称为多速异步电动机，包括双速、三速、四速等多种，我国目前已大量生产。变极调速方法的优点是设备简单、运行可靠，缺点是不平滑调速，而是逐级分段式调速。

2）变转差率调速

变转差率调速就是改变电动机的转差率 s 来调速。当恒转矩负载调速时，从电磁转矩关系式可知，改变转差率 s 有下列几种方法。

（1）在转子回路串入电阻、电感或电容，以改变转子电阻 r_2' 或转子电抗 $x_{2\sigma}'$。

（2）改变定子绕组的端电压 U_1。

（3）在定子回路串入外加电阻或电抗，以改变 r_1 或 x_1。

改变转差率调速常用的方法是在转子回路中串电阻，特性如图 5-73 所示。这种方法只适用于绕线转子异步电动机，在电动机转子回路中接入附加电阻后就可以改变电动机的特性曲线形状。假设在不同的转速时负载转矩 T_2 恒定不变，在转子回路未接入附加电阻时，电动机稳定在 a 点运行，这时电动机的电磁转矩刚好与负载转矩 T_2 相平衡，随着转子电阻的增大，电动机的稳定运行点逐渐向左移动（a-b-c-d），也就是说，随着转子电阻的增加，转差率 s 变大，电动机的转速降低。

这一方法的物理过程是：在转子回路电阻增加的最初瞬间，由于惯性的缘故，转子转速还来不及改变，转子回路的感应电势仍维持原来的数值，转子电流将随着转子回路电阻数值的增加而减少，电磁转矩也将下降，于是电动机开始减速。但随着转速的下降，转差率变大，转子回路的电势及电流将随着转差率的增大而重新回升，从而使电动机的电磁转矩又重新增大，直到与负载转矩 T_2 重新相平衡为止。

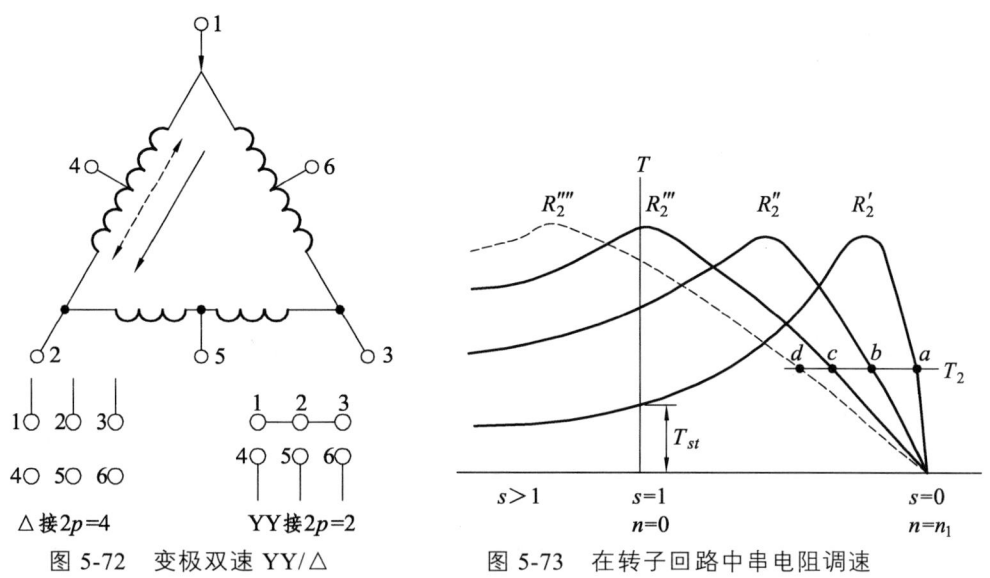

图 5-72 变极双速 YY/△   图 5-73 在转子回路中串电阻调速

这种方法的缺点是，转子回路中接入附加电阻后，将使转子铜耗增加，降低了电动机效率。但由于此法比较简单，在中小容量的电动机中仍使用较多，如交流供电的桥式起重机，大多采用此法调速。

3）变频调速

由前面的分析可知，对异步电动机而言，用变极调速级数少，且不能平滑调速；用转子回路串联电阻改变转差率 s 调速损耗较大。因此，虽然异步电动机与直流电动机相比较有结构简单、成本低廉、坚固耐用等优点，但由于调速较困难而限制了它的使用，一般只能作接近恒速运行。以往在要求连续、精确、灵活调速的场合，直流电动机一直占有主要地位。然而，随着晶闸管可提供一个频率可调的交流电源给异步电动机，从而使异步电动机转速能够平滑调节的变频调速技术正在获得迅速发展。

变频调速就是改变供电电源的频率 f_1 来调速。当改变电源频率 f_1 时，旋转磁场的同步转速与电源频率 f_1 成正比变化，于是转子转速也相应改变，达到调节转速的目的。异步电动机定子绕组电压平衡方程式为

$$U_1 \approx E_1 = 4.44 f_1 N_1 \Phi_m K_\omega$$

由上式可见，当降低交流电源频率 f_1 进行调速时，如果电源电压 U_1 不变，则磁通 Φ_m 将增加，使铁心饱和，导致励磁电流和铁损耗增加，电动机温升将增加，这是不允许的；如果增大交流电源频率 f_1 进行调速，电源电压 U_1 不变，则磁通 Φ_m 将减小，在转子电流 I_2 不变的

情况下，电磁转矩 T 必然下降，电机输出功率将下降。所以，变频调速时，总希望保持磁通 Φ_m 不变。因此，在调节交流电源频率 f_1 时，必须同时调节电源电压 U_1，并保持 $\dfrac{U_1}{f_1}$ 为常数。

变频调速根据电动机输出性能的不同可分为：① 保持电动机过载能力不变的变频调速；② 保持电动机输出转矩不变的恒转矩变频调速；③ 保持电动机输出功率不变的恒功率变频调速。

从调速范围、平滑性以及调速过程中电动机的性能等方面来看，变频调速很优越，可以和直流电动机相媲美。但要使频率 f_1 和端电压 U_1 同时可调，需要一套专门的变频装置，使投入的设备增多，成本增大。

3. 三相异步电动机的反转和制动

1）反　转

三相异步电动机的旋转方向取决于定子旋转磁场的旋转方向，并且两者的方向相同。只要改变旋转磁场的方向，就能使三相异步电动机反转。因此，将三相接线端中的任意两相接线端对调，改变三相顺序，就改变了旋转磁场的方向，从而使三相异步电动机反转。

2）制　动

三相异步电动机的制动是指加上一个与电动机转向相反的转矩来使电动机迅速停转或限制电动机的转速。电动机在下列情况下运行时属于制动状态：① 在负载转矩为势能转矩的机械设备中（如起重机下放重物，电力机车下坡运行）使设备保持一定的运行速度；② 在机械设备需要减速或停止转动时，电动机能实现减速或停止转动。

三相异步电动机的制动方法有两类：机械制动和电气制动。机械制动是利用机械装置（如电磁抱闸机构）来使电动机迅速停止转动，常用于起重机械设备上。电气制动是使异步电动机所产生的电磁转矩的方向和电动机转子的旋转方向反，电气制动通常可分为反接制动、回馈制动和能耗制动。

（1）反接制动。

反接制动就是在分析异步电机工作原理时指出的制动状态，此时转子的转向与定子旋转磁场的转向相反，实现反接制动可用下述两种方法。

① 正转反接：将正在电动机状态下运行的异步电动机的定子绕组三根供电线任意对调两根，则定子电流的相序改变，其相应的旋转磁场立即反转，从原来与转子转向一致变为与转子转向相反，于是电机立即进入相当于 $s \approx 2$ 的制动状态。为了使反接时电流不致过大，若为绕线型异步电动机，反接时应在转子回路中串入附加电阻。当电动机转速下降至零时，必须立即切断定子电源，否则电动机将向相反方向旋转。

② 正接反转：当绕线型异步电动机拖动的起重机下放重物时，其运行状态便是正接反转制动。这时电机定子接线仍按电动机运行时的接法（正接），而利用在转子回路串入较大电阻 R_t 来使转子反转。其原理和在转子回路串入电阻调速一样，当串入转子的电阻 R_t 逐步增至很

大时，转子转速逐步减小至零，如图 5-74 中 a—b—c 所示。此时如果 R_t 继续增加，电磁转矩将小于总负载转矩（T_2+T_0），转子就开始反转（重物向下降落）而进入制动状态，当 R_t 增加到 R_{t3} 时，电动机稳定运行在 d 点，转差率 $s=1.2$，转子反转的速度为 $0.2n_1$，从而保证了重物以较低的均匀转速缓慢下降，而不致把重物损坏。显然，可调节 R_t 的大小来平滑控制重物下降的速度。

（2）回馈制动。

当异步电机作电动机运行时，如果由于外来因素，使转子加速到超过同步转速，则异步电动机进入回馈制动（发电机运行）状态。例如，起重机放下重物时，如果仍按电动机状态运行，即转子转向和定子旋转磁场转向相同，则在电动机的电磁转矩和重物的重力产生的转矩共同作用下，重物以越来越快的速度下降，当转子转速由于重力的作用超过同步转速，即 $N>N_1$ 时，异步电机就进入发电机制动状态运行，电磁转矩方向立即改变，直到电磁转矩与重力转矩平衡时，转子转速以及重物下降速度才稳定不变，使重物恒速下降。这时重物下降减少的位能转换为电能送给电机所接的电网，因此称回馈制动。

回馈制动的优点是经济性能好，可将负载的机械能变为电能返送回电网；缺点是应用范围窄，只有在电动机转速大于同步转速时才能实现。

（3）能耗制动。

如图 5-75 所示，将正在运行中的异步电动的定子绕组从电网断开，而接到一个直流电源上，由直流电流励磁而在气隙中建立一个静止的磁场。于是，从正在旋转的转子上来看此磁场将是向后旋转的，因此由它感应于转子中的电流所产生的电磁转矩的方向应为向后转，即对转子起制动作用。这种制动方法是利用转子旋转时的惯性，使转子导体切割静止磁场的磁通而产生制动转矩，把转子的动能消耗于转子回路的电阻上成为铜耗，故称为能耗制动。

能耗制动的优点是制动力强、制动平稳、对电网影响小；缺点是需要一套直流电源装置，而且制动转矩随着电动机转速的减小而减小，不易制停。

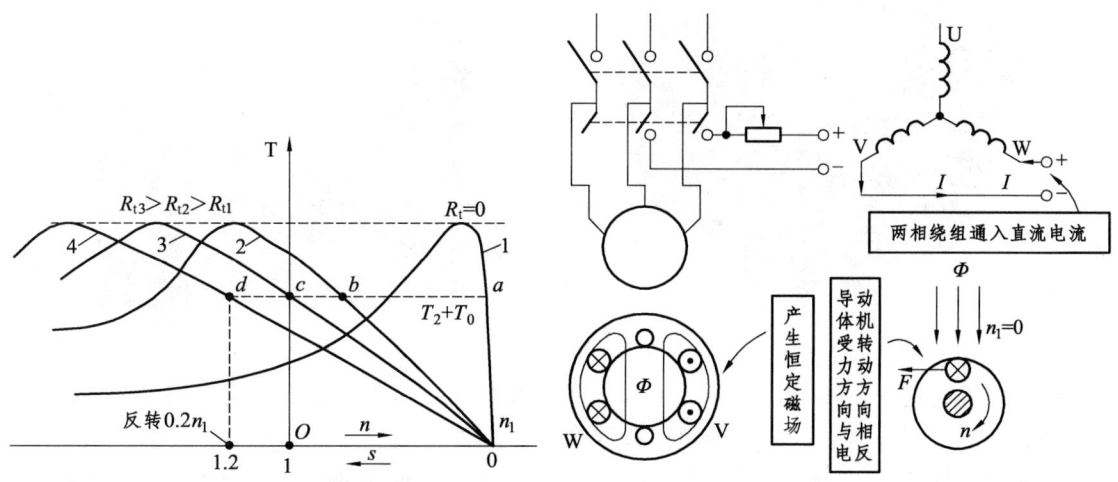

图 5-74 绕线型异步电动机正接反转的反接制动　　图 5-75 异步电动机的能耗制动

第三节　动车组牵引电机

中国标准化动车组 CR400 AF/BF 使用 YQ-625 型和 YJ302 A 型牵引电机，本节重点介绍 YQ-625 型和 YJ302 A 型牵引电机的结构组成、工作原理及检修维护。

在牵引工况下，受电弓从电网吸收电能，通过逆变器变频变压给牵引电动机供电，牵引电动机将电能转换成机械能，通过联轴器和齿轮箱，传递到车轮，驱动车辆前进。在制动时，牵引电动机处于发电工况，将车轮的机械能转化成电能，通过逆变器的转换，将电能回馈到电网或者消耗在制动电阻上。

一、YQ-625 型牵引电机的基本结构

YQ-625 型三相异步牵引电动机（见图 5-76）为 4 极强迫冷却通风三相鼠笼式异步电动机。电机安装于车体下，能适应运行时的雨、雪、风、沙、冰雹等气候条件，具有较强的抗腐蚀能力；能防止虫蛀、啮齿类动物的侵害；能防止霉变以及不受洗车清洁剂的影响。电机在运行中能承受由于机械和电气的原因引起的正常振动和冲击。电机由 VVVF 逆变器供电，按逆变器特性进行设计。同型号电机的零部件具有互换性。

牵引电机检修维护安全作业要求：必须由经过培训的专业技术人员实施维修工作。必须确认牵引电动机无电压及可靠防止再次接入电源后才能进行维护作业。使用规定的工具进行维修工作。清洁列车前，应将电机进风口和出风口盖住。开始维修工作前，应确定电机和转向架不会移动，电机安全地置于其固定座上。打开电机任何活动部件前，应仔细检查，确认活动部件无松动，如存在松动现象，应仔细检查是否对电机运行造成安全隐患并进行排除。

图 5-76　YQ-625 型牵引电机

牵引电机由定子、转子、端盖、轴承、测速装置和温度监测装置等几大部件组成。

电机定子由定子铁心、定子绕组、接线盒等零部件组成。

定子断面如图 5-77 所示。定子铁心采用无机壳结构，即用筋板将定子冲片、定子端板和两端的压圈在施压状态下焊接成一个整体，将成型的定子线圈嵌入定子铁心槽内，然后焊接

内部绕组和引出线。带绕组的定子采用真空压力浸漆，满足绝缘等级 200 级的要求。

电机转子由铁心、导条、端环、护环等零部件组成铜排鼠笼结构，转子断面如图 5-78 所示。转子铁心由绝缘电工硅钢片叠压而成，冲片上开有轴向通风孔；鼠笼转子导条为矩形铜导条；转子导条两端与端环焊接成一体。端环外面套有护环。转轴采用高强度合金钢。

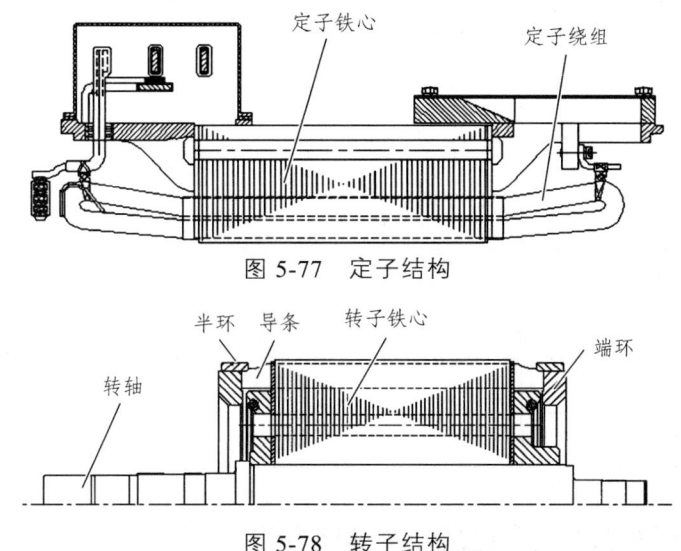

图 5-77 定子结构

图 5-78 转子结构

电机两端均采用绝缘轴承，非传动端为 6311C4P6 球轴承，传动端为 NU214C4P6 圆柱轴承。两端油封都采用迷宫式密封结构，用 Unimax R No.2 脂润滑（其中 4 台电机采用 UPG2# 润滑脂）。非传动端端盖为铝合金结构，装有注油嘴，具有补充润滑脂的功能；在传动端端盖开有出风口。

在电机的非传动端安装有 1 个速度传感器，在定子铁心、D 端轴承、N 端轴承处装有温度传感器，分别用于检测电机定子铁心和轴承部位的温度。

二、YQ-625 型牵引电机性能参数

YQ-625 型牵引电机主要技术参数见表 5-2。

表 5-2 YQ-625 型牵引电机性能参数

名称	参数
电机类型	鼠笼式三相异步牵引电动机
供电方式	VVVF 逆变器供电
定额方式	连续制
额定功率/kW	625
电机电压（基波有效值）/V	2 750
电机电流（基波有效值）/A	155

续表

名称	参数
额定转速/(r/min)	4 100
额定频率/Hz	137.8
效率（基波值）/%	94.4
绝缘等级	200 级
极数	4 极
转向	U-V-W 正常相序时顺时针方向旋转（从传动端看）
最高工作转速/(r/min)	5600
质量/kg	735
冷却方式	强迫通风冷却（335 m^3/min）
悬挂方式	全悬挂

三、YQ-625 型牵引电机常见故障及处理方法

YQ-625 型牵引电机常见故障及处理方法见表 5-3。

表 5-3　YQ-625 型牵引电机常见故障及处理方法

序号	故障现象	故障原因	处理方法
1	电动机在空载时不能启动	1. 电源未接通； 2. 逆变器控制原因； 3. 定子绕组故障（断路、短路、接地、连接错误等）； 4. 电源电压太低	1. 检查开关，接触器触点及电动机引出线头，查出后修复； 2. 检查逆变器； 3. 检查定子绕组，找出故障，并修复； 4. 检查电源电压
2	定子超温报警	1. 过载； 2. 牵引电机过流或过压； 3. 冷却风道被堵塞，冷却风量不足； 4. 温度传感器出现故障	1. 减少负载或增加容量； 2. 检查变流器是否存在过流或过压； 3. 检查牵引电机入风口风道，避免风道堵塞；检查冷却风机是否正常； 4. 检查温度传感器是否正常
3	绝缘电阻低	1. 绕组受潮或被水淋湿； 2. 绕组绝缘粘满粉尘、油垢； 3. 定子绕组绝缘老化； 4. 轴承磨损，有故障	1. 加热烘干处理； 2. 清洗绕组油垢，并经干燥、浸漆处理； 3. 经鉴定可以继续使用时，可经清洗干净，重新涂漆处理；如果绝缘老化，不能安全运行时，需更换绕组； 4. 检修并更换轴承
4	电动机运行时有异响，不正常	1. 电压不平衡； 2. 绕组有故障（如短路、接错等）； 3. 轴承缺少润滑脂	1. 测量电源电压，查找电压不平衡原因并处理； 2. 检查绕组故障并处理； 3. 添加规定量的润滑脂

续表

序号	故障现象	故障原因	处理方法
5	轴承超温报警	1. 润滑脂过多或过少； 2. 轴承与轴配合过松或过紧； 3. 牵引电机过载； 4. 冷却风量不足； 5. 温度传感器出现故障	1. 拆开轴承盖，检查油量，按规定增减润滑脂量； 2. 采取措施，使轴承与轴配合符合要求； 3. 减低电机负载； 4. 检查冷风风机和冷却风道； 5. 检查温度传感器是否正常
6	速度传感器信号紊乱或无信号	1. 牵引变流器信号采集系统出现故障； 2. 速度传感器引出线的电连接器松动或信号传输线断开； 3. 速度传感器本身出现故障	1. 检查牵引变流器信号采集系统是否正常； 2. 检查引出线的电连接器是否松动，检查信号传输线是否正常导通； 3. 检查速度传感器本身是否出现故障。若出现相应故障，应进行更换

四、YQ-625 型牵引电机检修与维护

1. 检修和维护周期

电机的检修和维护周期见表 5-4，此表为电机在正常运行条件下的维修周期，当运行条件比较恶劣时，维修周期可相应缩短（具体维修周期需要根据运用情况确定）。如果电机在不正常运行条件下运行或由于其他原因引起电机过载或当在运行中出现不正常的现象时（如损耗增大、电流突然增大，出现异常声音或气味），应立即停止运行，检查故障原因，进行临修处理。

表 5-4 电机检修和维护周期

维修等级	修程名称	运行里程数/km
R	日常检查	动车组每次日常出入库
S	三级修	1.2×10^6
X	四级修	2.4×10^6
Z	专项检修	根据运营情况进行的专项检查
L	临修	当电机由于某种原因必须修理时

2. 检修和维护内容

日常维护是不拆卸检修，三级修和四级修解体检修，具体内容见表 5-5。

表 5-5 检修和维护内容

维修等级 R：日常检查		
序号	名称	检查与保养方法、步骤
R001	电机悬挂	悬挂部位无裂纹，连接的紧固件无松动
R002	铝端盖	铝端盖无异物碰撞造成的裂纹
R003	速度传感器	速度传感器报故障，应拆卸非传动端的速度传感器，检查速度传感器座的内腔是否有异常油脂溢出、金属粉末等
R004	电机外部异常油脂溢出	若发现电机排水孔有油脂溢出，应检查牵引电机状态是否良好，电机通风道是否被堵塞
R005	电机附属部件	检查铭牌、紧固件、油杯是否松动、丢失
R006	电机连接器	主电缆连接器、速度传感器连接器连接是否可靠
序号	名称	检查与保养方法、步骤
S001	入厂试验	按牵引电机三级修检修大纲执行
S002	电机解体	按牵引电机解体手册进行
S003	清洗电机	清洗定、转子；清洗端盖；更换轴承；清洗其他部件
S004	定子检查和修理	定子机座与端盖接合面处外周的防水材料若有脱落，应进行修补。目测定子机座不许有裂纹，焊缝不许有开焊、虚焊；悬挂部位状态良好，无变形、损坏；悬挂处键槽无变形、损坏；线圈、引线绝缘无剥离、裂纹、损坏；定子内部无过热、烧坏的痕迹；三相连接线焊接可靠。接头状况良好，无断线，绝缘无裂纹、损坏，引出线破损、划伤时缠绕胶带做绝缘修复，露出绝缘层时应更换；端盖无裂纹，无异常变形，表面磕碰伤深度小于 3 mm 时打磨圆滑过渡，超过 3 mm 时更换新品
S005	转子检查和修理	检查转子表面漆无脱落，否则进行表面漆修补；目测转子转轴无裂纹，两端轴承挡的跳动量小于 0.04 mm；导条无松动，焊接无裂纹；护环无裂纹、松动；转子铁心无移动痕迹；平衡块无移动痕迹；轴伸端锥面的配合面配合良好，接触率大于 85%
S006	速度传感器检查和修理	引线、连接器无损坏和松弛；探头部位无损坏、生锈或脏污；速度传感器输出波形测量。速度传感器输入电压 DC 15 V，确认速度传感器的 A 相、B 相的相位差为 90°±40°，输出高电平电压值大于 8 V，低电平电压小于 1.5 V。
S007	轴承	更换轴承和润滑脂
S008	电机组装	按牵引电机组装手册进行
S009	出厂试验	按牵引电机三级修检修大纲执行

续表

维修等级 X：四级修		
序号	名称	检查与保养方法、步骤
X001	入厂试验	按牵引电机三级修检修大纲执行
X002	电机解体	按牵引电机解体手册进行
X003	清洗电机	清洗定、转子；清洗端盖；更换轴承；清洗其他部件
X004	定子检查和修理	对定子机座的焊缝进行探伤，不许有裂纹，开焊、虚焊，其他与三级修相同
X005	转子检查和修理	转子转轴探伤，应无裂纹；其他与三级修相同
X006	速度传感器检查和修理	与三级修相同
X007	轴承	更换新轴承和润滑脂
X008	连接器	插头、插座无损坏，插针安装牢固，无退针现象，否则进行更换
X009	电机组装	按牵引电机组装手册进行
X010	出厂试验	按牵引电机四级修检修大纲执行

五、YJ302A型牵引电机的基本结构

YJ302A型牵引电机（见图5-79）为卧式、双轴承的全叠片鼠笼式三相异步牵引电动机，轴伸为1∶50锥度。电机为强迫通风结构，冷却风从非传动端端盖进风口进入电机，经机座、气隙、转子铁心通风孔由传动端的排风孔排出。

图5-79　YJ302A型牵引电机

1. 定　子

为了实现轻量化，定子采用拉板连接两侧定子压圈代替机座的全叠片结构，并设有与转向架连接的凸头及安装座。结构紧凑合理，具有非常高的强度、刚性和极高的抗振质量。

定子铁心由绝缘冷轧硅钢板叠压。定子轭部有通风孔，冷却风从进风口进入经通风孔从传动端端盖出风孔流出，具有很好的散热效果。

定子绕组为双层成型绕组，采用专用的拓扑原理涨形机制造，成型后嵌进定子槽中。为了得到足够的机械强度、良好的电气性能与优良的热稳定性，定子绕组用端箍固定，带绕组的定子铁心整体经真空压力浸漆（VPI）、旋转烘焙后热形成定子单元。整个电机的绕组绝缘为 200 级耐电晕绝缘系统。

2. 转　子

转子为鼠笼结构，由转轴、转子铁心、转子压板、导条、端环、护环、铁心键等部件组成，铁心外表面整体浸绝缘漆，装配前作动平衡处理。

转轴由高强度的锻造合金钢制成。

转子铁心由冷轧硅钢板叠压而成，设通风孔。

两端转子压板设平衡槽，将平衡块放置在平衡槽内并紧固以保证转子动平衡。转子压板也设有通风孔，在叠压时与转子铁心通风孔对齐。

导条采用铜合金导条，与纯铜端环用钎焊焊接，形成鼠笼，为保证强度，端环外圆套特殊材质制成的护环。

转子铁心套在转轴上，通过紧配合和铁心键传递扭矩。

3. 轴承、端盖

传动端端盖为球墨铸铁结构，非传动端为铸铝结构。

两端轴承分别压入传动端端盖和非传动端内轴承盖内，并用外轴承盖和螺栓固定。

转子在传动端由圆柱滚子轴承、非传动端由球轴承支撑。

轴承用润滑脂润滑，可通过锥形注油嘴添加润滑脂，在传动端端盖底部设有废油脂腔用于收集废油脂或过量的油脂。

六、YJ302A 型牵引电机性能参数

YJ302A 型牵引电机主要技术参数见表 5-6。

表 5-6 YJ302A 型牵引电机主要技术参数

名称	参数	名称	参数
牵引功率/kW	625	额定电压/V	2 750
额定转速/(r/min)	4 100	额定电流/A	155
功率因数/%	≥0.86	额定频率/Hz	137.8
额定效率	≥94%	最高运用转速/(r/min)	5 600
极数	4 极	定子绕组接法	Y
冷却方式	强迫外通风	风量（m³/min）	35
绝缘等级	200 级	工作制	S1
电机质量/kg	≤740	安装方式	转向架安装
温升限值			
电机部件	测量方法	允许温升/K	
定子绕组	电阻法	200	
转子	电温度计法	以不损害任何绕组或其他部件为限	
轴承主要数据		传动端	非传动端
	型号	110451000000400	110451000000300
	径向原始间隙/mm	0.075～0.125	0.038～0.061

七、YJ302A 型牵引电机常见故障及处理方法

1. 电机反转

电机反转的一般原因是三相引出线与电源连接错误或逆变器输出相序错误。电机接线正确时，从传动端看应为顺时针旋转。

2. 电机转速太低

电机转速太低的一般原因是负载过大或电压过低。电机在 2 750 V/137.8 Hz，正常负载时的转速约为 4 100r/min。

3. 绝缘击穿

应从以下两个方面分析绝缘击穿的原因：① 短时电压过高；② 绝缘受到酸、碱等腐蚀性气体侵害，线圈不洁、过热、过潮、环境温度过低、绝缘老化等。

4. 振动大

振动大时，应从以下 4 个方面分析处理：① 安装不良；② 电机转轴弯曲；③ 转子平衡不良；④ 逆变器与电机调试不匹配。

5. 轴承过热

应从以下 4 个方面分析轴承过热的原因。

1）电　蚀

现象：表面有斑点，在显微镜下可观察到斑点是由细小的凹坑簇集而成，严重时呈波纹状表面。

原因：轴承绝缘层剥落、失效，电流流经轴承产生电火花，熔融轨道表面。

解决办法：更换轴承。

2）剥　离

现象：滚道表面发生剥离，表面非常粗糙。

原因：碾压疲劳。剥离常常是因为过载而过早发生，而过载是由不正确使用、轴和轴承座精度太低、安装不当、轴承室进入异物等原因引起的。

解决办法：① 排除过载原因；② 重新正确安装电机；③ 更换轴承。

3）刮　痕

现象：表面粗糙且有细小微粒黏着。

原因：滚动体在滚动中产生滑动。

解决办法：更换轴承。

4）破　损

现象：轴承内、外圈或滚动体部分出现裂纹和破损。

原因：有较大固体异物进入，轴承承受冲击或过大载荷，不适当的搬运方式。

解决办法：① 消除密封不良的原因；② 排除冲击载荷或过大载荷的原因；③ 改善搬运条件；④ 更换轴承。

如因条件限制，无法处理电机故障时，请与电机制造厂家联系，进行检修。

八、YJ302A型牵引电机检修与维护

电机上所有维护作业必须尽可能小心地进行，需保证：遵守所有的基本安全预防措施；无异物进入电机；无部件遗落在电机中；无工具遗留在电机中。

运行中的旋转部件和牵引驱动装置的某些暴露部件将传导危险电压。未经批准拆除盖板、不适当的搬运、不正确的作业或不当的维护都会导致严重的人身或财产损害。

1. 检修维护周期及内容（见表 5-7）

表 5-7 Y1302 型牵引电机检修维护周期及内容

维护级别	运营里程/km	时间间隔	维护内容
I1	4 000	大约 2 天	检查牵引电机有无外部损伤，检查螺栓连接。外观检查：检查安装在牵引电机上的部件；检查电机上的螺栓紧固状态；检查电缆和连接器是否损伤；检查风道
I2	20 000	大约 1.5 周	
M1	100 000	大约 1.5 月	
M2	200 000	大约 3 月	轴承补充润滑脂
M3	400 000	大约 0.5 年	
R1	1 200 000	大约 1.5 年	电机拆解和清洗；更换两端轴承；更换密封垫；转子重新动平衡；部件清洗；更换润滑脂；重新组装试验
R2	2 400 000	大约 3 年	
R3	4 800 000	大约 6 年	

2. 运行监控

必须使用适当的控制和速度监控系统，以保证不超过技术参数及铭牌中规定的最大值。

当与正常运行有所偏差（增加的功率损耗、温度或振动，电机异响或异味，监控装置的跳闸等）时，表明电机工作不正常。为避免导致严重伤亡或财产损失造成的直接或间接故障，必须立即通知相关维护人员。

电机电气或机械过载时，应立即进行适当的维护和检修。

电机在闲置的情况下，定期启动电机（约一个月一次）或至少转动转子。

电机在长期不用的情况下，必须采取适当的防腐、保存、包装和干燥措施。

3. 电机不落车维护

1）外观检查

检查电机外部是否有机械损伤（检查所有易接近部件）。拆卸损伤部件，修理损伤处或用新部件更换。检查电机、联轴器上的螺栓。整修部件损伤的油漆。从出风口区域去除异物（落叶、纸等）。

2）检查连线

检查所有电缆连接是否牢固，若需要则重新紧固。检查电缆是否损伤，如果损伤必须更换或修复。

3）轴承补充润滑脂

润滑脂的凝固可导致严重的后果，特别是在 10 ℃ 以下的储存温度。当系统启动时，没有压力，部分或完全填充比较硬的润滑脂会阻碍滚动体的运动。若滚动体在齿轮箱内快速加速，在润滑膜局部被破坏时，会引起轴承损伤特别是对滚道的损伤。因此，轴承制造商强烈推荐下列内容：仅使用来自原始容器的、批准的、干净的轴承润滑脂；不能给轴承过量填充润滑脂；在非常冷时避免给轴承添加润滑脂（即：在设备还暖和时添加润滑脂）；遵守传动端和非传动端规定的润滑脂补充量，具体见表 5-8。

表 5-8　润滑脂补充量

轴承	传动端	非传动端
补脂量/g	20	20

任何情况下，即使是润滑脂储存在 10 ℃ 以上，重新注脂后，动车组在适当的低速状态下要运行几千米（如在维修站周围运行）。这保证在无外力的情况下使润滑脂均匀分布，并保证不会出现滚动元件或滚道的损坏。传动端轴承使用过的润滑脂暂存在传动端端盖废油脂腔内，最多可以容纳 4 次注脂量。

（1）轴承补充润滑脂：轴承在较宽的温度范围内以较高的圆周速度运行。特别是在给轴承重新涂润滑脂时为保证它们正确运行，必须保证极高的清洁度。从锥形润滑嘴上拆去油嘴塞帽。检查润滑脂枪和油嘴，必须洁净，若需要擦拭则使用无绒布。在传动端和非传动端用润滑脂枪将润滑脂添加到轴承润滑室内（参照表 5-8 的润滑脂补充量）。用油嘴塞帽小心密封油嘴。建议重新注脂 4 次后（也就是约 800 000 km）检查并清理润滑脂室，防止注脂过量。

（2）清理传动端润滑脂室：拆卸传动端盖板，松开紧固件，拆卸传动端端盖上的盖板；清理干净油腔内用过的废润滑脂。组装传动端盖板，清洁密封面并涂覆密封剂；将盖板安装到传动端端盖上；拧紧紧固螺栓，紧固力矩 12 N·m。

4）检查电机是否有冷凝水

检查是否有冷凝水形成，重点检查清洁机座上的 2 个排漏孔。

5）清洁电机外部

必须遵守相关清洁剂材料安全数据表中包含的危险注意及安全规定事项。清洁前应对出风口进行防护；不得将水对准封环迷宫间隙喷射；定子绕组不允许与液体清洁剂接触；不得使用强碱性溶剂（使用此类溶剂会损伤绕组线圈）；不得将清洁剂喷入电机开口和间隙中，盖住开口以保证无液体流入。若使用喷汽器，推荐水温为 80 ℃，压力不得超过 10 MPa 并且清洗喷枪离电机距离至少 1 m。在热零件上工作时，必须穿戴适当的个人防护装置（防护服，手套等）。

4．停　用

若整车暂时停用，至少每 3 个月要运转一次，以避免轴承腐蚀损坏。列车停用后，不得长时间暴露在盐雾大气（海洋天气）中。若整车或驱动装置经过长时间的停用，在重新服役前必须咨询制造商。

5．从转向架上拆卸电机

1）断开所有电气连接

将等电位连接导体从机座或电机上旋下。

将牵引电机电缆和传感器电缆的连接器从车体断开。

为防止损伤，将电机电缆和传感器电缆紧固在电机上，用毛纺布包好连接器并用塑料袋防护以防止潮气和灰尘进入。

2）分离联轴器

松开连接螺栓。从转向架上拆卸电机，吊绳的展开角必须小于 90°。采取措施防止电机从侧面落下。在拆卸电机后，必须重新安装联轴器和电机上的运输锁紧件。

6. 拆解电机

（1）拆卸联轴器。

（2）拆卸温度传感器和速度传感器。

温度传感器和速度传感器必须在拆解电机前拆卸。在拆解部件时，要小心保护速度传感器探头、温度传感器探头等灵敏部件。

松开线缆压板上的螺栓，将压板从固定板上拆卸下来。

拆卸温度传感器：松开紧固件，将固定线缆的线夹拆除；松开温度传感器紧固螺钉，并从两端端盖及机座中抽出温度传感器；防护电缆和温度传感器以免损伤。

拆卸速度传感器：松开紧固件，将固定线缆的线夹拆除；松开速度传感器紧固螺钉，并从齿轮罩中抽出速度传感器；防护电缆和速度传感器头，以免损伤。

（3）拆卸齿轮罩和测速齿轮。

拆卸齿轮罩：松开紧固件；使用两个紧定螺钉顶出齿轮罩。

拆卸测速齿轮：将止动垫片敲平；松开测速齿轮紧固件；将用螺栓将测速齿轮从轴上顶出，拆卸测速齿轮。

（4）抽出转子。

松开传动端端盖与机座紧固件；松开前内轴承盖与非传动端端盖紧固件；将两个导向杆拧入前内轴承盖，以便在抽出转子时导向；在传动端轴伸上安装吊具。将吊具吊钩置于重心上方以便在抽转子时保持水平，通过吊具施加微小拉力；预先安排放置转子的架子；使用螺栓将传动端端盖不倾斜从机座止口中顶出，同时在非传动端用螺栓将前内轴承盖不倾斜从非传动端端盖中顶出；如果第一次拆卸时还没有确定正确的悬挂点（考虑转子、端盖、轴承及吊耳的重心），抽转子时必须进行支撑防护和导向以避免损伤。抽出转子后，确定正确的悬挂点并在装置上标记。用吊具轴向从电机上抽出转子，包括传动端端盖装配。放置转子使其靠铁心承重；不得使鼠笼绕组的端环或端盖承重；固定转子，防止滚动。

（5）拉出传动端后外封环。

安装拉拔装置；用拉拔装置和液压泵从轴上水平拉出外封环。

（6）拆卸传动端端盖组件。

将传动端端盖连接到天车吊钩上，然后将其从轴上拉出。

（7）拆解传动端轴承单元（见图 5-80）。

松开后外轴承盖紧固件；用螺栓将后外轴承盖从传动端端盖顶出；拆下密封垫一（注意：密封垫一拆卸后废弃，电机组装时用新的密封垫替换）；将传动端轴承外圈连同保持架从传动端端盖中拉出；用拉拔装置将传动端轴承内圈从轴上拉出。

（8）拆解非传动端轴承单元（见图 5-81）。

松开非传动端前外轴承盖与前内轴承盖紧固件；用螺栓将非传动端前外轴承盖顶出前内轴承盖；拆下密封垫二（注意：密封垫二拆卸后废弃，电机组装时用新的密封垫替换）；将非传动端前内轴承盖连接到天车吊钩上；用拉拔装置将非传动端前内轴承盖从轴上拉出；用拉拔装置将非传动端轴承从非传动端前内轴承盖内拉出。

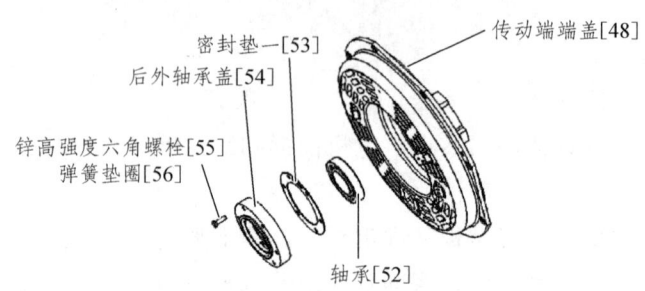

图 5-80 传动端轴承单元拆卸示意图

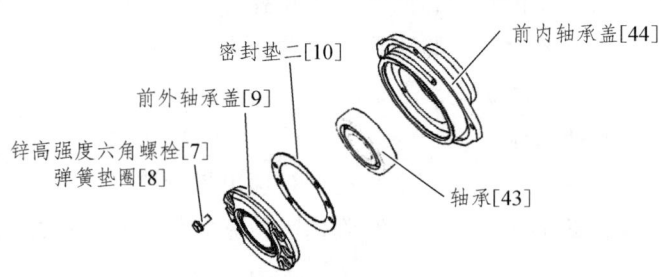

图 5-81 非传动端轴承单元拆卸示意图

（9）拆卸非传动端端盖（见图 5-82）。

松开非传动端端盖与机座紧固件；用螺栓将非传动端端盖顶出机座，拆下非传动端轴承盖。

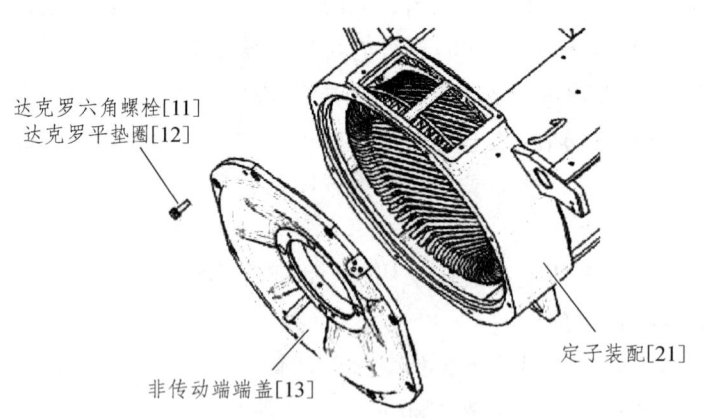

图 5-82 非传动端端盖拆卸示意图

7. 拆解电机的检修作业

1）清洗剂和清洗作业

机械方法：刷子或木棒（不适合绕组用）；最大 500 kPa 压力的高压风吹除；在用高压风

清洗时，要使用排气装置和个人防护用品进行保护（护目镜、呼吸过滤器）。

在使用化学清洁剂时，必须遵守与化学清洁剂有关的材料安全数据。采购清洁剂时必须索要材料安全数据表，要注意清洗剂材料安全数据表中的典型值。

2）清洗作业

若污垢严重，必须用适当的柔性棒和刷子清洗转子冷却风道，然后用高压风吹净。若只是轻微变脏，则只用高压风吹即可。使用化学清洗剂中的一种去除零件表面的油污层，然后放置干燥。

用清洗剂清洗绕组线圈，然后在约 100 ℃ 下干燥 8 h。注意：小心被热零件灼伤。在热零件上作业时，要确保穿戴个人防护装置（防护服，手套等）。

清洗端盖上的排漏孔。干燥后测试绕组的绝缘电阻。不得使用机械方式清洗。注意：在工作状态下不要用液体清洗剂清洗。若未正确使用清洁剂会损伤绕组线圈。

3）定子检修作业

检查电机是否有原始机械外部损伤。检查所有零件的配合和底座表面是否良好。用高压风吹定子风道。检查三相连接电缆是否损伤。检查定子机座内部连线。检查定子绕组，包括接线是否有机械和电气损伤。检查定子绕组是否明显变色（表明有热过载）。

检查绕组电阻（只在有故障的情况下），用 DC10 A 在端子间测量绕组电阻：在 U—V / U—W / V—W 端子间施加试验电压，在 20 ℃ 下绕组线电阻值是 $127.8 \times (1 \pm 5\%)$ MΩ，3 个线电阻值不平衡量不得超过 2%。

4）转子检修作业

检查轴、铁心和鼠笼绕组是否有机械损伤。检查所有钎焊接头是否开焊，开焊表明可能过热（短路）。检查所有零件的配合和表面是否良好。

5）绝缘测试

测量时，连接电缆有瞬间危险电压，不得触摸。此作业必须由具有资质的人员进行。必须严格遵守安全规定，将电机机座接地，否则不得触摸绕组和端子。注意：在储存时间延长或长时间不工作后，检查时应测试绕组绝缘。进行高压测试前必须检查绝缘电阻，以防止绕组或部件损伤。进行高压测试时必须非常小心，否则会损伤绕组。

（1）电机冷态时测量定子绕组的绝缘。

用 DC2500 V 表测量在 U/V/W 端子和定子机座间的绝缘电阻。注意洁净绕组的绝缘电阻对环境特别敏感；温度每升高 10K，绝缘电阻值则下降到先前值的一半。也就是说如果温度升高 50K，则电阻下降到其初始值的约 1/30。

（2）高压测试。

在绕组和机座间逐级施加交流试验电压。注意每次高压试验前必须测量绝缘电阻。

绝缘电阻值，测试电压及试验持续时间取决于测试定子的状况。实际状态下（未清洗或进行小修理而不影响主绝缘）的绕组测试见表 5-9。

表 5-9　实际状态下的绕阻测试

绝缘电阻测量	高压测试
用 DC 2500 V 表测量	试验电压频率：50/60 Hz
电阻：大于 100 MΩ	试验电压/时间：　6 560 V/1 min

8. 组装电机

使用过锁固剂的紧固件不得再用，必须用新的紧固件替换。

在组装前必须完全去除螺孔中的锁固剂残留物。若需要，可重新扩孔。扩孔产生的碎屑及锁固剂残留物必须彻底地清除。必须仔细清洁所有配合面、轴承和底座表面，不能有损伤。除非另有规定，否则这些表面必须干燥。为防止涂润滑脂的、外露的轴承和封环等被弄脏，必须将其盖住。紧固螺栓时，使用校准过的、±10%精度的力矩扳手。

注意：热态时组装轴承部件，组装温度不得超过 100 ℃！小心热零件灼伤！在热零件上作业时，要确保穿戴适当的个人防护装置（防护服，手套等）。

使用有温度控制的加热装置，如感应设备或油槽来加热部件。可保证均匀加热并防止部件过热。注意：所有热套部件必须固定到规定位置直到准确就位（冷却状态）。

重装电机是拆卸的相反过程。卧装（转子水平安装）是最普遍应用的方法。为此，在传动端轴伸处使用专用吊具保持转子水平，在拆卸时也是同样的方法。

注意：在装入转子时，要确保转子和定子绕组间无碰触。

润滑脂量：在安装新的滚动接触轴承时，轴承的可接近空间应填充润滑脂。

1）非传动端轴承压入非传动端前内轴承盖

使用清洁剂彻底清洗前内轴承盖中润滑脂室。在前内轴承盖中的润滑脂室填充 70%润滑脂。用润滑脂完整填充轴承。在轴承盖与轴承配合面涂安装油。将轴承外圈和滚动体小心地放入非传动端前内轴承盖中并压入。

使用绝缘电阻测试仪检查轴承绝缘（轴承盖/轴承外圈）：试验电压为 $U = DC\ 500\ V$，绝缘电阻 $R > 10\ MΩ$。

将非传动端前外轴承盖装入非传动端前内轴承盖，在非传动端前外轴承盖贮油室填充润滑脂。加脂方法如图 5-83 和图 5-84 所示，加脂量见表 5-10。

表 5-10　前外轴承盖润滑脂加注方法和加注量

名称	加入位置	加入量/g	备注
前外轴承盖	环状贮油室	20	加满
	外侧贮油室	36	单侧 18

在非传动端前外轴承盖装配密封垫二。将非传动端前外轴承盖放入非传动端前内轴承盖中并用紧固件连接。

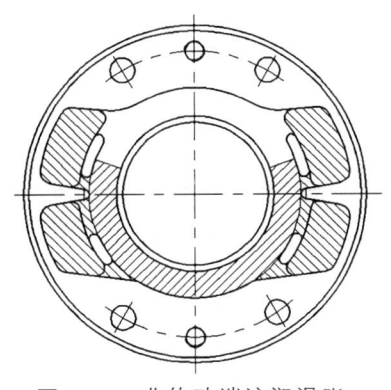 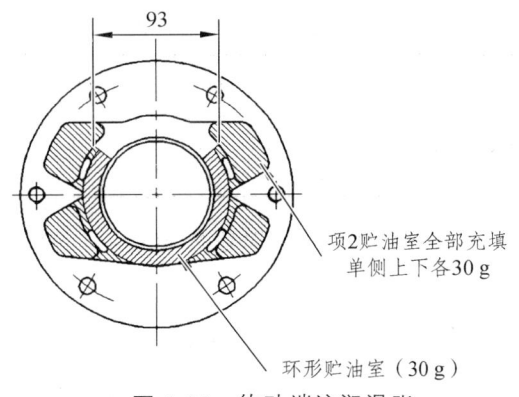

图 5-83 非传动端注润滑脂　　　　图 5-84 传动端注润滑脂

2）在定子机座上组装非传动端端盖

准备过程：使用清洗剂彻底清洗非传动端端盖加脂通道。如果锥形注油嘴或油嘴塞帽损坏则更换。

组装锥形注油嘴：拧入新的锥形注油嘴，紧固力矩 11 N·m。

组装油嘴塞帽：将新的油嘴塞帽组装在一起。

将润滑脂通过锥形注油嘴压入，直到新润滑脂溢出 5cm 为止。去除溢出的润滑脂。

将油嘴塞帽安装在锥形注油嘴上。注意：润滑脂供应管路（补充润滑脂的管道）必须用润滑脂 100% 填充。

在定子机座上组装非传动端端盖：在端盖上的安装表面和定子装配上的中心孔止口位均匀地涂薄薄一层密封剂。将两个定位螺钉拧入定子装配的螺纹孔内，以使端盖导向对中。先把组装螺栓插入非传动端端盖中，然后连接到定子机座的螺孔内。拆除定位螺钉。

在螺栓的螺纹上涂底剂并放置干燥，然后涂螺纹锁固剂，与垫圈一起拧入，紧固力矩 40 N·m。在顶丝孔的螺孔内安装螺旋塞。

3）传动端轴承外圈压入轴承盖内

准备过程：用清洁剂清洁传动端端盖内的润滑脂室。在传动端端盖润滑脂室内填充 70% 的润滑脂。用润滑脂完全填充轴承外圈。如果锥形注油嘴或油嘴塞帽损坏则更换。

组装锥形注油嘴和油嘴塞帽：拧入新的锥形注油嘴，紧固力矩 11 N·m。将油嘴塞帽和安装在一起。打开油嘴塞帽，将润滑脂通过锥形注油嘴压入，直到新润滑脂溢出 5cm 为止。清除溢出的润滑脂。将油嘴塞帽安装在锥形注油嘴上。注意：润滑脂供应管路（补充润滑脂的管道）必须用润滑脂 100% 填充。

将传动端轴承外圈压入传动端端盖轴承室内：在轴承外圈安装面上涂安装液。将轴承外圈放入传动端端盖轴承室中并压紧。

使用绝缘电阻测试仪测试轴承绝缘（轴承盖/轴承外圈）：试验电压为 $U = DC\ 500\ V$，绝缘电阻 $R > 10\ M\Omega$。

将传动端后外轴承盖装入传动端端盖：在传动端后外轴承盖贮油室填充润滑脂。加脂方法如图 5-85 所示，加脂量见表 5-11。

表 5-11　后外轴承盖加脂位置和加脂量

名称	加入位置	加入量/g	备注
后外轴承盖	环状贮油室	30	加满
	外侧贮油室	60	单侧 30 g

在非传动端前外轴承盖装配密封垫一。将传动端后外轴承盖放入传动端端盖中并用紧固件连接。

4）转子上热套两端封环和传动端轴承内圈

准备过程：在转轴封环位及传动端轴承位上涂薄薄一层安装液。

加热传动端后内封环、非传动端前内封环到（180±10）℃。将后内封环热套到转轴相应位置上，顶住封环，直到封环正确固定。

加热传动端轴承内圈到 90～110 ℃。

将传动端轴承内圈热套到转轴相应位置上，顶住轴承内圈，直到轴承内圈正确固定。

在热零件上作业时，必须穿戴适当的个人防护装置（防护服、手套等）。

5）将非传动端内轴承盖压装在转轴上

准备过程：在清洁的传动端轴承位涂安装液。

在非传动端前内封环的迷宫槽"十"字方向添加四处约 20 mm 宽润滑脂涂，如图 5-85 所示。安装压装装置。压入非传动端内轴承盖，使轴承内圈顶住前内封环。注意：将前内轴承盖水平固定到轴上。轴承不能倾斜。

6）将传动端端盖套入转子

准备过程：在传动端后内封环的迷宫槽"十"字方向添加四处约 20 mm 宽润滑脂涂，如图 5-86 所示。

将传动端端盖与天车吊挂连接。用天车吊起传动端端盖套入转子。注意：将传动端盖水平套到转子上。轴承不能倾斜。

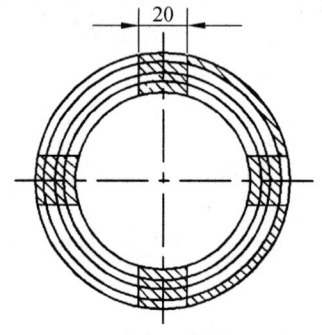 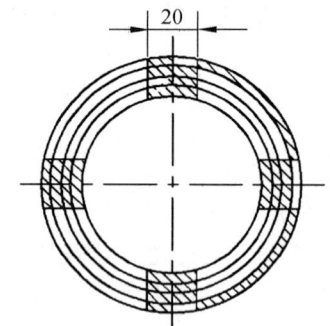

图 5-85　非传动端前内封环　　图 5-86　传动端后内封环

7）将传动端后外封环热套在转轴上

准备过程：在转轴封环位擦干净。在传动端后外轴承盖的迷宫槽内涂 0.4～1.0 mm 厚的润滑脂。准备安装用的装置。

加热后外封环到（190±10）℃。将后外封环[57]热套到转轴上，顶住轴承。用装置在端部位置顶住直到外封环正确固定。在后外封环冷却后拆掉装置。警告：在热零件上作业时，必须穿戴适当的个人防护装置（防护服、手套等）。

8）在定子上组装转子和传动端端盖

准备过程：在洁净的端盖安装面和定子装配的止口位均匀地涂薄薄一层润滑脂。在传动端后内封环迷宫槽"十"字方向添加四处约 20 mm 宽润滑脂涂。

在非传动端前内轴承盖安装两处导向杆，在转子进入定子时起导向对中作用。

在传动端轴伸上安装装置，吊具放置在标记的重心位上，使转子插入时保持水平。

小心插入转子，不得损伤绕组、铁心及非传动端轴承。

将传动端端盖进入到机座的止口孔内，非传动端前内轴承盖进入非传动端端盖止口内。拆掉定位螺钉。

在螺栓的螺纹上涂底剂放置干燥，然后涂螺纹锁固剂与垫圈一起拧入紧固力矩 40 N·m。

在螺栓的螺纹上涂底剂放置干燥，然后涂螺纹锁固剂与垫圈一起拧入紧固力矩 28.9 N·m。

9）安装非传动端零件

在转轴上组装测速齿轮：在螺栓的螺纹上涂底剂放置干燥，然后涂螺纹锁固剂，与止动垫片一起拧入，紧固力矩 28.9 N·m。

安装齿轮罩：在安装表面涂抹一圈密封剂。将齿轮罩装入非传动端端盖中。在螺栓的螺纹上涂底剂放置干燥，然后涂螺纹锁固剂，与垫圈一起拧入，紧固力矩 14.3 N·m。

10）安装温度传感器（传动端/非传动端/定子）和速度传感器

将温度传感器插入到传动端端盖中：在温度传感器的安装孔内填充导热硅脂，当传感器插入孔中时，要保证有导热硅脂溢出到边缘（应通过测试确认）。

将温度传感器插入传动端孔内。拧入紧固螺钉，紧固力矩 8 N·m。

固定传感器线缆：用线夹固定线缆，将螺栓插入线夹并拧紧，紧固力矩 12 N·m。

将温度传感器短探头插入定子装配中：在温度传感器的定位孔内填充导热硅脂，当传感器插入孔中时，要保证有导热硅脂溢出到边缘（应通过测试确认）。将温度传感器短探头插入到定子装配。拧入螺栓，紧固力矩 8 N·m。

固定传感器线缆：用线夹固定线缆，将螺栓插入线夹并拧紧，紧固力矩 12 N·m。

将温度传感器长探头插入非传动端端盖中：在温度传感器的定位孔内填充导热硅脂，当传感器插入孔中时，要保证有导热硅脂溢出到边缘（应通过测试确认）。将温度传感器长探头插入到非传动端端盖。拧入螺栓，紧固力矩 8 N·m。

固定传感器线缆：用线夹固定线缆；将螺栓插入线夹并拧紧，紧固力矩 12 N·m。

在齿轮罩中安装速度传感器：在速度传感器安装配合面上液薄薄一层安装液；安装速度传感器时要注意定位销的位置；将速度传感器附带的螺钉螺纹上涂催化剂放置干燥，然后涂薄薄一层螺纹锁固剂拧入到螺孔中，紧固力矩 20 N·m。

检查速度传感器探头到测速齿轮的间隙。

固定速度传感器线缆：用线夹固定线缆，将螺栓插入线夹并拧紧，紧固力矩 12 N·m。将速度传感器的线缆用压板固定在支架上，用其螺栓固定，紧固力矩 12 N·m。

11）检查速度传感器和测速齿轮间的间隙

如果更换速度传感器或测速齿轮，则必须检查它们之间的间隙。

在齿轮罩上拆卸封盖。清洁螺纹，使用测量精度为 0.1 mm 的塞规，测量并检查速度传感器和测速齿轮之间的间隙。允许间隙为 0.5~0.9 mm。拧入封盖，紧固力矩 11 N·m。

九、YJ302A 型牵引电机检修作业

1. 更换损坏的温度/速度传感器

注意：几个测温装置在线缆中通过电连接器连接组成温度传感器。如果一个测温装置损坏，则必须更换整个温度传感器。

更换传动端轴承温度传感器、非传动端轴承温度传感器长探头和铁心温度传感器短探头。

拆卸：松开压板二上的螺栓，将温度传感器的线缆从固定板上拆卸下来。松开线夹上的紧固件，并拆卸线夹。拆卸温度传感器。

组装：在端盖上安装温度传感器。固定温度传感器的线缆。在紧固线夹的螺栓上涂底剂（H6.1）并放置干燥，在螺纹上涂螺纹锁固剂（H6.2）。将紧固件拧入固定温度传感器线缆的线夹中，紧固力矩 12 N·m。用螺栓将温度传感器固定在固定板上，紧固力矩 20 N·m。

2. 更换速度传感器

拆卸：松开压板三上的螺栓，将速度传感器的电缆从固定板上拆卸下来。松开线夹上的螺栓，并拆卸线夹。拆卸速度传感器。

组装：安装速度传感器；固定速度传感器线缆：在紧固线夹的螺栓螺纹上涂底剂（H6.1）并放置干燥，然后在螺纹上涂螺纹锁固剂（H6.2）。将螺栓拧入速度传感器线缆的线夹中，紧固力矩 12 N·m。将速度传感器的线缆用压板三固定在支架上，并用其螺栓紧固，紧固力矩 20 N·m。

3. 修理定子绕组绝缘

真空浸漆意味着绕组与连线形成一个独立单元。建议咨询生产厂家售后服务进行绕组修理。若绕组或连线严重损伤，则必须完全更换绕组。

4. 更换损坏的连接电缆

在组装作业时，为防止异物进入，电机上的通风孔必须用适当材料（如布）遮盖。连接电缆设计必须符合应用标准和指南。

5. 拆卸连接电缆

打开接线盒：松开螺栓，拆卸接线盒盖。从接线盒盖和接线盒密封面去除所有残留密封剂，检查密封面是否损伤。

拆除连接电缆：松开压板一上的紧固件，拆除压板一。松开与接线盒固定的螺纹接头。松开接线盒紧固螺栓，拆下接线盒，清理密封面残留密封剂，检查密封面是否损伤。拆开连接电缆与蚂蟥钉绑扎带，拆除连接电缆外包绝缘。用焊钳加热连接电缆焊接部位，将焊料熔化。取下连接电缆，清理外包绝缘及引线。

6. 安装连接电缆

安装电缆：将新连接电缆穿入接线盒。在连接电缆与连线接合面填充焊片。用焊钳加热接合部位，是焊料熔化，停止加热，等待焊料冷却凝固。用绝缘材料包扎焊接部位。

固定电缆：在接线盒紧固件涂底剂，干燥后涂（H6.2）螺纹锁固剂。在接线盒与定子装配接合面均匀涂一圈密封剂，将接线盒固定到定子装配。将与接线盒固定的螺纹接头用工具拧紧。在压板一上的紧固件涂底剂，干燥后涂（H6.2）螺纹锁固剂。用压板一将连接电缆固定到固定板上。

组装接线盒盖：在螺栓的螺纹上涂（H6.1）底剂，干燥后再涂（H6.2）螺纹锁固剂。均匀地在接线盒盖密封面涂一圈（H5.2）密封剂并干燥，将接线盒盖与接线盒固定，紧固力矩 12 N·m。

十、牵引电机检修用设备及工装

1. 主要设备

空转试验台、吹扫设备、清洗设备、烘干设备、耐压试验台、轴承清洗机、动平衡机、导条振动测量仪

2. 主要工装

总装吊具、过渡铜套、导向杆、传动端拆外封环工装、轴承压入转轴工装、传动端拆内封环工装、非传动端拆内封环工装、拆球轴承工装、圆柱滚子轴承压圈、圆柱滚子轴承导向环、球轴承压圈、球轴承导向环

3. 主要工具

手动泵、中心孔油缸、单作用油缸、力矩扳手等

4. 主要量具

双臂电桥、点温计、1 000 V 兆欧表、500 V 兆欧表、转速表、万用表、外径量尺、内径量尺、游标卡尺、深度游标卡尺、直钢尺、温度表、磁座百分表。

5. 主要配件

主要配件见表 5-12。

表 5-12 主要配件

序号	名称	数量	备注
1	锌高强度六角螺栓	9	40 N·m
2	弹簧垫圈	5	
3	齿轮罩	1	
4	镀锌高强度六角螺栓	3	28.9 N·m
5	止动垫片	1	
6	测速齿轮	1	
7	镀锌高强度六角螺栓	8	28.9 N·m
8	弹簧垫圈	8	
9	前外轴承盖	1	
10	密封垫二	1	
11	达克罗六角螺栓	16	40 N·m
12	达克罗平垫圈	16	
13	非传动端端盖	1	
14	进风口转接件	1	
15	镀锌内六角螺钉	4	14.3 N·m
16	锌弹垫	13	
17	锌平垫圈	8	
18	橡胶垫	1	
19	镀锌高强度六角螺栓	9	用手拧紧
20	进风口盖板	1	
21	定子装配	1	
22	接线盒	1	
23	镀锌高强度六角螺栓	4	9 N·m
24	锌平垫圈	4	
25	弹簧垫圈	4	
26	接线盒盖	1	
27	连接电缆	3	
28	主电缆连接器插头	1	
29	主电缆连接器插座	1	
30	镀锌高强度六角螺栓	3	40 N·m
31	锌平垫圈	5	
32	压板一	1	
33	温度传感器 2	1	用户提供

续表

序号	名称	数量	备注
34	压板二	1	
35	压板三	1	
36	支架	1	
37	镀锌六角螺母	1	
38	内六角螺钉	2	20 N·m
39	弹垫 M8	2	
40	速度传感器连接器插头	1	
41	速度传感器连接器插座	1	
42	速度传感器	1	
43	轴承	1	
44	前内轴承盖	1	
45	前内封环	1	
46	转子装配	1	
47	后内封环	1	
48	传动端端盖	1	
49	温度传感器 1	1	用户提供
50	盖板	1	
51	六角螺栓	4	12 N·m
52	轴承	1	
53	密封垫一	1	
54	后外轴承盖	1	
55	镀锌高强度六角螺栓	4	28.9 N·m
56	弹簧垫圈	4	
57	后外封环	1	

十一、牵引电机冷却系统

牵引电机冷却系统用来为牵引电机提供冷却用风。每节动车配置 2 套牵引电机冷却系统。牵引电机冷却系统工作介质为空气。牵引电机冷却系统安全有效的工作环境温度为 -25 ~ 40 ℃，海拔不高于 1 500 m。

对牵引电机冷却系统进行检修、清扫维护时，须确认关闭电源。对牵引电机冷却系统进行检修维护时须佩戴好安全帽等劳动防护用品。

牵引电机冷却风机运行过程中请注意设备上的安全警示标示，避免棍棒、铁丝等物品伸入风机网罩。

1. 构成和原理

牵引电机冷却系统采用一台双吸离心式冷却风机，通过两个单独的主电动机风道分别为一台转向架上的两台牵引电机供风。冷却风机采用 2/4 双绕组、双速电机，根据冷却需要控制风机转速。

牵引电机冷却风机通过橡胶减振器悬挂在车体横梁上。主电动机风道经过底架、枕梁下面直到牵引电机上方，牵引电机与主电动机风道间采用伸缩管、牵引电机冷却风机和主电动机风道间通过软风道连接，消除车辆运行过程中各部件间的相对位移和振动影响。牵引电机冷却系统构成如图 5-87 所示。

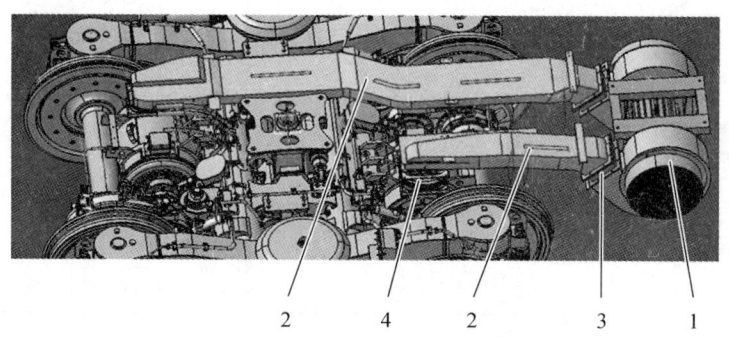

1—牵引电机冷却风机；2—主电动机风道；3—软风道；4—伸缩管。

图 5-87　牵引电机冷却系统构成

1）牵引电机冷却风机

牵引电机冷却风机采用单电机驱动的两侧双进风、双出风离心式风机。风机型号为 HST-FANMM2-07、TLTF4.4B 或 TJL425-3。风机主要由支架、驱动电机、蜗壳、叶轮、网罩、电气连接器等构成，其外形及结构如图 5-88 所示。

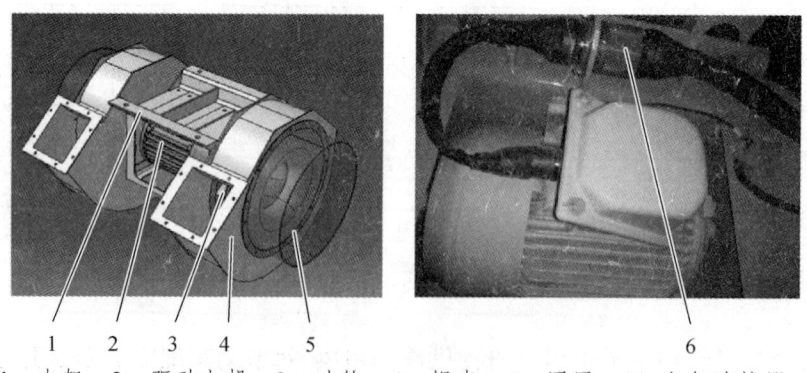

1—支架；2—驱动电机；3—叶轮；4—蜗壳；5—网罩；6—电气连接器。

图 5-88　牵引电机冷却风机

2）主电动机风道

主电动机风道为 2 mm 铝板焊接成的腔型结构，风道内部设有导流板以增加强度减小阻力；风道体外部设有安装座，通过螺栓固定于车体底架上。其结构如图 5-89 所示。

图 5-89 主电动机风道

3）伸缩管及软风道

伸缩管和软风道主体采用尼龙基布、内外挂橡胶层形式，密封性良好，同时具有较强的弹性及恢复能力。其结构如图 5-90 所示。

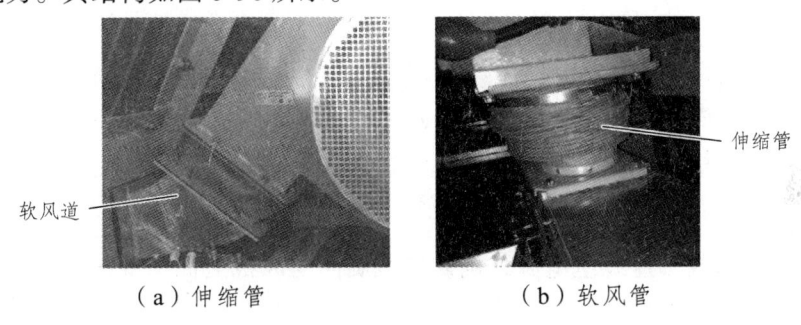

（a）伸缩管　　　　（b）软风管

图 5-90 伸缩管及软风道

2. 性能和参数

牵引电机冷却系统的冷却能力主要取决于牵引电机冷却风机性能。牵引电机冷却风机采用 2/4 双绕组、双速电机，根据冷却需要控制风机转速，其性能及主要参数见表 5-13。

表 5-13 牵引电机冷却风险主要参数

工况	名称	电机	风机		备注
通用	型号	M2QA132 M4-2 A			TLTF4.4B 型、TJL425-3 型
		FEQ-OUW-EB1			HST-FANMM2-07 型
	额定电压/V	380	形式	离心	
	频率/Hz	50			
	防护等级	IP55			
	相数	3			
	方式	鼠笼式异步电动机			
	冷却方式	自扇冷却			
	工作方式	S1			
	绝缘种类	H			
	电机功率/kW	6	额定风量/（m³/min）	35×2	

续表

工况	名称	电机	风机		备注
全速	转速/(r/min)	约 2915	额定静压(20℃时)/Pa	3 400/2 800	
全速	额定电流/A	12.1			TLTF4.4B 型、TJL425-3 型
全速	额定电流/A	13.8			HST-FANMM2-07 型
全速	电机功率/kW	1.1	额定风量/(m³/min)	17.5×2	
半速	转速/(r/min)	约 1457	额定静压(20℃时)/Pa	850/700	
半速	额定电流/A	3.76			TLTF4.4B 型、TJL425-3 型
半速	额定电流/A	3.8			HST-FANMM2-07 型

3. 安装和调试

1）冷却系统安装

将主电动机风道用 M6 螺栓固定到车底架上；将牵引电机冷却风机安装到横梁上；安装风机和主电动机风道间的软风道；安装主电动机风道与牵引电机进风口间的伸缩管；将车辆接地线连接到牵引电机冷却风机接地座上；连接牵引电机冷却风机的电气连接器。

2）调　试

接通 380 V 全速或半速绕组电源，确认风机旋向与风机上标示旋向一致，耳听风机旋转无异响，各风道连接处无漏风。

4. 故障处理

冷却风机常见故障处理见表 5-14。

表 5-14　冷却风机故障

序号	常见故障	可能的原因	处理措施
1	振动大	1. 叶轮积灰过多； 2. 轴承润滑失效； 3. 风机安装松动； 4. 减振器老化	列车回库后处理： 1. 清扫蜗壳内和叶轮上的灰尘； 2. 维修或更换风机； 3. 检查风机安装，必要时紧固螺栓； 4. 更换减振器
2	异音	1. 异物进入风机或风道； 2. 风机叶轮与进风口或蜗壳发生剐擦； 3. 电机轴承润滑失效	列车回库后处理： 1. 清除风机或风道内异物； 2. 维修或更换风机
3	跳空开	1. 系统风道有破损、漏风严重，导致驱动电机超功率运行； 2. 电机绝缘失效； 3. 电机三相不均衡	列车运行过程中切除风机及对应转向架动力，回库后排查： 1. 检查各风道及连接处,消除泄漏点； 2. 维修或更换风机

5. 检修和维护

1）维护保养计划及内容（见表 5-15）

表 5-15 冷却风机保养计划及内容

序号	部件	一级修 6000 千米或 48 小时	二级修				三级修 120 万千米或 3 年	四级修 240 万千米或 6 年	五级修 480 万千米或 12 年
			M1 10万千米或 90 天	M2 40万千米或 360 天	M3 80万千米或 720 天	S 特殊性检修周期			
1	牵引电机冷却风机	耳听确认风机运行无异响，否则联系厂家处理	1. 清扫过滤网罩和电机风罩积灰；2. 检查风机安装状态良好，防松标记无错位；蜗壳、安装座无裂纹				1. 检查风机外观及安装状态良好；2. 清扫风机叶轮及蜗壳积灰；3. 检查连接器外观状态良好，查插针、插孔不得有油污，颜色正常、不得有放电痕迹。检查线缆状态良好。否则更换；4. 测量风机对地及绕组间绝缘电阻不低于 100 MΩ，否则应进行更换（拔下连接器插头，在连接器插座处测量）	拆解风机、驱动电机。叶轮重新动平衡，检查蜗壳、支座等焊缝状态。驱动电机更换轴承及密封件。风机做绝缘、耐压、振动等试验。具体参见牵引电机冷却风机使用维护说明书	拆解风机、驱动电机。叶轮重新动平衡，检查蜗壳、支座等焊缝状态。驱动电机更换轴承及密封件。风机做绝缘、耐压、运转振动等试验。具体参见牵引电机冷却风机使用维护说明书
2	伸缩管		检查伸缩管状态无变形扭曲，安装牢固。否则更换或拧紧				更换伸缩管	更换伸缩管	更换伸缩管
3	软风道		检查软风道无破损。否则更换（注：与风机一起检查）				更换软风道	更换软风道	更换软风道
4	主电动机风道						检查主风道无裂纹及机械损伤、安装牢固。否则修复或更换	检查主风道无裂纹及机械损伤、安装牢固，否则修复或更换	检查主风道无裂纹及机械损伤、安装牢固，否则修复或更换

2）维护保养方法

松开 2、4、5、7 车中部设备舱两端牵引电机冷却风机处的两侧底板螺栓防松铁丝，拧下螺栓，将底板分别向车辆两侧抽出；对底板进行灰尘清理（底板螺栓力矩标准为 25 N·m）。

用 1 500W～2 000W 吸尘器对冷却风机两侧网罩（见图 5-91）进行彻底除尘。若用硬质尼龙刷时，则沿垂向轻轻清扫，清扫下来的垃圾必须清除出设备舱。

清除冷却风机周边底板上的灰尘、杂物。

用 1 500W～2 000W 吸尘器和硬质尼龙刷清理冷却风机电动机自冷却风扇滤网（见图 5-92）。

检查牵引电机冷却风机安装螺栓防松标记（见图 5-93）是否错位，必要时用力矩扳手紧固到位。此处 M16 特殊螺母紧固力矩为 90 N·m。

检查确认风机蜗壳、支架（见图 5-94）等焊缝无裂纹。否则更换风机。

检查确认风机网罩无破损。否则更换网罩。

检查与风机相连的软风道无破损。否则更换软风道。

将两侧底板向中心推到位，用 25 N·m 力矩扳手拧紧两侧螺栓，并固定好螺栓防松铁丝。

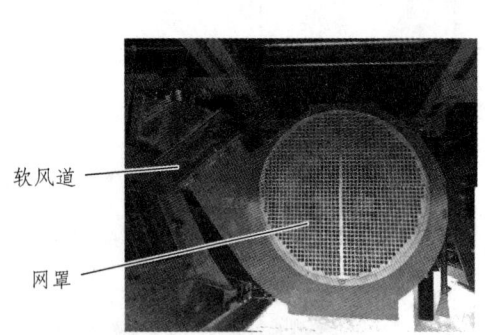

图 5-91　冷却风机网罩

图 5-92　冷却风机电动机自冷却风扇滤网

图 5-93　安装螺栓防松标记

图 5-94　风机蜗壳、支架

习　题

1. 将机械能转换为直流电能的电机称为_____；将直流电能转换为机械能的电机称为_____。

2. 直流电机具有可逆性，既可作_____使用，也可作_____使用。

3. 在直流电动机中，电刷两端加的是_____，在电刷和换向器的作用下，线圈内部流过的是_____。

4. 电力机车在牵引工况时，牵引电机作_____运行，产生牵引力；在制动工况时，牵引电机作_____运行，将机车和列车的动能转换为_____，产生制动力对机车进行电气制动。

5. 直流电机由_____、_____和_____三大部分组成。

6. 直流电机整个主磁极用_____固定在机座内壁。

7. 换向极装在_____之间，用来改善_____。

8. 为了减小涡流和磁滞损耗的影响，电枢铁心通常用_____叠压而成。

9. 请详细说明直流电机的各部组成及作用。

10. 直流电机的励磁方式是指直流电机_____和_____的连接方式。

11. 直流电机的励磁方式可分为_____、_____、_____、_____四类。

12. 并励是指_____相并联，且绕组匝数_____，导线_____。

13. 他励是指_____。

14. 串励是指_____相串联，串励绕组匝数_____，导线_____。

15. 空载时电机的气隙磁场完全由_____所产生。

16. 电机负载运行时，电枢磁场对主极磁场的影响称为_____。

17. 在发电机里电磁转矩是_____转矩，在电动机里电磁转矩是_____转矩。

18. 电机的效率为_____和输入功率之比。

19. 直流发电机转子的功用是产生_____、电磁转矩，从而使能量转换。

20. 直流电机电枢绕组最基本的两种形式是_____和单波绕组。

21. 直流电机既可作发电机工作，也可作电动机工作。这称之为直流电机的_____。

22. 直流电动机的转速公式是_____。

23. 直流电机的刷架、刷盒的功用是使固定的电刷与旋转的换向器保持_____，使外电路与电枢连接起来。

24. 感应电动势的方向用_____确定。

25. 什么是直流电动机？它是如何工作的？

26. 绘制串励直流电动机和发电机的电路原理图，并列出电枢电势和电磁转矩的公式以及电势与转矩的平衡方程。

27. 画出直流电机的功率流程图，并说明其相互关系。

28. 何谓电枢磁场？

29. 何谓电枢反应？

30. 请绘制串励直流电动机和发电机的电路原理图。

31. 一台四极单迭绕组的直流发电机，

（1）如果取出相邻的两只电刷，是否可以工作只用剩下的两只电刷？这样对电机性能有何影响？端电压有何变化？此时发电机能供给多大的负载（用额定功率的百分数表示）？

（2）如果有一元件断线，电刷间的电压有何变化？电流有何变化？

（3）若只用相对的两只电刷是否能够运行？

（4）若有一极失磁，将会产生什么后果？

32. 用单波绕组代替单叠绕组时，若导体数和其他条件均不变，电机额定容量有无改变？一台六极电机原为单波绕组，如果改成单叠绕组，保持元件数和元件匝数不变，问电机额定容量会不会改变？其他额定量会不会改变？

33. 按照转子型式，三相异步电动机可分为哪两大类？

34. 三相异步电动机铭牌上重要的数据有哪几个？各额定值的含义是什么？

35. 三相异步电动机主要由哪些部件组成？各部件的作用是什么？

36. 一台三相异步电动机铭牌上标明，额定电压 380/220 V，定子绕组接法 Y/△。如果使用时将定子绕组连成△，接在 380 V 的三相电源上，能否空载或带负载运行？为什么？如果将定子绕组连成 Y，接在 220 V 的三相电源上，能否空载或带负载运行？为什么？

37. 试述三相异步电动机的工作原理。异步电机和同步电机的基本差别是什么？

38. 异步电动机为什么又叫作感应电动机？

39. 已知三相异步电动机的额定频率为 50 Hz，额定转速为 970 r/min，该电机的极数是多少？额定转差率是多少？

40. 异步电动机运行时，内部有哪些损耗？当电机从空载变化到额定负载时，这些损耗中的哪些基本不变？哪些是随负载变化的？

41. 三相异步电动机的工作特性和机械特性是如何定义的？

42. 试述三相异步电动机的启动方法。

43. 什么叫作三相异步电动机的调速？有哪几种调速方法？如何改变三相异步电动机的转向？

44. 什么叫作三相异步电动机的制动？有哪几种制动方法？

45. 简述 YQ-625 型和 YJ302 A 型牵引电机的结构组成。

46. 简述 YQ-625 型和 YJ302 A 型牵引电机的常见故障及处理方法。

参考文献

[1] 张龙. 动车组电机与电器[Z]. 成都：西南交通大学出版社，2009.

[2] 黄贤武，郑筱霞. 传感器原理及应用[M]. 成都：电子科技大学出版社，2009.

[3] CRH2 型动车组机械师[Z]. 北京：中国铁道出版社，2009.

[4] 陈松立. 控制电器与控制系统[M]. 徐州：中国矿业大学出版社，2006.

[5] 吴积钦. 受电弓与接触网系统[M]. 成都：西南交通大学出版社，2010.

[6] 洪从鲁，张洪河. 动车组牵引系统维护与检修[Z]. 成都：西南交通大学出版社，2014.

[7] 铁路动车组运用维修作业标准[Z]. 北京：中国铁道出版社，2007.

[8] 中国铁路总公司. CRH2 型动车组途中应急故障处理手册[Z]. 北京：中国铁道出版社，2014.

[9]《CR400 AF 型动车组应急故障处置蓝宝书》编委会，CR400AF 型动车组应急故障处置蓝宝书[M]. 北京：中国铁道出版社，2018.

[10] 西安铁路局. 动车组机械师地勤[Z]. 北京，中国铁道出版社，2015.

[11]《铁路岗位应知应会问答》编委会. 动车组机械师[Z]. 北京：中国铁道出版社，2018.

[12] 徐鹏. CRH380D 型动车组 BCU/DNRA/BTMS 回路继电器故障诊断研究[J]. 科技风，2019，（19）.

[13] 国家铁路局. 电工术语 基本术语：GB/T 2900.1—2008[S]. 北京：中国标准出版社，2008.

[14] 中车青岛四方机车车辆股份有限公司. 时速 350 公里中国标准动车组使用维护说明书[M]. 青岛：中车青岛四方机车车辆股份有限公司，2016.

[15] 中车长春轨道客车股份有限公司. CR400BF 型动车组一、二级检修质量标准[M]. 长春：国家轨道客车工程研究中心，2017.